真珠湾攻撃総隊長の回想

淵田美津雄自叙伝

編／解説　中田整一

講談社

霞ヶ浦海軍航空隊飛行学生、淵田美津雄中尉。昭和3年頃

著者三歳の頃。左は兄・赳夫。明治三八年九月

海軍兵学校時代。「短剣吊って嬉しかった」と著者が書き記す。大正一〇年八月

母の膝に抱かれる長女・美彌子。右は長男・善彌。昭和13年、東京市玉川奥沢町の自宅にて

一三式水上練習機でソロ(単独飛行)を終えて。昭和3年1月

第一航空艦隊首席参謀。
マリアナ出撃を前に。
昭和一九年二月

霞ヶ浦海軍航空隊飛行学生の友と。右端が著者。昭和2年12月

ハワイ攻撃前日、旗艦赤城の発着艦指揮所での淵田総隊長

アメリカにて、スカイパイロットのパイパー航空機前で

終戦後、奈良県へ帰り農業に励んでいた頃。昭和21年3月

街頭で伝道活動中の著者

運命の人、ディシェイザー氏と歓談。昭和25年4月

左より長女・美彌子、妻・春子、著者、長男・善彌。昭和28年11月

オアフ島に眠る
四人の日本兵の埋葬地を訪ねる。
昭和二八年七月

真珠湾攻撃総隊長の回想　淵田美津雄自叙伝

はじめに

数奇な運命をたどった男がいた。

その発信した「トラトラトラ」（ワレ奇襲ニ成功セリ）の暗号電報とともに、太平洋戦争の火ぶたを切り、戦後、海外にも一躍その名を知られた男が、本書の著者であり真珠湾奇襲攻撃の総指揮官だった淵田美津雄中佐（当時）である。

昭和十六年（一九四一年）十二月八日未明、淵田は日本海軍機動部隊の三百六十機を率いてハワイ奇襲作戦の陣頭指揮にあたった。そして、昭和二十年九月二日、東京湾上の戦艦「ミズーリ」で、連合国軍最高司令官マッカーサー元帥により見事なまでに演出された降伏調印式に立ち会ったのも、この男であった。

太平洋戦争の華々しい開戦の幕を自らの手で開けながら、ミズーリ号上で日本の敗戦の歴史的瞬間をも見届けた日本人は、この淵田美津雄をおいてほかにいない。

この自叙伝に書き込まれた淵田の「航跡」を、さらにいくつか挙げてみよう。

ミッドウェー海戦で空母「赤城」の轟沈に際し、重傷を負いながらも生還。

自ら起案した捷号《しょうごう》作戦、いわゆるレイテ沖海戦の真相。

八月五日まで滞在していた広島と原爆投下翌日の惨状。
日本側代表団の一員としてマッカーサー元帥を厚木基地に出迎えた日。
東京裁判での証言と検察官、判事団との攻防。
アイゼンハワー大統領、ニミッツ、スプルアンスら米軍提督との恩讐を越えた出会い。

そして昭和二十六年（一九五一年）三月、淵田はなぜか突然、キリスト教に回心して平和の伝道者となり、翌年からは、かつて真珠湾を目ざした同じ太平洋を、キリスト教伝道のため仇敵《きゅうてき》アメリカへと渡ったのである。

戦争の硝煙のなかに生きた男が、戦後を熱心なクリスチャンとして「ノーモア・パールハーバー」、憎しみの連鎖を断ち切ることを人々に訴え、人類の平和を死の日まで説きつづけたのである。それはいかなる理由によるものか。その間、淵田の人生に何があったのだろうか。

淵田美津雄が、故郷の奈良県橿原《かしはら》市で七十三歳の生涯を閉じたのは、昭和五十一年（一九七六年）五月三十日のことである。その四年後、五十五年の秋、当時テレビ番組の取材で「真珠湾」のことを調べていた私は、彼が生前、未発表の自叙伝を書き溜めていたとの噂を耳にした。そこで日をおかずして淵田家を訪れた。橿原神宮の近く、市内見瀬町の淵田の旧宅には、未亡人の春子さんがひとりひっそりと暮らしておられた。突然の訪問にも気安く庭先で応対した春子さんは、小柄のふっくらとした穏やかな感じの人であった。

淵田の自叙伝の執筆を手伝ったのが、春子さんである。後年、「主人の想い出」（「あとがきにかえて」に収録）という手記のなかで、〈主人は自序伝を書いていましたが、白内障で新聞雑誌の関係記事が読めず、私が読みました。若い時から読書と園芸が趣味でしたが、眼疾のためそれもダメになり、可哀想でした〉と、夫唱婦随で綴った遺稿についてこう触れているが、私も春子さんから同じような話を聞いた。

　淵田は、大のビール好きであった。糖尿病を患っており、晩年に視力をおかされ、足先の知覚神経も麻痺してしまった。炬燵《こたつ》の火で大やけどをしたのも気づかないほどだった。それにもかかわらず、執筆のときには片時もビールのコップを手離さなかったという。それがかえって淵田の命を縮めることとなった。

　淵田家の周囲には、畑と木々の緑の静かな環境が広がっていた（現在、その跡地は、橿原市立畝《うね》傍《び》南小学校の校庭の一部となっている）。そして敷地内には淵田が、自らの手で増築する予定だった家のコンクリートの基礎部分が、私の訪問時にも工事半ばで野ざらしになっていた。母屋は、建築作業の一部に本職の大工の手を借りたものの、終戦直後、公職追放によって失業し、農業を営んでいた時代にコツコツと独力で建てた家だった。見様見真似の大工仕事だったと春子さんから聞いて驚いた。外観からこの家が、素人の手造りとはとても思えないほどの見事な出来栄えだったからである。ひとりで井戸も掘ったと聞いた。

　この一事を見ても淵田美津雄という人物の桁外れの行動力がうかがえる。

　しかし、この日の訪問では、肝心の自叙伝に巡り合うことはできなかった。当時ニューヨークのマンハッタンに事務所をかまえ建築家として活躍していた長男の善彌氏が、すでにアメリカに運び去っていたからである。春子さんの口からは、自叙伝は、膨大な分量となり未完ではあったが、すでにかなりの部分まで書き進んでいたようだ。

淵田美津雄には、春子との間に善彌と美彌子という二人の子どもがいる。

二人は、その青春時代に父の後を追ってアメリカに渡った。そして、コロンビア大学など現地の大学で学問を修め、それぞれ建築家とインテリアデザイナーの仕事につき、そのままアメリカ社会に溶け込んだのである。

長男の淵田善彌には、マリー夫人との間にジョンとエレンの二人の子どもが、長女のオーヴァータープ・美彌子にもミハルとジムという二人の子どもがいた。かつてアメリカと戦った真珠湾のヒーローの血を継ぐ孫たち、現在はひ孫も加わって、直系は全員アメリカ人というのも驚きであった。

これも淵田が戦後に到達した「地球上の人類は一つ」という強固な信念と世界観の帰結とも相容れるものであろう。


私には橿原の淵田家をたずねて以来二十数年ぶり、長い間記憶の片隅にあった淵田の自叙伝と邂逅《かいこう》を果たす機会が、近年になって訪れた。

きっかけとなったのは、一昨年、戦後六十年のとき、私が知人のテレビ制作者に日本からアメリカに渡った淵田美津雄の未完の自叙伝の存在を教えたことによる。間もなく、善彌氏との連絡がとれた。そしてアメリカに今日もなお遺稿が、眠ったまま保存されていることが判明したのである。頃合いもよく善彌氏は、父の自叙伝を世に発表する思いを持っておられた。これまでの経緯から、私に遺稿編纂のお鉢が回ってきたのである。

二〇〇七年の早春、私はニューヨーク市の郊外、ハドソン川にかかるジョージ・ワシントン・ブリッジを渡ってニュージャージー州北部の町に善彌氏をたずねた。

数日来の寒波も緩み穏やかな快晴の日であった。淵田家は閑静な新興住宅街のなかにあり、玄関を入ったリビングルームの壁には、日本での原風景、奈良の明日香村の古い家並みを描いた大きな油絵が一枚掲げられていた。明日香は、春子さんのふるさとであり、善彌氏が生まれた土地でもあった。

窓越しのベランダに設けられた餌場には、木の実を求めて野生のリスやカーディナルなどの小さな野鳥がひっきりなしに遊びに来た。

奈良の橿原からはるばる太平洋を渡った自叙伝は、地階の書庫の棚の奥に整然と並んでいた。海軍関係の膨大な資料と蔵書など、淵田が所蔵した戦前の日本海軍の記録が、そっくりアメリカにのこっていたことに時空の超越への深い感慨がわいてきた。書架の佇まいからは、淵田美津雄という人物の読書家ぶりと思索のあとも容易にうかがえた。

「親父が死んだあと、お袋がこれをみんな持っていってくれと。父の蔵書などは二百箱にものぼり、ずいぶん家内から文句をいわれましたよ。運送料がかかってね。海軍兵学校時代の写真なんか、いまだに公になっていないものが大部分なんです」

と、善彌氏はいった。

淵田美津雄は、海軍でも名文家の誉れが高かった。軍隊における参謀の重要な仕事として作戦の起案がある。文書は簡潔直截で、凛たる気品も備えねばならない。

昭和十九年（一九四四年）十月、レイテ作戦で初めての神風特別攻撃隊が編成されたが、当時、淵田は連合艦隊の航空参謀として特攻隊には反対であった。二線級の飛行機をかき集めて特攻をやったところで、所詮勝ち戦《いくさ》のめどはたたない。精神力一本槍の攻撃方式だけでは何の成算も見出せないというのが、その持論であった。だが、作戦は決行された。このときの淵田参謀によって書かれ特別攻撃隊に下達された連合艦隊司令長官豊田《とよだ》副武《そえむ》の感状は、参謀長の草鹿《くさか》龍之介中将をうならせたという。

「……悠久の大義に殉ず。忠烈萬世に燦《さん》たり」と、漢文口調の文語体は、父親の彌蔵の直伝により「唐詩選」にも通じていた淵田の漢学の素養が遺憾なく発揮されている。

淵田は真珠湾攻撃の開戦の劈頭《へきとう》を、簡潔な文体でこう描写する。

〈オアフ平原を通して、真珠湾が見えて来た。

「隊長、真珠湾が見えます」

と松崎大尉は、息をはずませて報告して来た。

「ウン、見える。松崎大尉、針を南に変えて、バーバース岬にもって行け」

この指示を与えると、私は双眼鏡をとって真珠湾を注視した。いる、いる、三脚マスト、籠《かご》マストの戦艦どもである。私は一つ、二つ、三つ……と、目で追って胸で数える。予想通り、戦艦八隻、全力の在泊であった。私はジーンと熱いものが、込み上げて来るのを覚えた。よくいて呉れたと思ったからである。

私は時計を見た。午前八時（地方時）に十二分前である。ここで突撃を下令すれば第一弾は午前八時かっきりに投弾される。真珠湾空襲は、午前八時を期して行う予定であった。

私は電信員の水木兵曹を顧《かえり》みた。

「水木兵曹、総飛行機あてに発信、全軍突撃せよ」

水木兵曹は、電鍵を叩いた。簡単な略語、トトトの連送であった。

「隊長、突撃の発信、放送終りました」

「ヨーシ」

時は十二月七日午前七時四十九分（地方時）であった。開戦の午前八時に十一分前である。東京時刻で十二月八日午前三時十九分であった。そしてこのときを境として、今にして顧みれば、あの呪われたる太平洋戦争の開幕となった〉

淵田の自叙伝は、二百字詰めの原稿用紙に手書きのペン字で、二千枚を遥かに超えている。個性的な字体で「自叙伝・夏は近い」という題がつけられている。「夏は近い」とは、聖書にしるされた世界の破滅の兆しを預言したキリストの言葉から引用したものだという。淵田の真意は、タイトルに第三次世界大戦への警告を込めていたのである。

題字の傍らに、「元海軍大佐　真珠湾空中攻撃隊総指揮官　現在平信徒キリスト教伝道者　淵田美津雄」と肩書を記していた。未完とはいうものの真珠湾をはじめとする人生のハイライトの部分はほとんど綴られていた。百を超える各章の小見出しも自らの手で整えられている。淵田は序文のなかでこう書いている。

〈イエスさまにお願いして、本書を書き上げるまで生かしておいてくださいと祈っている。本書はノンフィクションであって、私小説ではない。従って関係した人たちは、すべて実名である。迷惑であると思うけれど、史実として宥《ゆる》して戴きたい〉

昭和五十年（一九七五年）十二月三日、満七十三歳の誕生日にあたっての決意表明であった。

本文はその八年前、六十五歳を過ぎた頃から書きはじめたようだ。すでに出版していた自著『真珠湾攻撃』『ミッドウェー』『機動部隊』（それぞれPHP文庫。後の二冊は奥宮正武との共著）の内容を、広く資料にあたって書きあらため、アメリカ側の記録にも目を通すことから作業を開始したのである。刻明につけていた日記から記憶を再確認もした。

序文を書いたのち、持病の糖尿病の悪化がもとで昭和五十一年の五月三十日に世を去った。この間、わずか五ヵ月に過ぎない。

淵田の病床を見舞った旧海軍仲間のひとり多田篤次は、こう聞いている。

〈俺は今、自叙伝を書いているんや。前後二編にして、第一編は勿論《もちろん》ネービー時代。第二編はキリスト教に入ってからのことや。特に第二編がええぞ〉（「追憶の淵田さん」海鵬特別号）

淵田が橿原の巽外科病院に入院したのは四月九日、病と闘いつつ、春子さんの手を借りながらその死の直前まで執筆に執念を燃やしていた。後半の筆跡の乱れには、病魔との闘いの痕跡がはっきりとみてとれた。

淵田美津雄の自叙伝は、いわば戦後日本へ向けた遺書でもある。

真珠湾攻撃総隊長の回想　淵田美津雄自叙伝

目次

写真：©表示のないものは、すべて淵田善彌氏の提供による。

〔凡例〕

①本書は、淵田美津雄海軍大佐が書き残していた自叙伝「夏は近い」をはじめて活字化したものである。執筆の時期は正確には分からない。ただし、長男・淵田善彌氏によると、昭和四十二年（一九六七年）、六十五歳を機に引退すると著者から聞いていたので、その直後から執筆を開始したと思われる。全体で百三十三の章からなるが、章タイトルのみで内容がないもの、明らかに書きかけで終わった章もある。中田整一氏による編纂で、原稿の約七割を全体の流れが損なわれないように収録した。

②原則として漢字は新字体にあらため、明らかな誤り（誤記や明白な事実誤認等）は適宜正した。

③筆者の慣用的な書き癖、宛字等はあらため、適宜ルビを補った。ただし、固有名詞や送りがな、数量の単位にみえる表記の不統一は、原本通りとした。

④各章には数字がふられていたが、それを削除し、一部、部タイトルと章タイトルをあらためた。

⑤英語の発音表記を一部あらためた。

⑥読みやすさに配慮し、改行や一行アキをほどこした。

⑦各部の終わりに中田氏による解説を付した。

⑧自叙伝中の人名・用語などと引用文中に、〔 〕内と欄外で解説者による注をつけた。

⑨なお、原文には今日では差別表現とされる語句がふくまれるが、著者が故人であること、差別的意図がないことなどから、そのままにしたことをお断りしておく。

第一部　その一日のために

海軍大学校甲種学生時代。昭和12年頃

よい星の下に

国家十年兵を養うは、一日これを用いんがためなりという。私の青春は、その一日のためであった。

私は一九〇二年（明治三十五年）十二月三日、日本は奈良県北葛城郡《きたかつらぎ》磐城村《いわき》長尾という農村に生れた。二上山《にじようさん》の麓にあって、風光明媚の地であった。

私が生れたとき、私の父は、その磐城村小学校の首席訓導であった。学校の近くの長尾という在所《ざいしょ》の農家に間借していた。それは土蔵の二階で、六畳一間であった。そこで私は生れて、産婆さんにとりあげて貰ったというのだが、なにせ土蔵の階段は狭くて急だから、湯を運び上げるのが厄介である。それで産婆さんは、生れたばかりの私を、ぶら下げて階下に降りて、そこで産湯《うぶゆ》を使わせたのだが、そこは牛小屋であった。

後年、私がクリスチャンになって、イエス・キリストが馬小屋で生れなさって、馬槽《まぶね》の中で産ぶ声をあげられたことを知ったとき、馬と牛との小屋の違いはあるが、生れたときから、私はイエスさまに似るものにせられていたことに感激した。今日、私はクリスチャンとして、人生の目標は、イエス・キリストに肖《に》ることだと信じているからである。

私の父は彌蔵《やぞう》と呼んで、奈良県高市《たかいち》郡真菅《ますげ》村北妙法寺という二十戸足らずの在所の産であった。幼い頃から、近くの町の漢学塾に学んで、漢籍で育ち、書をよくした。

二十歳のころ、青雲を志して東京に遊学しようとしたのだが、金がない。そこで筆一本をふところにして、東海道五十三次のふすまに唐詩を書きなぐって、その一宿一飯の仁義で、上京したという。私はその不肖の子だが、私の父は私などの及びも及ばないサムライであったらしい。

この父の自慢は、その生年月日であった。慶応四年（一八六八年）の一月二日に生れている。もう一日早かったらというのが自慢なのであった。もう一日早かったら、慶応四年正月元旦生れとなる。しかも慶応四年は、明治元年と改元されたのだから、明治元年正月元旦生れとあっては、めでたい限りである。昔、豊臣秀吉の生年《せいねん》は、天文五年（一五三六年）正月元旦とある。尾張国愛知郡中村在の木下弥右ヱ門という一郷士《ごうし》の家に生れたのだが、日輪《にちりん》が胎内に入る夢を見て母がみごもったと伝えられ、幼名を日吉丸《ひよしまる》と呼んだという。

私の父も、もう一日早く生れていたら、日吉丸のように太閤ともなれたであろうに、一日遅かったばかりに、小学校の校長先生で終るのかと、愚痴だか自慢だか分からんことを、父の晩酌の御機嫌によく聞かされて、私はよい星の下に生れるということが、そんなに大切なものかといぶかっていた。

海軍大将になりたい

私が物心つきそめた三歳のときに、日露戦争が起った。明治三十七、八年戦役とも呼ばれて、一九〇四年に始まって一九〇五年に終った。かくて小国日本が大国ロシアと戦って、勝利を以て局を結んだのであった。軍国は華やかに、軍人が大きく映って見える。三歳の幼い魂は軍人にあこがれた。坊や大きくなったら海軍大将になろうと思い立った。日本海海戦の名将東郷平八郎大将に続こうというのであった。

三歳の坊やにしては、まことにあっぱれなものであった。そしてこれが病みつきとなった。遊びと言えば、兵隊ごっこであった。兵隊さんが通ると聞けば、飛び出して行って、どこまでも、どこまでもとついて行った。とうとう夜になって帰る道を失い、よそ村の駐在巡査に連れられて家に帰ったこともある。

小学校に上がるようになると、戦争絵本に夢中であった。あとから、あとからとためこんだ何十冊というのを、くる日も、くる日も飽かずに眺めては、やれ野津〔道貫《みちつら》〕将軍だ、やれ黒木〔為楨《ためもと》〕大将だと、三軍叱咤《さんぐんしった》の夢を追うていた。

或る日、大阪から叔父さんがやって来た。母の弟である。私は相変らず戦争画にクレヨンをなすっていた。

「ホト、上手やなあ。この児は絵かきはんにしたらええぜ」

と、叔父さんは母に言った。母は答えて、

「絵かきはんはあかん、重《じゅう》やんみたいやろ、この児はお医者はんにすんね」

重やんというのは、縁戚に黒田重太郎という画学生がいて、たまにやって来ては、そこらあたりのスケッチをやっていた。贅六《ぜいろく》育ちの私の母には、金に縁のなさそうな絵かきはんはあかんのであった。私は別に絵かきになるつもりはないのだから、絵かきはんがあかんでも一向差支えはないのだが、困まるのは私をお医者はんにしたいという母の願望であった。

中学校に進んだころ、私は乃木将軍に私淑し始めた。当時、「乃木式」と題する小冊子が、京都の桃山あたりで月刊されて、万事乃木式で進めと提唱していた。私はその熱心な愛読者であったが、或る月の記事に、乃木大将は坊主と医者とが大嫌いと言ったとやらの記事を見つけて、さてこそと母のところに注進に及んだ。

「お母さん、乃木大将も坊主と医者とは大嫌いだったってさ」

ところが母はやさしく笑って、静かにさとした。

「みつぉや、あんたは軍人になりたい一心やさかい、そのようなことを言うのやけど、人間はな、みんな自分の性《しょう》に合った仕事をするもんだっせ。あんたのようなはにかみ屋は、軍人にはむきまへん。あんたの気性はお母さんが一番よく知ってます。あんたの気性はやさしいさかい、お医者はんに一番むいてます。それにお母さんは病身やさかい、あんたがお医者はんになってくれはると心丈夫や」

私は抗弁する気でいたけれど、「お母さんは病身やさかい」の一言に、げんなりしてしまった。

事実、母には多くの持病があった。その後十年ほどたって、私が海軍少尉で飛びまわっていたとき、母は子宮癌で亡くなった。亡くなる半年ほど前に、大阪赤十字病院で、初めて子宮癌との診断で、しかももはや手遅れで施すすべもなく、ただ死期を待つばかりの母の心情を思うとき、私は母の願望にこたえて医者になっていたら、もっと早期に母を見守ることが出来たであろうにと、今も淋しく思うことがある。

はにかみ屋

私は、母の言った通り、生れつきはにかみ屋であった。幼いころは、色が白くてりんごのような頬をしていた。骨の細い蒲柳《ほりゅう》の容姿であった。母の好みで、髪をおまんというのに伸ばし、ぞべりとはでな振袖を着せられて、男の子だか女の子だか分かりかねる恰好をしていた。ひなたで遊んでいようものなら、色が黒くなるといって母に叱られた。この子が海軍大将になろうというのだから容易でない。

私が五歳のとき、父は奈良県北葛城郡上牧《かんまき》村小学校の校長に転任した。上牧村というのは、片岡山の丘陵地帯に跨《また》がる六部落から成っていて、小学校は村の中央の山の中に建てられ、そこに校長住宅がくっついていた。緑の松林つづきで、景色は絶佳であるが、各部落からは相当に離れていて、まさしく酒屋へ三里、豆腐屋へ五里といったところであった。

村の人たちは、私を「学校のぼん」という愛称で呼んで呉れたが、私は挨拶を交わすのもはにかまれた。父の晩酌のために、徳利をさげて酒屋への使いが、私にはとても勇気のいる仕事であった。

このはにかみは、中学校に進んでも矯《た》められなかった。なにか先生にあてられると、もうハッとして、血が顔に上ってくる。もみじを散らすといったようないじらしいものではない。まっ赤になってゆでだこみたい。毎度のことに、あだ名が出来た。たこというのが、私に奉《たてまつ》られた光栄あるニックネームであった。ゆでだこのたこである。

中学三年の終りに近づいたころ、進学調査というのが行われた。上級の学校に進学を志望するものと、中学だけで社会に出ようとするものとを区別して、四学年からの教育指導の重点を別にしようというのであった。私は進学組だから、志望校を「海軍兵学校」と書いて提出した。海軍大将になるためである。しかし級友に知られると、面倒が起るから、そっと二つにたたんで出したのだけれど、学級主任の先生は、無情にも一々これを披露したものだから、てんやわんやの仕末となった。

「淵田美津雄、海軍兵学校」

と、読み上げられると、クラスの悪童たちはどっと湧いた。

「オイみんな、たこが海軍将校になるんだってさ、たこがたこが」

と、はやし立てた。私は私でまたゆでだこであった。私が軍人になるということは、よほど見当違いの方向だったらしい。

中学四年の夏休みであった。私は水泳部に加わって、伊勢の二見ヶ浦へ合宿練習に出かけた。私は奈良県の山家《やまが》育ちだから、海とは縁がなかったけれど、夏がくると、両親の目をかすめて、危険なすりばちのため池に飛びこんで、我流の犬かきを泳いでいた。

こんどは二見ヶ浦水泳道場で、正式に観海流《かんかい》〔津藩が採用した遠泳に適した泳法〕を教わるのである。そこで先ずは水泳帯の仕度であった。六尺ふんどしというのを用いるのであるが、前のところを一尺ばかり垂らして、そこに自分の名前を書けということになった。

墨をすって、いざ書こうとしたとき、横にいた堀内という悪童が、俺が書いてやると言うものだから、生来悪筆の私は、思わず筆を渡したところ、堀内の奴、左から横に「多幸」と書きやがった。たこの多幸である。しまったと悔やんでみたが、代わりのふんどしを持ち合わせていない。気がひけるけれど、それをしめて海岸に出て行った。みんな眺めてニヤッとしやがる。私はてれて、またゆでだこだ。

やがて水泳道場の師範先生が現われて、水泳の手ほどきが始まった。みんな海岸の水につかってジャブジャブやっていると、師範先生がまわり歩いて一人ずつ矯正する。師範先生が私のところにまわって来て、「幸多サン」と呼んだ。私は知らん顔であった。また「幸多サン」と来た。私は自分が呼ばれているのだと気がついてハッとした。とたんに、またゆでだこだ。

師範先生は、書道も達人と見えて、左書きの多幸を、右から読んで「幸多サン」と呼んだのであった。この情景は、新奇を好む悪童たちにとって、よほど面白かったらしい。以後彼らは、私のことを師範先生の口真似をして、「幸多サン」と呼ぶようになり、図らずもたこなどという外聞《がいぶん》の悪いニックネームを返上することになった。

ところで、この合宿練習に、母校の先輩で二人の海軍兵学校生徒が参加していた。七つ釦《ボタン》に短剣姿である。これはいかす、どうにも凛々しい。来年は私の姿だと誓った。すると、水泳もぐんぐんと上達して、二週間の合宿練習の終りには、三里半大渡しに合格して、免状を貰うとき、進歩特に顕著なるものとして賞《ほ》められた。ここに海への情熱はいや増して、海国男児の夢は多彩であった。

翌年、畝傍《うねび》中学校を卒《お》えると、まっしぐらに海軍兵学校を受験した。十四人に一人という競争率であったが、辛くも通って、一九二一年（大正十年）八月二十六日、江田島の海軍兵学校に入校した。私の十八歳のときであった。

お前の敵はアメリカだ

私が海軍兵学校に入校したとたんから、なにかにつけて映ることとは、「お前の敵はアメリカだ」ということであった。当時、日本海軍はアメリカ海軍を第一想定敵に設定していた。想定敵というのは仮想敵のことであって、日本海軍一切の軍備は、アメリカ海軍をマークして進められていたのであった。そしていまや建艦競争のまっ最中であって、日本海軍は八八艦隊計画を推進していた。

八八艦隊とは、戦艦八隻と巡洋戦艦八隻とを基幹とする主力艦勢力に、これに釣り合う相当数の巡洋艦、駆逐艦、潜水艦などの補助艦勢力を配して、攻勢のとれた一大艦隊を整備しようというのであった。そこで海軍将校も大量に要《い》るところから、いまや海軍兵学校は、第五十期、第五十一期、第五十二期の三期に亘《わた》って、それぞれ三百人クラスがつづくという盛況であった。私は、その第五十二期生で、高松宮殿下をクラスヘッドに戴く光栄にあった。入校して間もなく、海軍兵学校創立五十周年記念で、九百人の生徒を練兵場にならべて、写真を撮ったことを憶《おぼ》えている。

想定敵というのは、軍備の適正な規模を定めるために設けるものであった。軍備は多々益々弁ずとやられたのでは、国民は増税に堪えられない。もともと軍備とは、戦わないためのものなのである。昔、中国の兵法の元祖孫子が言った、「兵は兇器なり、戦わざるを以て上乗《じょうじょう》とす」と。これが軍備の第一課である。しかし一般には、軍備とは戦う以外のなにものでもない。軍備なんてのがあるから、戦争が起るのだとの通念である。けれども軍備の本質は、その反対で、戦わないためのものなのである。けれども更に軍備の本質は、戦えるものでなければ、軍備は戦わざるを以て上乗とする軍備第一課の目的は達成出来ないのである。ここがむずかしいところであって、一般の人たちには諒解しにくいのである。しかし、かがしのような戦えない軍隊では、却って戦争を誘発することを、今日の世界は実証している。

　こういう次第で当時の日本海軍は、軍備の適正な規模を定めるために、アメリカ海軍を第一想定敵と定めたのであるが、しかし想定敵というものが設定されると、敵愾心《てきがいしん》というものを誘発する。いわんや海軍兵学校生徒などというものは、元気も一杯だが、衒気《げんき》も一杯である。敵愾心の上に愛国心が育つかの如く心得て、やれヤンキーの毛唐のと、上級生の下級生に対する訓育指導は、専《もっぱ》ら敵愾心の養成であった。

　ところで私は、軍人とは勲章つけて剣さげるものだと心得ていた。幼いころからの夢である。アメリカに対する敵愾心よりも、たこなどとあだ名した中学の級友に、颯爽たる短剣姿で見参してやろうとの闘志の方が先きに立つ。待たれるのは冬休暇であった。待つとなると、経日遅々、八月に入校して十二月の冬休暇までの四ヶ月の長かったこと、今日の日の経《た》つことの早いのにくらぶれば、あのころは一番長生きしていたと言える。

　やがて待望の冬休暇が近づいて来た。然るところ、穏やかならぬ風評が流れて来た。そのころ、アメリカの首都ワシントンで米英日三国の海軍軍備制限に関する会議が開かれていた。それが妥結に達して、いわゆるワシントン軍縮条約が成立した。主力艦比率において、米英日五五三という日本にとって劣勢比率を押しつけられて、日本政府はこれを甘受した。そこで日本海軍は、進行中の八八艦隊計画を放棄するという。従って海軍兵学校生徒も、こんなに要らないから、今年新入の第五十二期生の大半はやめさせられるというのである。私はやれやれと思った。折角、兵学校に入校して、海軍大将へのスタートを切ったばかりだのに、駄目かとがっかりしたのであった。

やがて冬休暇で帰郷したけれど、颯爽たる短剣姿で見参どころか、軍縮風《かぜ》にたたられて、肩身の狭い思いで過した。休暇が終って帰校すると、翌年度の第五十三期生の採用人員を五十名に減らすという画期的措置によって、私たち第五十二期生の首は、からくもつながれたのであった。

空へのあこがれ

私の江田島生活も三年となった或る日、江田内《えたうち》にF５飛行艇二機が飛来した。そのころ飛行機はまだ珍らしい。生徒たちは海岸に集まって、離着水作業を見学することになった。作業を始める前に、飛行艇隊指揮官の宮崎中尉というのが、F５飛行艇の性能などについて説明したあと、生徒たちの中で将来飛行将校を志ざす者は六名を限って同乗を許すと言った。

「ハイッ」

と、一番に手を挙げたのは私であった。けれども私は、それまで別に飛行将校になろうと思っていたわけではなかった。ただ私は、海軍兵学校に入校以来、私の内気な性格を矯めるために、なにかによらず教官がものをたずねたら、答えはまだ出来ていなくても、先ず一番に手を挙げておいて、答えは手を挙げてからあとで考えることにしていたのが、習い性となったままであった。

そうしたことで、私は生まれて初めて飛行機というものに乗せて貰ったわけであるが、これがまた病みつきとなって、その日から私は飛行機乗りになろうと思い定めた。私は凝り性だから、一つ事に凝り始めると他の事が目に入らない。もう飛行機乗りだと思い定めると、船乗りなんて阿呆臭くて厭気《いやけ》がさして来た。けれども海軍兵学校は船乗りを養成するところで、空軍士官学校ではないのだから、卒業したからといって、おいそれとすぐに飛行機に乗せて戴けるわけでない。卒業すれば船乗り実習の遠洋航海が待っていた。

一九二四年（大正十三年）七月二十四日、私は海軍兵学校を卒業して海軍少尉候補生を拝命し、練習艦八雲《やくも》に乗組んだ。私は二十一歳であった。私たちの練習艦隊は、八雲、浅間、出雲《いずも》という旧式巡洋艦で編成されていたのだが、いずれも往年の日露戦争では、上村《かみむら》艦隊として鳴らした戦歴を持っている。そして練習艦隊司令長官は百武《ひゃくたけ》三郎海軍中将であった。

こうして私たちは、遠洋航海に旅立ったのであるが、太平洋を押し渡って、ハワイ、パナマ、アカプルコなどを経て、やがてサンフランシスコへとやって来た。この日、一九二五年（大正十四年）一月二十三日であった。

あまのじゃく

遠洋航海から帰国すると、一九二五年（大正十四年）十二月一日、海軍少尉に任官して、軍艦矢矧《やはぎ》乗組となった。この年の矢矧は、海軍兵学校の練習艦任務で江田内に繋《つな》ぐことになった。私はこれは厄介なことになったと思った。

すると案の定、副長がやかましくて、乗組の初級士官は兵学校生徒のお手本にならなければならないとあって、船乗りの躾《しつけ》に一生懸命であった。副長は、これを舌足らずの英語でシーマンシップと呼んで、毎度のお小言であった。ところで私は、飛行機乗りになるつもりだから、そんな帆船時代の遺風のようなシーマンシップに、とんと興味がなくて身に入らないこと夥《おびた》だしい。従っていつも副長からお目玉ばかり食っていた。

やがて初秋となった。定期考課表の進達時機である。副長は次室士官一同に、身上申告を提出せよと達した。私は「飛行学生熱望」と書いて提出した。

暫《しば》らくの日が過ぎた。士官室従兵が私を呼びに来た。

「航海士、副長がお呼びです」

またかと思った。副長お呼びは苦手である。お小言を食う以外に、碌《ろく》なことのあったためしはない。恐る恐る伺候すると、

「航海士、君は飛行学生を志望しとるようだが、勿論両親の承諾は得ているのだろうな」

とのお訊《たず》ねである。私はハッとした。実はまだなのである。まだどころか、さきに遠洋航海から帰郷したとき、父から一本釘をうたれていた。

「まずまずこれでお前も海軍将校として立つことになるので一安心だが、これからさき自分から志望して飛行機と潜水艦とに乗ることだけはやめとけよ」

父にして見れば、当時のニュースは、飛行機の墜落事故と潜水艦の殉難事故とで賑《にぎ》わっていたので、飛行機と潜水艦とは危ないものとの印象を受けている。だからそんな危なかしいものには近よらないで、軍艦というもので、海軍の表街道を行けというのである。当時私にはまだ、海上

権力の主体が航空機に移るだろうというほどの先見の洞察があったわけでないが、ただ是が非でも飛行機乗りになりたいのであった。父の説得ぐらいでへこたれない。こいつは一番早いとこ飛行機乗りになって、既成事実を作ってしまえと、たかをくくっていたのであった。

ところがいま副長の口吻《こうふん》では、そんなら両親の承諾書を取寄せろとでも言い出しそうなので、私はあわてた。

「いや実はそのまだなのでありますが、こんどの冬休暇で帰省いたしましたときに、承諾を得るつもりでありまして……」

とかなんとか、しどろもどろに頬を紅潮させて陳弁これ努めた。副長はうなずきながら、

「ウン、飛行機は危ぶないからなあ、よく両親とも相談してから決めるのだよ。それに君はよく出来るのだから、なにも無理して飛行機に行くことはないよ」

おかしなことをいう副長だと、私は反撥を感じた。副長の感覚だと、飛行機に行く連中は、落伍組の三等士官が、危険覚悟で一旗《ひとはた》挙げに行くところぐらいにしか映っていないようであった。

また当時の事実は、そうであったのかも知れない。


定期異動が近づくと、下馬評で賑う。高級将校たちには、すでに内報があったらしいとの噂である。そうした或る日、艦長室従兵が私を呼びに来た。

「航海士、艦長がお呼びです」

副長お呼びは毎度のことだが、艦長お呼びとは珍らしい。はてなんだろうかと、服装を整えて艦長室にまかり出た。すると、

「航海士、君は飛行将校を志望しとるんだね。結構だ。これからは航空だよ。逸材はどしどし航空に行かなくちゃ……」

と激励されて、私は面食《めんく》らった。うちの艦長は砲術屋で、この一年、ついぞ一度も航空に理解がありそうな素振さえ示さなかったのに、この航空礼讃《らいさん》は見事な豹変であった。私は狐につままれたような気持でいると、

「ところでね、航海士、わたしも今日から大いに航空を勉強したいのでね。差し当り艦内にある軍事教育図書で航空に関するものを全部取揃えて持って来てくれないか」

用件はそれであった。艦内の軍事教育図書の出納は、航海士の仕事であった。私は艦長の豹変に驚きながらも大いに喜こんで文庫に急いだ。そして図書目録を繰って、航空に関するもの十冊ばかりを引張り出した。どれもこれも一応、私が眼を通しているのだが、すでに陳腐で、晩近《ばんきん》の航空を理解なさるために、艦長さまにおすすめ出来る代物ではない。とも角、揃えただけを持参して、その旨艦長に申し上げると、

「いやなに、わたしは航空は素人じゃから、初歩のものからの方がいいんじゃ。航海士、全部置いていって呉れ給え」

とかくするうち、十二月一日となって、定期異動が発令された。私は、海軍砲術学校普通科学生とある。これは初級士官として、必修のコースだから、早い方がよいので満足であった。そこでうちの艦長はと見ると、鳳翔《ほうしよう》艦長とある。鳳翔は小さいながらも航空母艦である。「読めたッ」と私は、ほほ笑んだ。うちの艦長は内報で、鳳翔艦長に転補のことを知ったのでとたんに、航空礼讃に豹変したのであった。

ところで、この航空飛び入りの艦長は、今日が退艦だというのに、先日貸し出した図書を返却すると言ってこない。几帳面な艦長だから、忘れている筈はないのだが、退艦時刻もせまってくる。

私は出納の責任上、恐る恐る艦長室に伺って催促すると、艦長は、すでに通常礼装を着用して、退艦準備を整えたまま、退艦までの時間を、まだ熱心に軍事教育図書を読んでいた。そして私に、退艦のとき机の上に残しておくから、あとでしまって呉れと言った。私は畏《かしこ》まりましたと引下がったが、試験場に入るまで参考書を見ている受験生を思い泛《う》かべて、ニヤリとした。

私も間もなく退艦して、横須賀に赴任し、海軍砲術学校に普通科学生として入校した。四ヶ月の教程で、海軍の表道具である大砲について習うのであった。かくて砲術学校が終ると、次は海軍水雷学校に普通科学生として入校する。教程は同じく四ヶ月で、こんどは海軍の裏道具である魚雷について習うのであった。

七月末、ようやくの思いで両コースを修了した。これで一人前の初級士官として通用するのであるが、早速駆逐艦秋風《あきかぜ》乗組の辞令であった。

駆逐艦秋風からは、特別任務のため、至急佐伯《さいき》湾〔大分県〕にて乗艦せよと言って来た。横須賀から佐伯湾への赴任の途中、急ぐ旅ではあったが、大阪に下車して母を病床に見舞った。母は子宮癌で、死期はせまっていた。母は私を見て喜び、やさしく言い残した。

「よく帰ってお呉れでした。これが今生《こんじょう》のお別れです。よくお母さんを見ときなさい。お母さんの亡くなったあとは、お父さんをたのみますよ。あなたは軍人やさかい、いつでもいのちをかけていなさるでしょうけど、お父さんはあなたが危ない飛行機に乗りたがっているいうて心配していいます。お父さんも、もう年ですから、なるだけ心配させないようにして上げて下さい。お母さんは、あの世からでも、いつもあなたを見守っていて上げます」

私は赴任を急ぐままに、長くみとりもならず、心を残して家を出た。

駆逐艦秋風の特別任務というのは、天皇陛下南西諸島御巡幸の供奉《ぐぶ》任務であった。私は秋風の艦橋で当直に立って、御召艦比叡《ひえい》のあとを守っていた。母の言葉が憶い出されてくる。軍人はやめといて医者になれと言われると、いいや軍人になると言い張った。それなら海軍はやめといて陸軍にしなさいと言われると、いいや海軍に行くと言い張った。それなら飛行機はやめときなさいと言われると、いいや飛行機に行くと言い張っている。私はあまのじゃくかしら。

前方を仰げば、御召艦の檣頭《しょうとう》に天皇旗が燦《さん》として、はためいている。大義親を滅す。私は皇軍の将校だ。皇道宣布の尖兵《せんぺい》である。これからの軍備は航空だ。危ぶなかろうが、私は青春の情熱を打ち込んで、生も死も航空に賭ける。

奄美大島、沖縄本島、宮古島、石垣島と、天皇陛下南西諸島御巡幸は終って、御召艦比叡はいま一路横須賀への帰港を急いでいる。私はミッドナイトの当直で、秋風の艦橋に立っていた。時は一九二七年（昭和二年）八月十日午前一時であった。カンカンと時鐘が鳴った。地点は潮岬の沖合であった。ふと母の顔が浮かんだ。いま母のいますところから一番近いところを通っている。かくて母の上に思いを馳せたとき、潮岬灯台の閃光が、パーッと尾をひいて闇夜に流れた。

翌日の午後、御召艦につづいて、横須賀に帰港すると、電報が待っていた。

「ゴゼン一ジハハシス」

やっぱり、あのとき母は息を引きとっていた。そして母のみたまが私のところに来たのだ。母は私を見守っていて下さる。

台湾海峡不時着事件

一九三〇年（昭和五年）四月のことであった。私は海軍中尉で二十七歳、航空母艦加賀乗組で偵察隊に属していた。加賀はこの年、連合艦隊に属し、第一航空戦隊の旗艦で、司令官枝原百合《えだはらゆり》一《かず》少将の将旗が掲げられてあった。

連合艦隊は、移動訓練の最中で、青島から大連、仁川を経て、いま馬公へ向っている。一滴の油も惜《お》しんで、夜を日についでの猛訓練であった。明日は馬公に入港する。入港前にもう一つ馬公要港部との連合演習が仕組まれていた。私は昨夜の演習が終ったあと、飛行服のままで搭乗員待機室のソファーにごろ寝していた。

「お早う」

と声かけて、偵察隊分隊長の永石正孝大尉が入って来た。この分隊長は精励な人で、いつも整備員と一緒に起きて、飛行準備を見てまわる。

「お早う御座います。天気はどうですか」

と、私は起き上って問《たず》ねた。

「雲が低くて霧模様だ。今日は楽じゃないよ」

と、永石分隊長の答えはかんばしくない。

そこへ和田鉄二郎大尉が入って来た。和田大尉は私より一期上の練達した操縦者で、永石大尉とペアーであった。私に声をかけて、

「淵田中尉、勝畑を起しにやったか。奴《やっこ》さん、また遅れよるぜ」

勝畑というのは、私とペアーの勝畑清大尉で、偵察隊第二小隊長であった。和田大尉とクラスは同期だが、飛行学生は二年ほど遅いので、練度も浅い上に、パイロットとしての感覚もあまりパッとしなかった。

私は当番兵を呼んだ。

「当番、勝畑大尉を起して来い。私室だ」

「ハーイ、勝畑大尉を起して来ます」

復唱しながら当番兵が去ると、そこへ飛行長の酒巻宗孝中佐が入って来た。

「おい偵察隊の任務が変ったよ。演習参加を取止めて、死体の捜索だ」

と言いながら連合艦隊の電報命令を示した。

話はこうである。昨夜の演習が終ってから、航海中の一潜水艦で、艦長が行方不明になったのである。潜水艦長は嘉村嘉六少佐といった。嘉村艦長は、演習が終ったのでひと休みのため、操艦を当直将校に委ねて、艦長私室に降りて行った。午後十時過ぎであった。翌午前三時に、艦長に届ける電報が入ったので、電信取次兵が艦長室を叩いたがいない。艦橋かと上ってみたがいない。司令塔かと下りたがいない。厠《かわや》かと待ったが出て来ない。大体艦内で艦長の居場所と言えば、それぐらいのものである。たずねあぐねた取次兵は、艦橋に上って来て当直将校に報告した。

「当直将校、艦長が見えません」

この前代未聞の報告に当直将校は、

「馬鹿言うな」

と一喝したが、それから大騒ぎとなり、艦内拡声器で艦長は艦長はいずこと、がなり立てたが、応答はさらになかった。艦内にいないとすると、海中に落ちたと推理するほかはない。そこで午後十時から午前三時までの航跡上を捜索することになって、潜水艦は僚隊の潜水艦ともども反転して、艦長を捜し求めることになった。そこで加賀の偵察隊も、この捜索に協力せよというのが、連合艦隊の命令であった。

そのころやっと、勝畑大尉が起きて来た。そして死体の捜索だと聞くと、寝ぼけまなこをこすりながら、

「この天気の悪いのに死体捜索なんて、ミイラとりがミイラになるぜ」

と、つぶやいた。そしてこの言、ついに讖《しん》をなした。

午前五時半、加賀偵察隊の四機は発艦した。雲高は五百米《メートル》、ところどころに霧がたれこめている。視界は悪い。四機は雁行《がんこう》して捜索起点に達すると、間隔を開いて捜索を開始した。針路は三十二度で潜水艦の航跡上を掃航する。飛行高度三十米で、私は偵察席の床に腹ばいになって、下方の覗き窓から潜水艦長の遺体を見つけようと一生懸命であった。やがて六十浬《カイリ》で一航過が終って反転する。これを四航過繰返したが、発見するに至らなかった。

そこで予定計画に従って帰投することになり、針を加賀に向けた。けれども予定時刻になっても母艦は見えて来ない。附近を捜しまわったが依然見えない。その時の飛行機は、一三式艦上攻撃機〔複葉艦載機。大正十三年制式採用。雷撃を主な任務とする〕といって、航続時間は三時間であ

った。速度は七十節《ノット》で、すでに二時間半はたっぷり飛んでいる。あと三十分のうちに母艦が見つからなければ、海上に不時着するほかはない。車輪の艦上機だから、すぐ沈んで了《しま》うだろう。私は二十七歳が最期かと、眼の前が暗くなって来た。

私は伝声管で、操縦している勝畑大尉に話しかけた。

「勝畑大尉、航法を誤まって機位を失して済まない。今から無線方位で帰投する」

「ハーイ」

と勝畑大尉は心細げに返事した。そこで私は後席の電信員に、母艦へ無線方位の測定を要求させた。

「ホイ、ホイ、ホイ」

と電信員は、電鍵を叩いて、あと長波で長音を輻射すると、間もなく返事が来た。

「方位四十七度」

私はホッとした。母艦からの方位四十七度というのだから、まだ行き足らないのである。

「勝畑大尉、母艦からの方位四十七度と言って来た。針路百二十七度で母艦に帰る」

勝畑大尉もホッとしたらしい。飛行機を百二十七度に定針させて暫《しば》らく飛んだけれど、依然母艦は見えて来なかった。

当時、無線方位の測定というのは、まだ幼稚なもので、長波なら方位線は測定出来たのだけれど、それが母艦からどちらの方向かは判らないので、通信長の情況判断で決めることにしていた。当日、私たちの作業海面は、母艦の北方であったから、通信長の判断で方位四十七度と知らせて来たのだけれど、実はこれは反方位であったのである。航法上の錯誤で、私たちは機位を失し、実際は母艦からの方位百二十七度にいたのである。従って針路百二十七度で飛んだのでは、益々母艦から遠ざかっていたわけであった。

「淵田中尉、燃料あと十分」

勝畑大尉が心細い声で連絡して来た。私は万事休したと思った。雲高五百米、飛行機はその下際すれすれに飛んでいるのであるが、見渡す海面はしけていて、白く泡立つ波頭以外に、なんにも見えない。いよいよ最期が来たと私は観念した。


その時であった。突如、私の胸の中で誰かが「高度を上げよ、高度を上げよ」と囁《ささや》くように思えるのであった。だが高度を上げたってどうなるものでもない。頭上五百米以上は、どこまでつづくか分らない密雲である。けれども、「高度を上げよ」との囁きは執拗に胸から消えない。外《ほか》に手段もないことである。私はこの声に聴き従おうと決心した。

「勝畑大尉、いまから高度を上げる」

勝畑大尉はびっくりして、

「なに高度を上げるだって……でも密雲が……」

と、なかなか応じない。彼は私より先任で指揮官なのだから、私の方から命令するわけにはいかない。しかしナビゲーターとしての私は、航法に関して彼に指示することが出来る。況《いわ》んや、いまや万策尽きて、たった一つの道は高度を上げることしかないのだと、百方口説いて、やっと彼を納得させた。

飛行機は高度を上げ始めると、すぐ雲の中に入ってしまって、なんにも見えない盲目飛行である。私は、この愚鈍な操縦者が操縦を誤まらないように、偵察席から乗り出して、操縦者の肩を両手で押えながら、計器に注意しつつ、ゆっくりと上昇をつづけさせた。燃料計は零を指しているけれど、まだ相当時間は飛べるらしい。こうして不安な盲目飛行を二十分近くもつづけていると、やがて雲の上に出た。高度計は二千七百米を指している。雲上は日本晴れの快晴であった。

だがそのとたんに、ぶるん、ぶるん、ぶるんと音がとだえて、プロペラは止まってしまった。燃料が全く尽きたのであった。飛行機はもう飛べない。あとはグライドするしかない。だがこの瞬間、私は前方の雲の切れ間にチラと白いものを認めた。双眼鏡をとって熟視すると白い帆船である。距離は約一万米と推定した。

「勝畑大尉、前方の帆船を目標に滑走して下さい。距離一万です。あまり高度を落し過ぎないように、上手に滑って下さい」

一般に飛行機は、その高度の四倍は滑走出来るのである。従っていま高度二千七百米に上っているのだから、距離一万米の滑走はがっつりである。私は、これはなんという運のいいことかと、にんまりした。

やがて飛行機は、帆船の横すれすれの風下側に着水した。着水の瞬間、飛行機は脚をすくわれて逆《さ》か立ちした。私は顔を偵察席の風防にぶつけて、右頬を負傷した。今も右頬に残る傷跡はその記念である。

帆船は、私たちの不時着を認めると、総帆を絞って停船し、小船を卸して私たちのところに漕ぎよせて救助した。この帆船は源順号と呼ぶジャンクで、南澳島《なんおうとう》に基地を持ち、汕頭《スワトウ》〔中国広東省〕と高雄との間を往復する交易船であった。汕頭からは陶器を積み出して高雄に輸入し、高雄からは糖蜜を積み込んで汕頭に輸入するとのことである。いま高雄から汕頭に向けて航行中であった。船長の名は、黄半仙と書いて示した。名の如く顔は、黄疸病《おうだんや》みのように、すごく黄色いのが印象的であった。

黄半仙はなかなか親切で、「卿等《けいら》を遇するに賓客の礼を以てし、汕頭に到り、日本総領事より賞を求むるものなり」と漢文で書いて示した。私たちは互に言葉は通じないけれど、筆談なら出来た。私は、この不時着地点がどこだろうかと早く知りたいので、これを訊ねると、「高雄を去る五百里、汕頭を去る五百里」と漢文で書いて示した。里という単位は分らないけれど、五百里と五百里というのだから、高雄と汕頭とのまん中である。私は携えていた航空図を開いて検討したが、どうしてこんなところへ飛んで来たのか、皆目見当もつかなかった。

やがて源順号は五日ほど航海の後、南澳島の雲界寺と呼ぶ入江に入泊した。翌日は、私たちを万鎰号と呼ぶ一まわり大きいジャンクに移して、汕頭に入港し、私たちを日本総領事館に渡した。総領事は別府熊吉氏で、適当に彼らに賞金を与え、懇《ねんご》ろに私たちをもてなして下さった。早速電報が打たれて、第一航空戦隊附属の駆逐艦秋風が、私たちを収容するため汕頭に派遣されて来た。秋風は、曾《かつ》て私が乗組んでいたのだから、一層なつかしかった。こうして私たちは、秋風に収容されて、基隆《キールン》在泊中の母艦加賀に帰った。

私は台湾海峡で不時着水する前に、母艦宛に電報を打っておいた。

「燃料尽きて不時着水する、機位不明、ただし附近に帆船あり、これに救助される見込、○九○○」

しかし母艦では、連合艦隊挙げての捜索によって、私たち不時着機の残骸は発見したものの、私たち搭乗員の消息は、汕頭総領事からの電報が入るまで、約一週間に亘って分らなかった。だからみんな憂愁に閉ざされていただけに、基隆で母艦に帰ったときは、みんなワーッと喜んで出迎えて呉れた。

ところで母艦に帰ったあと、遭難の顚末を報告しているとき分ったことは、嘉村潜水艦長の遺体捜索の第三航過のとき、私は操縦者の勝畑大尉に針路三十二度と指示した。勝畑大尉は針路三十二度に定針して、

「針路三十二度宜候《ようそろ》」

と復唱して来た。そのとき、いつもならば、私は偵察席の羅針儀で三十二度に定針したのを確かめて、「宜候」とチェックするのであるが、このときは偵察席の床に腹ばいになって、下方の覗き窓から遺体を発見しようと一生懸命だったため、立ち上がって偵察席の羅針儀で、この定針をチェックするのを怠った。それが間違いのもとだったのである。

そのとき勝畑大尉は三十二度に定針しているつもりで、実は三百二十度に向けて飛んでいたのであった。そのわけは、当時の航空羅針儀は、中央に針が四本あって、0、1、2、3のマークがついていた。前縁には0から90までの目盛が刻んである。いま三十二度に飛びたければ、0の針を前縁目盛の32に合わせて飛べばよいのだが、勝畑大尉は錯覚を起して、3の針を前縁目盛の20に合わせて飛んだのだから、これでは三百二十度の方向に飛ぶ。それを一航過六十浬も飛んだのを、私は気がついていないで、第四航過のあと、帰投針路を定めたのだから、母艦に帰りつける筈もなく、おまけに無線方位のミスも加わって、途方もないところに不時着水したのであった。錯覚でコンパスの読みを間違えるというパイロットの愚鈍さもさることながら、ナビゲータ

ーとしてこれをチェックしなかった私の責任はまぬがれない。ところでみんなは、燃料あと十分のあと、高度を上げた私の措置を賞讃した。

なかでも、時の連合艦隊司令長官山本英輔大将に報告に行ったとき、その誘導措置が極めて適切であったと、大層な賞められようであった。しかし当初、私にはなんの確信もなかったことで、ただ胸の中で誰かが囁く声に従ったまでであった。

「その声は誰の声だったと思うかね」

と、英輔大将は私に訊ねた。

「さあ私にも分りませんけれど、多分亡き母かも知れません」

と答えると、英輔大将は一瞬しゅんとして、

「ああ、そうだろうな」

とうなずいた。

しかし、今日の私は、あれはイエスさまの声であったと確信する。イエスさまは、私がまだイエスさまを知らなかった前から、私を導いていて下さったのであった。

航空万能論

私が空母加賀乗組で台湾海峡不時着事件を起していた一九三〇年（昭和五年）に、米英日仏伊の五ヶ国間の海軍軍備制限に関する会議が、ロンドンで開かれていた。

一九二二年（大正十一年）に、ワシントン海軍軍備制限条約が米英日の三国間で成立して、主

力艦比率を米英日五、五、三で縛って以来八年後であって、このたびは補助艦勢力を制限しようというのであった。

かくて、このロンドン軍縮会議は成立した。五ヶ国間とは言っても、仏伊二国の海軍力は、米英日の三国とは格段の開きがあるので、問題とするには足らないが、問題は、このロンドン軍縮条約に於て、日本海軍はまたしても補助艦勢力に於て、対米英六割という劣勢比率を押しつけられてしまった。

日本の海軍部内は割れるような騒ぎであった。日本海軍は、国防方針に基いて、第一想定敵アメリカ海軍に対し、西太平洋における邀撃《ようげき》決戦というのを作戦方針と定め、その兵力量は対米七割でないと勝算がもてないと言っているのに、このような対米六割なんて条約を結ぶとはなんたることだというのであった。これは統帥権の干犯《かんぱん》だというので、軍令部長の加藤寛治大将は、首相浜口雄幸《おさち》に喧嘩を吹っかけて辞職するという騒ぎであり、軍令部部員の草刈〔英治〕少佐というのが、全権団の一人であった財部《たからべ》〔彪《たけし》〕海相の帰国を待ちかまえて、駅頭で短刀を贈るという騒ぎまで持ち上がった。これで腹を切りなさいというのだったらしい。

この騒ぎを、私は空母加賀の艦上から眺めていたのであるが、兵力量が七割の六割のと騒いでいるのが腑に落ちないのであった。騒ぎの中心になっているのが、当時補助艦勢力の筆頭と目されていた一万トン八インチ巡洋艦について、その七割要求が通らなかったというのである。そのころは、航空母艦はまだ補助艦勢力の中に含まれていた。だから私なんかは、補助艦勢力が総括して六割というなら、それはそれでいいから、愚にもつかない一万トン巡洋艦なんてのは全部止めといて、その分を全部航空母艦の建造に振り向けたらどんなものだろうと思うのであったが、中尉の分際では口出しもならない。

然るところ、ワシントン軍縮条約は、一九三六年（昭和十一年）で満了する。その二年前に、加盟の一国が廃棄通告をすると、この条約は一九三六年末をもって廃棄される。そこで日本は、もはやこの不平等な条約に耐えられないとして、一九三四年（昭和九年）に廃棄通告を申し入れた。

またロンドン軍縮条約は、五ヶ年の期限であったから、一九三五年で満了する。けれども、この方はその一年前に加盟国が会議を開いて、その後の軍縮について協議することになっていた。そのような事情で、一九三四年に英国がロンドンで軍縮予備交渉の開催を提議した次第であった。そして米英日仏伊の五ヶ国の代表が集まって話し合った。このときの日本海軍の首席代表が山本五十六少将であった。

この予備交渉で日本海軍は、過ぐるワシントン条約や、ロンドン条約は、不平等だから日本は廃棄の意志だけれど、軍縮には賛成だから、改めて総トン数主義で平等な条約を結びたいと提案した。

そしてこの提案の中で、日本海軍は航空母艦の全廃を主張したのであった。これには私はひっくり返るほどに驚いた。狂気の沙汰だと思ったからである。しかし、日本海軍の言うところは、軍備は他国を侵しにゆくものではなく、自国を守るだけのものだから、不脅威不侵略の原則に基いて、攻撃用の兵器は全廃し、防御用の兵器だけにとどめようと前提して、航空母艦というものは攻撃用だからこれを全廃し、なんなら戦艦も廃止してよいとの提案であった。

私はなんという幼稚なことをいう日本海軍だろうかと思った。子供だましの専守防衛論である。もとより軍備は戦うためのものでなく、戦わないために設けるのであることは、軍備は戦わざるを以て上乗とすると言った孫子以来の鉄則である。しかし軍備そのものは、戦えるものでなくては、軍備は戦わざるを以て上乗とするという軍備第一課の目的は達成出来ないこともまた鉄則である。

攻撃用だとか、防禦用だとか、あるものでない。攻防は一如《いちにょ》であって、攻撃は最良の防禦であることも千古の鉄則である。古来、専守防禦で勝てたためしはないのであった。戦艦なんてものは、もはや骨董的存在だから廃止したってかまわないが、航空母艦を廃止しようなんて、まさに狂気の沙汰でしかない。当時私は既にして、航空威力躍進の趨勢に鑑み、海軍の主力は航空母艦に移るとの先見の洞察を抱いていた。けれども当時、日本海軍の上層部には、まだ誰も航空母艦が、やがて海上権力の王座につく主力であるとの認識を持っていたものはなかったように見える。

とかくするうちに、ロンドンの予備交渉は不調に終わり、翌年のロンドン本会議も決裂した。かくてワシントン軍縮会議以来十三年にして、世界は再び無条約時代となり、建艦競争へと突入した。アメリカは、それ見たことかと厖大《ぼうだい》な建艦計画を発表した。日本としては、とても量ではついていけないから、質でこいとばかり、知慧をしぼったのが「まる四」計画（「まる三」計画の誤記、以下は解説者にて訂正）というのであった。

日本海軍は、すでにして無条約時代の到来を予期していたので、軍令部ではロンドン予備交渉の始まるとき早くも、艦政本部に対して、時流をぬきんでるマンモス戦艦建造への研究を要求した。研究の結果は、日本独自の造艦技術を結集して、排水量七万二千トン、主砲十八吋《インチ》九門という途方もない巨大戦艦四隻の建造を計画し、機密保持のために、これを「まる三」計画と呼称した。そして一九三六年（昭和十一年）七月には、先ず大和、武蔵二隻の建造を決定して、極秘裡に呉海軍工廠と三菱長崎造船所とで建造が開始されたのであった。

私がこの「まる三」計画なるものを聞き知ったのは、一九三六年十二月一日に、甲種学生として海軍大学校に入校したときからであった。

私たち第三十六期甲種学生は二十四人で、そのうち航空関係者は七人いた。甲種学生は二ヶ年の教程であったから、前期の第三十五期三十人も在学中で、そのうち航空関係者は同じく七人いた。この十四人が力を合わせて、マンモス戦艦無用論を叫び、「まる三」計画を改めて、航空母艦の建造へと切り換えしめなければならないとの啓蒙に躍起であった。けれども日本海軍部内の大勢は、航空威力躍進の趨勢に目覚めず、依然として日本海海戦以来の海上権力史論に立つ大艦巨砲のイメージに支配されて、私たちの言うところは、「航空万能論」の大言壮語としか映っていないようであった。

そういうことから、私たちは当時航空本部教育部長であった大西瀧治郎大佐に音頭をとって貰って、海軍省、軍令部、航空本部、海軍大学校、横須賀航空隊、横須賀航空廠といったところに勤務する航空関係者を結集して、作戦用兵、術科、技術等の専門に亘る「航空研究会」なるものを、毎日曜日に東京水交社で開催した。そして航空関係以外の士官たちの出席を歓迎する旨案内した。

この研究会では、航空に関する若手エキスパートの意見が活潑に交換されて、これほど実りの多い研究会は、いままでどのような海軍の公式研究会でも見られないほどであった。しかも熱意ある多くの意見は、作戦様相変革の時機に際して、その先見と洞察とを示唆していたのに、海軍当局は、これは私的研究会として解散を命じた。理由は「諸士横議《しょしおうぎ》」というのである。そのような次第で、この研究会は僅か三回ばかりで解散したのであるが惜しいことであった。

もっとも私たちも拙《まず》かった。もっと上手に啓蒙すればよかったのに、勢いの赴くところ「世界の三馬鹿、戦艦大和に、万里の長城、ピラミッド」などと威勢よくやったものだから、大和、武蔵の建造に御執心の海軍上層部を刺戟して、御機嫌を損じたのであった。

しかし私的研究会でいけなければ、なぜこれを公的研究会に取り上げなかったのかと、私は不満であった。この「航空研究会」こそ、当時の日本海軍を啓蒙する命であったのに、これを「諸士横議」とはなんたることであるか。ここに後年太平洋戦争を失うに至った最大の原因が潜んでいた。それは私たちの言うことに耳を藉《か》さず、いつまでも日本海海戦の亡霊に祟《たた》られて、大艦巨砲による海上権力史論の夢を追いつづけていたからである。

赤城飛行隊長

海軍大学校を卒業すると、私は龍驤《りゅうじょう》飛行隊長に補せられた。龍驤は中型空母で、折柄の広東攻略作戦に参加した。私の指揮下の降下爆撃隊には、江草隆繁大尉とか、関衛大尉とか、一騎当千のパイロットたちがいて、これらを率いて戦場を駆《か》けまわるのは心強かったが、まだ腕だめしもせんうちに、広東攻略作戦は呆気《あっけ》なく片づいてしまった。

この頃、私はこの連中を相手に酒を飲み過ぎたと見えて、胃をこわして血を吐いた。軍医長が診察して胃潰瘍だという。

「なあに軍医長、さっきトマトを食ったのを吐いたんだ」

と私が強がりを言っとると、軍医長は、

「トマトと吐血とを見違えるほど、私は藪医者じゃ御座いません」

と言うので、私もシャッポを脱いで、爾来禁酒禁煙で往生《おうじょう》していた。

このことが人事当局に知れたと見えて、翌年度は佐世保鎮守府参謀に補せられた。内戦部隊だから保養を兼ねての閑職であった。とかくしているうちに、体もよくなり、一ヶ年は早くも過ぎて、翌年度は赤城飛行隊長に転補した。一九三九年（昭和十四年）十一月一日のことで、航空母艦主力論を唱えていた私にとって、これほど満足した補職はない。

その年、赤城は第一航空戦隊に属していた。僚艦の加賀が改造のため艦隊から離れていたので、第一航空戦隊の空母は赤城一隻で、旗艦であり、第一航空戦隊司令官は小沢治三郎少将で、赤城艦長は草鹿龍之介大佐であった。

時の連合艦隊司令長官は、山本五十六大将であった。長官は、航空のよき理解者ではあったのだけれど、艦隊決戦の主力が航空母艦群に移り、戦艦群はその支援兵力に成り下がっているとの認識において、長官はまだ生《なま》ぬるいように私には映っていた。

なぜかというと、当時、連合艦隊司令部では、やがて艦隊に編入されて来るであろう大和、武蔵を加えての艦隊戦闘に備えて、連合艦隊戦策を改訂して、夜に日をついでの猛訓練であった。そして戦策の改訂にたずさわった参謀たちは、敵のマストが水平線に見え始めれば距離は四万八千、ここで展開を下令すれば、四万五千で射撃開始、あと間合《まあい》を保ちつつアウトレンジ、などとしきりに悦に入っていた。日本海海戦の夢よ再びといった工合である。しかし私は、射程が四万五千でも五万でも、なにがアウトレンジかと、航空攻撃の射程が三百浬であることを知らないらしいので、気がもめることであった。

もっとも当時、海軍一般の通念としては、空母は補助艦兵力の域を出ていなかった。従って空母の用法は、単艦ごとの分散配備を建前として、索敵が主任務であり、航空攻撃も行うけれど、それは敵艦隊来攻途上の漸減作戦において、味方潜水艦部隊に協力するといった程度の期待であった。このことは海軍大学校での図上演習においても、その通りであった。こうした通念の下で、海軍少佐の飛行隊長あたりが、いくら航空母艦主力論を唱えても、やはり威勢のいい航空万能論としか響かない。これはどうでも空母の攻撃威力を実証することが啓蒙の先決であると決意して、私は赤城飛行隊の陣頭に立った。

第一航空戦隊司令官の小沢治三郎少将は水雷出身で、航空に関係するのは今回が初めてのようであるが、着任以来力こぶを入れたのは、母艦航空兵力の集団攻撃と、その統一指揮の問題であった。

「淵田隊長、母艦航空兵力こそ艦隊決戦の主力だよ」

と、司令官の言うことはたのもしかった。そしてつけ加えて、

「しかし航空はマスだね」

これも私の持論であったので、またひっくり返るほどに喜こんだ。そして、なんとよく分る司令官だろうと、私は傾倒した。

当時、日本海軍航空は精鋭主義であった。精鋭主義は決して悪いことではない。けれども航空

の名人を作ることに専念して、航空威力は量であることを忘れているかのようであった。そのときに当って、航空は素人の小沢司令官が航空はマスだと見破ったのだから、私は高く評価した。そしてこの司令官の指導の下に、この一年、母艦航空兵力の集団攻撃について、みっちりと演練したいものだと願った。けれどもなにせ、第一航空戦隊は赤城一隻であるし、第二航空戦隊もこの年、飛龍は改造中で蒼龍一隻であるし、しかも演習や教練では、赤城と蒼龍とは互に敵にまわる方が多くて、一緒に組んで集団攻撃を演練する機会はあまり与えられなかった。

それでも小沢司令官は、集団攻撃になかなか熱心で、機会を捉えては方々に渡りをつけて、時には陸上航空部隊の中攻隊と組ませたり、また時には内戦部隊の水上機隊とも組ませたりした。そして赤城飛行機隊を率いる私がいつも、その連合集団の統一指揮官に当るのだけれど、いつも苦労するのは集合の問題であった。集合がうまくいかなければ、集団攻撃はばらばらとなって、集中威力の発揮は出来ない。けれども洋上の一点に集合点を定めて、方々に分散しているところから発進して来る飛行機隊を、定時に集合するのは容易でなかった。まだ一度も集合時刻にぴたりと集合出来たためしはなくて、いつも待ち合わせるのに、私はうんざりであった。そのようなことから、私に一つの案が浮び上った。

それは空母を分散配備したりするから、洋上集合の問題が起るのだけれど、空母群を集団使用すれば、集合の問題は解消する。このような簡単なことが、当時の空母分散使用の通念の下では、考え及ばぬことであった。空母分散使用の狙いは、空母の脆弱性に鑑み、敵の攻撃から韜晦《とうかい》しようというのであった。だがこの問題も、空母群を集団使用した方が、対空直衛機の数も増加出来て、全部をがっちりカバー出来るのだから防御も強化されるわけである。

そこで私は、これを小沢司令官に建言した。

「司令官、第一航空戦隊の赤城、加賀と、第二航空戦隊の蒼龍、飛龍とを以て、建制の一ヶ航空艦隊を編成していただき、差し当り空母四隻の集中使用によって、母艦航空兵力の集団攻撃を演練したら、海軍のものはみんな、これが艦隊決戦の主力だと認めるようになるでしょう。早速当局に建策して見て下さい」

小沢司令官は莞爾《かんじ》として、

「よし」

とうなずいた。

かくて、昭和十五年度前期の訓練が終ったあと、この年六月九日附で、小沢第一航空戦隊司令官から海軍大臣に宛てて、航空艦隊編成に関する意見が上申された。その要旨は次の通りであった。

海戦に於て航空威力を最大に発揮するためには、全航空攻撃力を集中することである。全航空攻撃力を集中するためには、平時から一指揮官の下に全航空部隊を統一指揮せしめ、常時その指導下に訓練しうる建制が必要である。

全航空部隊の統一指揮を一時的軍隊区分による時は、その指揮もまた一時的だから、上下の心的結合は疎略で、練度も不揃いで、集中攻撃の指揮掌握が不如意であることは、本年度前期に於て、第一、第二航空戦隊及び第一連合航空隊の各飛行機隊を軍隊区分によって臨時的に一指揮下に入れて訓練を重ねられたけれども、ついに満足な成果を得られなかったに鑑みても明らかである。だから速かに連合艦隊内に航空艦隊を編成して、全航空母艦をこれに編入し、国際情勢の逼迫にも鑑み、訓練を急がなければならない。

以上が、小沢司令官の海軍大臣に対する上申の内容であって、私の進言が充分に盛られているので私は満足であった。

赤城における年度訓練が始まって以来、私は飛行隊の陣頭に立って、訓練指導に当っていたのだが、これが全海軍に対する空母のデモンストレーションだと思うものだから、司令部計画に引きずられるのでなく、その先を越すように、飛行隊の練度を躍進させることに努めた。

先ずは発着艦訓練であった。母艦搭乗員だから、発着艦に不安があっては話にならない。それで充分時間をかけて、みっちりと基礎固めをやった。やがて全搭乗員が不安なく発着艦が出来るようになると、次は急速着艦であった。

急速着艦というのは、着艦した飛行機を、その都度エレベーターで格納庫に降ろして、飛行甲板をクリアーにしてから次の着艦を許すというのでは、着艦収容に時間がかかり過ぎるから、着艦した飛行機をいちいちエレベーターで降ろさないで、次々と飛行甲板の前端部にためたまま、着艦をつづけさせる方式である。しかし、着艦をしくじる飛行機があると、前端部にためてある飛行機に衝突してこわすといけないから、バリケードを立てて、しくじった飛行機をこれで受けとめ、被害をその一機だけにとどめる仕組であった。

しかし練度の浅い搭乗員に無理させると、どうしてもバリケードにぶっつけて飛行機をこわすから、従来は練度の高いものだけに急速着艦を許していた。この年も司令部計画では、前例を踏襲していたが、それでは作戦行動が渋滞して、量的威力の発揮に事欠く。私は全搭乗員に急速着艦をやらせて下さいと進言した。

草鹿艦長が首をかしげて、

「隊長、大丈夫かね」

とおっしゃったが、まかせといてとばかり胸を張って、

「大丈夫です」

こうして、急速着艦訓練は全搭乗員に課したが、なんの不安気もなく全員見事にやってのけた。それから後も、着艦収容はいつも急速着艦であったけれど、年度を通じて、バリケードにぶっつけるものは一機も出なかった。練度は、周到に掌握された指導と、士気振作によって飛躍することの例証であった。

次は夜間発着艦であった。夜間の行動能力は、夜間発着艦の練度から始まるわけである。これも従来は、夜間鳩などと称して、練度の高い一部の搭乗員にだけ課していたのであるが、私はこれも全搭乗員にやらせて下さいと進言した。すると今度は、司令部の青木〔武〕航空参謀が首をかしげて、

「隊長、大丈夫でしょうか」

と言う。

事実、そのころはまだ夜間飛行は危ぶなかしい時代であった。先日も僚隊の二航戦では、夜間訓練で照明用の吊光弾《ちょうこうだん》を投下したら、それに幻惑されて墜落事故を起している。航空参謀が二の足を踏むのも無理はなかった。連合艦隊でも、夜間の教練や演習では保安上、飛行機を照射して

はならないとの制令が設けられてあった。

けれども私は、照射されただけで墜落するようでは、航空威力などと義理にも言えた柄《がら》でないと残念であった。ここは一番、夜間鳩などとケチなことを言わないで、全搭乗員に夜間の行動能力をつけさせねばならない。その基礎が夜間発着艦である。私はまたもポンと胸を叩いて、任せといてと航空参謀に言った。こうした一連の私の進言は、つまりは「航空はマスだよ」と言った小沢司令官の意図に沿いたかったからであった。

或る日、私は赤城の士官室で、軍医長と話し込んでいた。

「ねえ軍医長、最近の医学の進歩で、眼の移植手術が出来るそうだが、私の眼に虎の眼を移植出来ないものかね」

軍医長はあきれて笑っていたが、私は本気であった。もし虎の眼と入れ替えられるなら入れ替えて貰って、私は夜間雷撃と取り組みたいのであった。

年度もやがて終ろうとする十一月初旬であった。連合艦隊は、有明湾〔志布志湾の別称・鹿児島県〕から佐伯湾に向って北上する途上で、数々の教練を実施した。年度訓練の最後の仕上げであって、これを戦技と称し、多勢の戦技委員が中央から派遣されて来て、成績を調査する。

私たち赤城飛行隊は、第一戦隊の戦艦四隻を目標とする夜間雷撃教練で、演習頭部をつけた魚雷を実射するのである。教練の一貫番号は第一一二作業であった。

私は、赤城の雷撃隊二十七機と索敵照明隊九機を率いて、赤城から夜間発艦し、第一戦隊を求めて進撃した。夜間襲撃の要領は、索敵隊が先ず敵を発見して触接し、その誘導によって照明隊が吊光弾を投下し、その照明裡に雷撃隊が肉薄して魚雷を発射するという仕組であるが、この三者の連繋がピタリと合わないと成功しない。この夜の襲撃では、三者の呼吸がピタリと合って、うまくいった。教練を終って帰投中、旗艦長門坐乗中の山本連合艦隊司令長官から赤城の小沢司令官宛の無電を接受した。曰く、

「第一一二作業見事なり」

私は賞められて満足であった。しかしそれは、私たちの作業が賞められたというだけでなしに、航空威力の実証によって、少しでも海軍部内の啓蒙に役立ったかと、満足だったのであった。

戦技委員の成績調査の結果は、実射魚雷二十七本の命中率は八〇パーセントであって、標的の戦艦は四隻とも廃艦を宣告されている。廃艦宣告とは演習や教練でいうことで、実戦なら沈没しているのである。まさに海上権力の主体は航空機に移っている実証であった。航空攻撃の前には、戦艦なんて沈むために浮かんでいるようなものであることを、実戦をまたなければ分らぬというのでは、遅いじゃないかと、私はまったく歯がゆかった。

解説――「航空主兵」時代の夜明け

司馬遼太郎の「街道をゆく」に、淵田美津雄が登場していた。連載のごく初期に書かれた「竹内越《たけのうちごえ》」の回である。週刊朝日に掲載されたのが、昭和四十六年（一九七一年）二月であるから、淵田の六十八歳のころかと思われる。淵田に出会った司馬遼太郎はこう書きとめている。

〈「大和で、この角度からみた（解説者注＝葛城山の）景色がいちばんうつくしい」ということを、ごく最近、大阪の中之島で出会ったひとに話すと、そのひとはわざわざ出かけてくれて、

――申されるとおりである。

と、私あてに人伝につたえてくれた。そのひとはハワイの真珠湾《パールハーバー》を奇襲した飛行隊の指揮官だったひとで、淵田美津雄という元海軍大佐である。戦後キリスト教の伝道者になられた。たしか大和のひとで、ご自身からうかがったところでは、父君がこの長尾の在所にある小学校の教頭さんをしておられ、このため幼少のとき長尾ですごされたというが、「なにぶん子供のころでそのあたりがとくに美しいとはおもっていなかった。しかし、その後長い歳月を経てあらためてその場所に立ってみると、なるほど美しいような気がする」ということであった。〉

淵田美津雄の生まれ故郷は、葛城山のふもと、大阪府と境を接する竹内街道ぞいの奈良県北葛城郡磐城村長尾（現在、葛城市長尾）である。

当時、淵田の父親の彌蔵は、磐城村小学校の首席訓導、つまり教頭だった。やがて、彌蔵がとなりの上牧村《かんまきむら》（現在、北葛城郡上牧町）の小学校長となったのに伴って上牧村小学校で少年時代を送ることになった。つづく畝傍《うねび》中学時代もふくめて、後年の海の男は、奈良盆地の西の端の山ふところ深くに抱かれて育つことになる。

今日、これらの場所にたたずんでみると、四方を深い山に囲まれて小さな村に育ったことが、鴻鵠《こうこく》の志を抱いた淵田少年に「日本海海戦の名将東郷平八郎に続こう」と思ったといわしめる心境になったことは容易に想像できる。軍国の華やかなりし時代の軍人へのあこがれと、小さな枠にとらわれない大きな世界への大志が、閉鎖的な山村を脱出して洋々たる海へと淵田をみちびいたのである。

淵田を語るうえで欠かせない品に、母方の祖父の形見となった脇差がある。大和高取藩の藩士であった祖父の竹上熊右ヱ門末次は、幕末に佐幕派の武士として勤皇派の吉村寅太郎がひきいる天誅組をむかえ討ち、勇躍奮戦したひとである。

明治十年の西南の役では、大阪鎮台に召しだされて新政府の軍隊の軍曹となった。ここで農民出身の新兵教育にあたり、彼らが薩摩藩を打ちまかして幕末の仇敵に一矢むくいたことが何よりの自慢であった。

祖父・熊右ヱ門が孫の美津雄少年にくりかえし聞かせたのが、日清戦争の後のロシアとドイツ、フランスによる三国干渉の物語である。熊右ヱ門は、日本が戦争の勝利で得た中国の遼東半島を、三国による横暴としかいえない返還要求の末、返さざるを得なかった史実を涙を流しながら語った。

「第一の仇のロシアは、日露戦争で討ちはたしたが、第二の仇ドイツと第三の仇フランスは、お前らの世代で討つのだぞ。その約束に脇差をつかわす」

と、美津雄に二尺一寸の太刀をあたえた。

それから二十数年後、淵田は、このときの祖父との約束を果たすことになる。

日中戦争で航空母艦「龍驤《りゅうじょう》」の飛行隊長として広東攻略作戦に参加したときのことである。祖父の脇差をたずさえて戦闘機に乗り込んだ淵田は、フランスの植民地であるインドシナ（ベトナム）まで飛んで行き、空からフランス軍の撤退する光景を脇差にこめられた祖父の霊に語り聞かせたのである。

この脇差はまた、海軍兵学校の卒業時、海軍少尉候補生として練習艦「八雲」で、サンフランシスコへの遠洋航海に旅立ったときにも淵田とともに海を渡っている。前の年（大正十三年）、アメリカ議会では「排日移民法」が承認されていた。日本人への差別的な政策をとりはじめた仮想敵国・アメリカへの敵愾心をたぎらせた淵田は、秘かに脇差を荷物にしまいこんだのである。これらの逸話には、旺盛な反骨精神の持ち主であった淵田の面目躍如たるものがある。

大正十三年（一九二四年）、淵田が広島県江田島の海軍兵学校三年生のとき、兵学校にF5飛行艇二機が飛来した。この際、F5飛行艇への一番乗りに手をあげて大空の爽快感を味わったことが後年、飛行機にのめりこんでいくきっかけとなった。

このF5飛行艇という機種は、その三年前の大正十年、日本海軍がイギリスから招いたウィリアム・センピル退役空軍大佐を団長とする航空教育団がもたらした講習用教材の飛行艇である。当時の海軍機の機体は木製布張り、プロペラも木製でできていた。

それまで航空機で欧米に大きく遅れをとっていた海軍は、操縦法や技術、整備術を学ぶために、外国に航空用兵の指導者をもとめていた。ちなみに日本海軍は、大正元年（一九一二年）、横浜沖で行われた観艦式で金子養三大尉が、フランスから持ち帰ったモーリス・ファルマン一九一二年型小型水上機で空を飛んだのが、記録にのこるはじめての公式飛行であった。陸軍は、その二年前、フランス製のアンリ・ファルマン一九一〇年型機で徳川好敏《よしとし》大尉が代々木練兵場で日本初の公式飛行を行っていた。

十年後、淵田が、海軍兵学校に第五十二期として入学したころ、世界の航空界はめざましい進歩をとげていた。第一次世界大戦（一九一四～一九一八年）の実戦では、まだ戦場のアクセサリーの域をでなかった飛行機も、爆撃実験の結果、軍艦を沈める威力があることが認められ、その重要性に脚光があつまっていたのである。

そこで日本海軍は、いち早く大正七年（一九一八年）に、航空母艦の建造計画を決定した。大正十一年に世界に先駆けて竣工したのが空母「鳳翔」である。のちに太平洋戦争でミッドウェー海戦にも出撃した。

当時、江田島におかれた海軍兵学校は、日本海軍を担う兵科将校の養成のために設けられた教育機関である。海軍大臣の管轄のもと、軍人精神の確立や兵科の学術修得などをめざして、海軍機関学校、海軍軍医学校、海軍経理学校などとともに日本海軍の発展のために多くの優れた人材を輩出した。その修業年限は三年から四年、あるいは太平洋戦争中には第七十四期生のように二年四ヵ月という短期間で卒業した時期もあった。

兵学校での三年間の教育期間を大正十三年（一九二四年）に終えた淵田は、洋上訓練修了後、少尉に任命され各艦に配属のうえ、士官として実務につくことになるが、任官後もひきつづき、士官教育の必修として横須賀にあった海軍砲術学校や水雷学校で専門知識の修得を義務づけられた。

術科学校での修業を終えると、昭和二年（一九二七年）、中尉に進級し、念願の飛行学生に採用されて霞ヶ浦海軍航空隊（茨城県稲敷郡阿見町）に転属となった。同期学生は十名。二十五歳のときである。

ちなみにこの年の五月二十一日、海の向こうではチャールズ・リンドバーグが、スピリット・オブ・セントルイス号で大西洋無着陸横断飛行に成功した。ニューヨークとパリの間を三十三時間三十分で飛んだのである。航空機時代は、時間と距離を縮めてあらたな幕開けをむかえていた。

そのころ海軍では、飛行機事故が相次いでいた。ちょうど淵田の入隊式が行われている最中にも、二件の墜落事故が発生した。一件は前記のセンピル航空教育団によってもちこまれたアブロ陸上練習機が、離陸直後のエンジン不調にみまわれた。あわてた単独飛行の練習生が飛行場に引き返そうとして、街道の松並木に機体をひっかけたのであった。さいわい練習生は軽傷ですんだが、飛行機は大破してしまった。

練習機は、基礎的な操縦技術を身につけるためのイギリス製の初歩練習機とよばれるものであった。当時、練習機には初歩練習機につづいてさらに上級の操縦法を修得するための中間練習機、そして主に偵察員や電信員を養成する機上作業練習機があった。これらの練習課程をへて実戦機への搭乗となるのである。

日本でも練習機にさまざまな改良や開発がなされてきたが、有名なのは昭和九年（一九三四年）に採用された川西航空機製の九三式中間練習機である。機体がオレンジ色に塗られていたことから「赤トンボ」の愛称でよばれ、太平洋戦争の終わりまで五千五百九十一機が生産され日本海軍の主力練習機となり、大勢の海軍パイロットを送り出した（『日本軍航空機総覧』）。

もう一件の航空事故は、中間練習機によるものであった。曲芸飛行の練習中、淵田たちの目の前できりもみ状態となり、回復しないまま芋畑につっこんで練習生は即死してしまった。翌日はさっそく海軍葬儀であった。慣れているとみえて、手回しは早かった。淵田は、僧侶がお経を誦するのを眼をつむって聞きながら、明日はわが身と観念した。

日本海軍航空史編纂委員会の『日本海軍航空史』によれば、淵田が海軍兵学校を卒業した大正十三年（一九二四年）ごろから海軍における航空機事故が急速に増えている。年間百二十二件、殉職者十四名であり、この傾向は昭和の初めになっても改まらなかった。主な事故原因は、操縦者の飛行の過失、および未熟によるもので全事故の五五％から六五％にのぼっていた。

飛行機や潜水艦の殉難事故のニュースでにぎわっていた当時、父・彌蔵は心中穏やかざるものがあっただろう。常日頃、美津雄にこう言っていた。

「まずまずこれでお前も海軍将校として立つことになるので一安心だが、これからさき自分から志望して飛行機と潜水艦とに乗ることだけはやめとけよ」と。息子が軍艦に乗って海軍の主流を進んでいくことを強く願っていたのである。

しかし、往年の「たこ」少年は、勇躍、操縦桿をにぎることになった。航空隊の教官たちは荒っぽい。毎日、闘志闘志とさけぶ叱咤の連続で、たくましく鍛えられていった。まもなく次第に荒ぶれて、「海の荒鷲」とよばれた海軍操縦士の仲間に入っていったのである。

昭和六年（一九三一年）、淵田美津雄は、奈良県明日香村の農業、北岡又一とナラギク夫妻の次女春子と結婚した。北岡家は、代々の地主でおおぜいの小作人をかかえていたが、春子の子どものころには畑地に菜種を栽培し、それを製油して大阪の油問屋に卸していたという。北岡家には長姉の八重野をはじめとして、地元で薬局をいとなんだ長兄の又市郎、次男の又作、春子、そして妹の敏子（楠田）、又雄（竹中）の六人兄弟がいた。いっぽうの淵田家は、父の彌蔵と母・シカとの間に、夭逝した長男についで、次男で大阪市役所につとめた赳夫、三男の美津雄、長女の千代子（新井）、次女の静子（小松）の五人兄弟であった。いずれも当時の日本では、一般的な子沢山の家族である。

結婚の五年後、昭和十一年（一九三六年）十二月、淵田は海軍兵学校に入った若者の誰もが夢見る、海軍大将への登竜門である海軍大学校甲種学生の試験に合格した。この甲種学生の受験資格は、海軍大尉に進級してから一年間の海上勤務か、あるいは航空勤務が求められた。たとえ一度おちても、三回までは受験できる規定となっていた。したがって毎年、受験する大尉は数百名もいたが、採用人員はほぼ三十名という超難関の狭き門であった。

海軍大学校の試験は、毎年五月、艦隊が補充交代で母港に入泊している時期に行われる筆記からはじまる。つづいて丸三日間の時間があたえられて、二つの問題への論文提出が課せられる。一つは兵術の問題であり、もう一つは精神力の問題である。こうして筆記試験によりその年の採用人員の二倍に絞り込まれた受験者は、八月に口頭試問のために東京に集められるのである。

まず、はじめの二日間、目黒の海軍大学校で大学教官によってみっちりと兵術、戦術、戦務、はては精神力の問題まで、徹底的な試問が行われる。これが終わると三日目には、海軍省によびだされて最後の口頭試問となる。この日の試験官は、海軍大学校の全教官、海軍省、軍令部、教育本部、航空本部、艦政本部といった中央部局の佐官級が動員される。受験者は、約三十名の試験官が馬蹄形に机をならべる前で、海軍大学教頭を中心に矢継ぎ早の質問を浴びせられるのである。

淵田は、甲種学生の試験を無事突破した。このとき試験官のひとりとして淵田大尉をじっくりと観察していた人物がいた。航空本部教育部長であった大西瀧治郎大佐である。のちに大西は、淵田にこう声をかけた。

「君の海軍省での試験は抜群であったよ」と。

第三十六期甲種学生の採用人員は、二十四名である。うち八名が太平洋戦争で戦死した。一期上には、その五年後、連合艦隊参謀として真珠湾奇襲攻撃の作戦の中核となる源田実大尉がいた。淵田に総指揮官への白羽の矢をたてた男である。源田と淵田は、海軍兵学校では同期であった。

甲種学生の在校期間は二年間である。そのため、第三十五期生（三十名）の源田実とは海軍大学でも一年をともに過ごすことになった。ふたりが運命の糸で結ばれる強い絆がここに生まれた。

大正十一年（一九二二年）、戦艦などの主力艦の制限を取り決めたワシントン海軍軍縮条約、つづく昭和五年（一九三〇年）のロンドン海軍軍縮条約でアメリカ、イギリス、フランス、イタリア、日本の五大海事国は大型巡洋艦、潜水艦など補助艦の軍備制限の条約を締結した。日本は対米六九・七五％の比率をのむことになる。そこで日本海軍は、航空兵力拡充に活路をみいだそうとした。航空兵力の増強とともに、航空機の性能向上と国産技術の確立に懸命に取り組んだのである。

その先駆者となったのが山本五十六である。山本は、仮想敵国であるアメリカとの備えは軍艦によるのではなく、飛行機によって戦うという太平洋戦略の大方針を打ち立て、さっそく計画に着手したのである。

昭和七年（一九三二年）、海軍航空廠が航空技術の総合的研究機関として横須賀に設けられた。当時、海軍航空本部技術部長であった山本五十六少将は、海軍機について三つの原則を決めた。

一つ、国産。二つ、全金属。三つ、単葉機である。

大正元年（一九一二年）十一月、日本海軍で公式初飛行が記録されて以来、機体の直輸入からはじまり、国内生産となっても設計、特許生産などすべての面で外国頼りであった。山本が、強い指導力のもとに国産機の「試作三ヵ年計画」を推し進めた結果、海軍航空力は飛躍的に発展した。このとき山本の片腕となったのが、前述した大西瀧治郎である。

航空本部の強力な行政指導と航空廠の技術指導のもとに、民間会社の航空機および航空エンジンの試作統制を行い、効率的に高性能の航空機の研究開発が推し進められた。

この結果、海軍の航空技術の国産化はおおいに進展した。昭和十一年（一九三六年）に制式採用された三菱重工業の九六式艦上戦闘機（設計・堀越二郎）は、速力、運動性能、航続距離ともにすぐれ、日中戦争で海軍の主力戦闘機となった。『日本軍航空機総覧』によれば山本は、航空母艦の飛行甲板が短いことから、航空機の速力を二百ノット（三百七十キロ／時）以下にしなければならない制約を無視し、「新戦闘機が二百ノットを超えたら母艦を改造させる」と断言したという。この英断によって最大速度四百三十五キロという当時としては世界最高レベルの画期的な戦闘機がうまれることになった。

ちなみにこのころ使用された航空機の、たとえば「九六式」という呼称は、神武天皇即位を元年とする皇紀からとられた。つまり紀元二千六百年（昭和十五年）を零年として四年前の二千五百九十六年（昭和十一年）に制式採用されたことを意味する。

こうして航空機は、飛躍的な威力躍進の時代をむかえていたが、日本海軍部内の大勢は、依然として東郷平八郎元帥がバルチック艦隊を破った日本海海戦以来の、海上権力の主体を軍艦と信じる「大艦巨砲」重視の考え方から脱していなかった。しかし、海軍航空関係者のなかから、時代の趨勢に目覚めて、「戦艦無用論」あるいは「航空主兵」をとなえる人々があらわれてくる。

　そのころの日本は、ロンドン海軍軍縮条約の昭和十年（一九三五年）での満了、つづいて翌十一年、その二年前に日本が廃棄通告した軍縮条約からの脱退とつづき、世界は無条約による建艦競争の時代をむかえていた。日本海軍は、巨大戦艦四隻の建造を計画して、機密保持のためにこれを㊂（「まる三」）計画とよんだ。そして昭和十一年七月に、「大和」、「武蔵」の建造を決定したのである。

「航空主兵」の信奉者のひとりである淵田が、㊂計画の存在を知ったのは海軍大学校に入ってからであった。当時、海軍大学校に在学する源田実および淵田美津雄ら十四人の飛行将校が中心となって、㊂計画を批判して戦艦無用論を叫び、航空母艦建造への変更の啓蒙のために「航空研究会」をたちあげた。このとき、彼らがその音頭とりにかついだのが航空本部教育部長の大西瀧治郎大佐である。

　当時大西は、いちはやく戦艦無用論をとなえ、「大艦巨砲主義」を排して「航空主兵主義」の急先鋒にたっていたからである。

　大西は昭和十年（一九三五年）、軍令部が大和や武蔵の建造計画を決定する直前、戦備担当の軍令部第二部の部屋に座りこみ、部長の古賀峯一少将に激越にねじこんだ。

〈戦艦を建造するのは、自動車の時代に八頭立ての馬車をつくるようなものだ。代わりに空母をつくれ。大和、武蔵の一方を廃して、その規模も五万トン以下にすれば、空母三隻ができる〉

大西は昭和十二年、「航空軍備に関する研究」と題する意見書も執筆して航空本部内に配った。海軍の空軍化をとなえ、大航空兵力をもつことを強く主張したのである。だが、部内ではこれは怪文書としてあつかわれた（『海軍戦争検討会議記録』新名丈夫編）。

淵田たち飛行将校らの「航空研究会」も、私的研究会であり開催はまかりならぬと、海軍当局に解散を命じられてしまった。

日本海軍は、日本海海戦の呪縛からいつまでもぬけきれず、大艦巨砲の夢を追いつづけていたのである。

だが現実には、太平洋戦争の幕があいたとき、日本海軍は、アメリカやイギリスを凌駕する空母艦隊をそなえていた。昭和十六年（一九四一年）十二月八日の時点で、第一線空母は、鳳翔、龍驤、赤城、加賀、蒼龍、飛龍、翔鶴、瑞鶴、瑞鳳、大鷹、以上の十隻で、総トン数（排水量）十九万九千六百十四トンである。これに対してアメリカは、レキシントン、エンタープライズなど八隻、総トン数十六万七百五十トン。イギリスは、イーグル、フォーミダブルなど八隻、総トン数十六万九千九百二十トンで、空母の総トン数のみでいえば、日本は対米一二四%、対英一一八%と上回っていたのである。搭載機数では、日本は五百二十七機、アメリカ六百二十七機、イギリスの総数は不明であるが、アメリカとの数の比較においてはやや劣勢であった（『大海軍を想う』伊藤正徳）。

いざ真珠湾奇襲攻撃のとき、独立した六隻による空母艦隊（第一航空艦隊）を編成していたのは日本だけであり、その着想は世界を一歩ぬきんでていた。つまりこれまでの索敵偵察や戦艦部隊の補助的な攻撃力としてではなく、「空母主力」の発想を実現していたのである。のちにアメリカにお株を奪われる画期的な作戦構想であった。

旗艦赤城や加賀など航空母艦六隻を一つの艦隊に集中し、空母と航空機の数を増すことにより集中運用の柔軟性と打撃力、防御力の強化をはかることができた。つまり淵田と小沢司令官とのやりとりにでてきた「Ｍａｓｓ《マス》」、集合体の発想であった。一方で、防御に弱い空母の集中運用は、一度に全兵力が発見されて敵の集中攻撃をうけやすく、一挙に全滅の憂き目にあう事態も予想された。

これら空母決戦の優位と弱点が歴史的事実として証明されたのが、日本海軍における真珠湾攻撃の大成功であり、ミッドウェー海戦の大敗北であった。

第二部　トラトラトラ

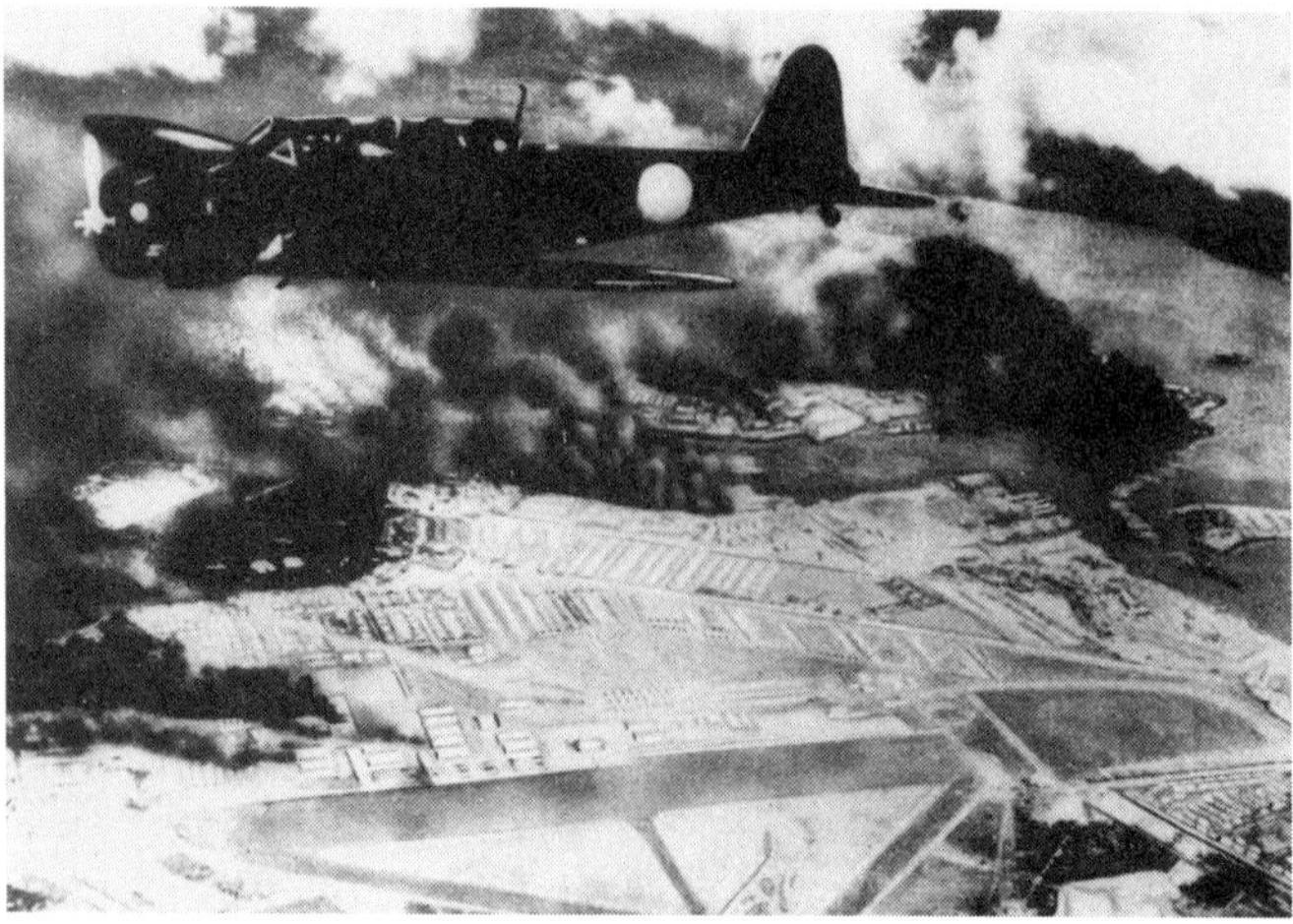

ハワイ上空で爆撃中の九七式艦上攻撃機（©毎日フォトバンク＝PANA）

再び赤城飛行隊長

一九四一年（昭和十六年）八月二十五日、うだるような真夏の午下《ひるさ》がりであった。第三航空戦隊の飛行隊は岩国航空基地に上がって訓練中であった。角田《かくた》〔覚治《かくじ》〕司令官は将旗を岩国基地に移揚して、基地訓練を指導していた。幕僚室で食後の煙草をくゆらせ終った私は、しばし午睡を楽しもうと立ち上がったとき、

「航空参謀、電報です」

と、電信取次兵が、受信電報の回覧板を差し出した。私は受け取って、バラバラとめくりながら目を通していたのであるが、

「オヤ、私の異動だ」

と、思わず口走った。

そのころは、出師《すいし》準備第一着作業というのが発令されていたので、人事異動なども年度末の定期異動を待たずに、チョクチョクと頻繁に行われていたので、私の異動を見たからとて、別に足《あし》下《もと》から鳥が飛び立つほどの驚きでもなかったが、その異動先が、

「赤城飛行隊長」

とある。

私は、昨年度、その赤城飛行隊長を一年間つとめて、あともう一年居残らせて貰いたかったのに、第三航空戦隊参謀に転補されて今日に至っている。こうなれば、来年はどこかの飛行長とくるだろうと内々予期していたのに、赤城飛行隊長とは、またかと、いささかうんざりしたのであった。

飛行機乗りには、年齢のハンディキャップというのがある。四十歳ともなると、いくら気力ばかり旺盛でも、体力が伴わない。飛行機隊の先頭に立って、陣頭指揮だと力《りき》んでみても、若い連中には足手まといだと感じさせる。そこで御老体は地上指揮をということになって、飛行長というのを拝命するのであるが、飛行長は第一搭乗配置であるが、めったに飛行機には乗らないで、大きな双眼鏡を胸にぶら下げて、動物園の虎みたいに、格納庫前のエプロンを、あちこちしていればつとまる。飛ぶこともないから、墜ちる心配もないという結構な御身分となる。私は、機上のエキスパートとして、まだ腕に衰えを見せたとは思っていないが、もう三十九歳で、四十歳まであと一年である。そこで私もどうやら来年あたりから、その結構な御身分の仲間入りが出来ると思っていたのに、飛行隊長とは何事かというわけであった。

私は早速、その受信電報を持って、司令官室をノックした。

「司令官、私は赤城飛行隊長に転勤です」

「ナニ……」とばかり、角田司令官はびっくりして、ソファーから起き上り、私の差し出した受信電報を見たが、

「ウム、赤城飛行隊長か、しかし君、これ赤城飛行長の間違いじゃないかね。君は、こんど中佐に進級するんだよ。中佐の飛行隊長というのは未聞《みもん》だからね、もう一度調べるように電信室に言

って見たまえ」

　そこで電信室に電話すると、簡単な略語電報だから、飛行長の間違いかも知れないとの返事である。赤城飛行長なら願ったりだから、私は大喜びだ。すると角田司令官も破顔一笑して、

「そうだよ、間違いなく赤城飛行長だよ。そこで航空参謀、早速送別会だが、宮島の岩惣あたりでどうだろう」

「お願いします」

　こうした顚末で、私は赤城飛行長だと勝手に呑み込んで、横須賀で入渠《にゆうきよ》中の赤城に赴任した。赤城に着任してみると、飛行隊は鹿児島基地で基地訓練中なので、隊員は誰もいなかったが、飛行長の増田正吾中佐だけは在艦していた。

　そして私に言うには、

「実はね、あんたがくると聞いたので、てっきり飛行長だと合点《がてん》しましてね、私は荷物をまとめて転勤準備をしていたのですが、実際はあんたは飛行隊長で、私は居残りなので腐っているところですよ」

「ハハア、やっぱり私は飛行隊長でしたか。これは楽じゃないですな」

　と二人で笑っているところへ、航海長の三浦義四郎少佐が現われて、私に話しかけた。

「なんでもね、源田参謀の話では、来年度は航空母艦群の集団使用を演練するとかでね、母艦飛行機群の統一指揮のために、中佐級の大飛行隊長が要るんだってよ」

　これを聞いて私は、おおそうかと、ハタと膝を打った。そのことは昨年度の赤城飛行隊長のときに、私は小沢治三郎司令官に進言して、仕残《しのこ》したのであった。そして第三航空戦隊参謀など

と、道草を食っていたのだが、それがいま本筋に戻って来たのである。赤城飛行隊長二度のつとめ、うんざりどころでない。まことにもって光栄の至りである。ヨーシ、精魂の限りを悉《つく》して、陣頭に立って、ジャン、ジャン飛んでやるぞ。

飛行総隊長

赤城での着任の手続きを済ませると、即日、私は横須賀航空基地から鹿児島航空基地に飛んだ。鹿児島基地は、鹿児島市の鴨池《かもいけ》海岸を埋め立てて造られたものであって、眼前に桜島の雄大な威容を眺める風光明媚の地であった。赤城飛行隊は、そこで訓練中なのである。

昨年度赤城飛行隊長であった私には、飛行隊員に顔馴染《かおなじみ》が多く、おやじが帰って来たという親しみで迎えられた。

飛行隊の先任将校は村田重治大尉であった。この人は通称ブッサンと呼ばれる剽軽者《ひょうきんもの》で、にこにこして私を迎えて呉れた。

「隊長サン、御老体で飛行隊長二度のつとめとは、御苦労さんで御座んす」

との仁義であった。私は、

「ブッサン、またどうぞよろしく願います」

と挨拶を交わした。

しばらくの日が過ぎた。私が飛行隊指揮所で接受した書類をめくっていると、第一航空艦隊司令長官の艦隊命令の中に、第一航空艦隊空母群飛行機隊の集団訓練を、淵田赤城飛行隊長をして

指導せしむ、なんてのが来ている。私は傍《かたわら》にいた村田大尉に、

「ブッサン、ややこしいこと言って来とるぜ」

と言って、その書類を渡した。頭のいい村田大尉には、これがなんのことか、すぐ分る。

「ハハア、こいつはやり過ぎると、各母艦の艦長や飛行長あたりから文句が出そうですね」

「そうなんだよ。日本海軍も早いとこ航空部隊の空地分離をやってくれんと、航空部隊の指揮運用は複雑怪奇になるばかりだ」

「まったくです。複雑怪奇は国際情勢ばかりじゃありませんね」

そして二人は、どっと哄笑した。そのころ、平沼内閣が複雑怪奇という声明を残して退陣して以来、私たちの間では、この言葉がはやっていたのであった。

この年、第一航空艦隊の空母は、第一航空戦隊の赤城、加賀と、第二航空戦隊の蒼龍、飛龍との四隻であった。そしてこの四隻の空母群を集団使用するというのが、この年度の画期的な演練目標であった。そこで、この四隻の空母から発進した飛行機隊を、艦隊上空で集合せしめて、敵艦隊に向って集中攻撃を加えるときの統一指揮官が、第一航空艦隊における先任飛行隊長の私なのである。しかしこれは軍隊区分によるのであって、建制ではないのであった。

当時の建制では、各母艦搭載の飛行機隊は、夫々《それぞれ》各母艦艦長の指揮下に属し、その教育訓練もまた各母艦艦長の責任において、行われていたのである。これは従来、海軍の戦闘単位は軍艦であったので、軍艦編制令がすべての編制の基準となり、航空部隊の編制も、これに倣《なら》っていたのであった。

しかし、航空威力躍進の趨勢において、空母搭載飛行機隊の集団威力発揮のために、これを集

中使用するとなると、各母艦艦長は浮かべる飛行場長なのであって、飛行機隊の指揮運用に口が出せるのでなく、その整備補給や、給養を司《つかさ》どればよいのである。そして飛行機隊の指揮運用は、これらを打って一丸とする別の建制を打ち立てよというのが空地分離論であった。

当時、日本海軍の兵術上の最高典範であった海戦要務令には、その綱領の中に、

「軍隊の用は、戦闘にあり。凡百の事、戦闘を以て基準とすべし」

と、あった。空地分離は、まさしく、この趣旨にそうものであったのだけれど、因襲には勝てないで、実現には至っていないのであった。

こうしたことから、第一航空艦隊命令で、戦闘の場合、全飛行機隊の統一指揮官となるべき私に、訓練の場合も、これを統一指導せよと、発令したのであった。しかし、これはやり過ぎると、ブッサンの言う通り、各母艦艦長から文句が出るのであり、また事実出たのであった。

「よその飛行隊長、うちの飛行隊の訓練に、わきから口出すな」

というのであった。しかし、これは無理な話であって、訓練のときに口が出せないでいて、戦闘のときに、指揮掌握せよと言われたって、訓練のときから、心的結合を密にして、上下の意思疎通を図って置かなければ、戦闘場裡で息が合わないのである。私たちは、これを「摺《す》り合わせ」と言っていた。このことがよく分る母艦艦長もいたけれど、大概は、航空飛び入りの母艦艦長たちで、分りにくかったらしい。

そこでブッサンの村田大尉は私に言った。

「隊長、よその母艦艦長や飛行長に睨《にら》まれたって、戦力の増強には代えられないですよ。これは遠慮なしに叱り飛ばして訓練に当りましょう。それでね、差し当り隊長を総隊長と呼ばせること

にいたします」

「オイオイ、そんな勝手な呼び方すると、軍務局あたりから文句がくるぜ」

「ナニいいですよ、隊内限りの愛称なんだから」

二人はまた哄笑した。

そのころ、第一航空艦隊空母四隻の飛行機隊は、全部、九州南部の各航空基地に、*従来のような母艦別ではなしに、機種別に集中して、基地訓練を始めていたのであった。即ち、九七式艦上攻撃機の水平爆撃隊と雷撃隊とは、鹿児島基地に主力を配し、残りを出水《いずみ》基地に分駐していた。九九式艦上爆撃機の降下爆撃隊は笠野原基地と富高《とみたか》基地とに分れて配されていた。零式艦上戦闘機の制空隊はひとまとめにして佐伯《さいき》基地に配してあった。こうして私は鹿児島基地を司令部として、各基地との連絡を密にしながら、二百数十機に上る連合集団訓練の指導に、ようやく多忙を加えて来た。

寝耳に水

一九四一年（昭和十六年）九月下旬のむし暑い日であった。私は訓練飛行を終って、飛行隊指揮所でひと息いれていると、取次兵が、

＊水平爆撃とは、水平飛行により目標物へ爆弾を投下する。命中率は低い。降下爆撃は降下角度四十五度以上で艦船を爆撃する。破壊力、命中率をあげるため着想された。雷撃は魚雷を搭載して艦船を攻撃する。九七式艦上攻撃機は日中戦争から太平洋戦争中盤までの主力機。九九式は特攻機としても使用された。

「総隊長、源田参謀が見えました」

と、とどけて来た。

「ナニ、源田が……」

と、私は椅子から立ち上った。

第一航空艦隊の作戦参謀源田実少佐は、私と海軍兵学校同期の第五十二期生であった。そしてともに航空に志ざして以来、莫逆《ばくぎやく》の仲であった。

「よう」

「おう」

と挨拶して、私は彼を指揮所に招き入れた。すると彼は私に耳うちして、

「実はな、フチ、内密の話があるんだ」

と言う。そこで私は彼を、私の私室へと案内した。私室での密談は、次の通りであった。

「実はな、こんど貴様は真珠湾空襲の空中攻撃隊の総指揮官に擬せられているんだ」

と言う。しかしこれは私にとって、寝耳に水だから、

「真珠湾空襲って、なんだ」

と聞き直した。すると源田参謀は、

「委《くわ》しい話はあとまわしとしてね、概略はな、日米交渉の雲行が怪しいんだ。それで万一、日米開戦となったら、開戦劈頭《へきとう》、真珠湾を空襲して、アメリカ太平洋艦隊を撃滅しようというのが、山本連合艦隊司令長官の着想なんだ。しかし、それが出来るのは、第一航空艦隊の母艦群の空中攻撃隊だけで、それを引張ってゆくのが貴様なんだ」

これを聞いて私は奮い立った。面白くなって来たと思ったのである。そしてこのたび再度の赤城飛行隊長を拝命した裏には、源田のスカウトがあったなと睨んだ。しかし、うらみつらみではなく、これはまことに光栄であった。そして持つべきものは、友だと思った。

するとまた源田参謀は私に言った。

「しかしね、具体的にはまだいろいろと問題があるんだ。それでね、いまから旗艦赤城に一緒に戻って貰いたいんだ。旗艦の参謀長室には、オアフ島の模型も来ているし、真珠湾の情報資料も全部揃えてある。それで長官や参謀長にも立会って貰って、真珠湾の空襲計画と、その裏附となる飛行隊のこれからの訓練について打合せたいと思うんだ」

「よし行こう」

と、私は大乗気《おおのりき》でいそいそとした。

そこで二人は、私の乗用機で、鹿児島基地から笠野原基地に飛び、あと車で志布志港《しぶし》に出て、迎えのボートで、有明湾〔志布志湾の別称〕に入泊していた旗艦赤城に戻った。

赤城の参謀長室である。中央に八畳敷ほどのオアフ島の模型が置かれてあって、精巧なもので、空中から眺めるのと、そっくりの景観であった。

舷窓から外を眺めると、有明湾の海面は、午後の日射しを受けてギラギラと輝き、枇榔《びろう》島の熱帯植物が黒々と繁茂していた。艦載内火艇が白い波をけたてて走り去ったあとは、四囲の風物は眠りを誘うほどの平和さであった。

けれども、この平和さの中に、参謀長室内では、乾坤一擲《けんこんいってき》の真珠湾空襲という物騒な論議が、取り進められていた。

参謀長室には、第一航空艦隊司令長官南雲《なぐも》忠一中将と、参謀長草鹿龍之介少将と、その参謀たちで、私は源田参謀の説明で、大体の筋が呑み込めたのであるが、真珠湾の海図を見ながら、源田参謀に問《たず》ねた。

「山本長官は、真珠湾在泊中の太平洋艦隊を雷撃で仕止《しと》めろと言っていらっしゃるけれど、この海図で見る真珠湾の水深は十二米《メートル》しかない。これでは浅過ぎる。とても雷撃などの利くところでない」

当時、日本海軍航空の雷撃法は、発射高度百米、目標までの照準距離一千米で、魚雷を発射していた。そこで投下された魚雷は、海面に落達すると、六十米ほど水中にもぐる。これを沈度《ちんど》と呼んでいたが、魚雷はこの沈度で、機械が発動し、スクリューがまわり出して、上舵《あげかじ》が利いてくるから、魚雷は上って来て、あと定深度六米を保って、目標に向って走る。そして吃水《きっすい》七米の目標の艦底から一米のところで激突爆発して、これを撃沈するのである。そして、われらの予想戦場であった太平洋は、世界でも一番深い海だから、魚雷の沈度など問題にならなかったが、いまこの雷撃法は、水深十二米という真珠湾では適用出来ない。沈度六十米もある雷撃法を用いれば、真珠湾に魚雷の杭打ちをするようなものである。

しかし源田参謀は答えて言った。

「魚雷の利くところで魚雷を打っていたのでは、敵も防衛策を講じ、ネットなど張るであろうから戦果は揚らない。魚雷の利かないところで、こちらが魚雷を利かせたら戦果は百パーセントだ。どうだね、フチ、なんとか工夫はないもんかね」

私は、源田参謀の強引な発言に、シャッポを脱いだ。全くその通りなのである。源田は従来から「キチガイ源《げん》」との異名《あだな》であった。その着想の鋭さには、みんなキチガイだと思ったからである。しかし、私はこの「キチガイ源」の着想に基づいて、水深十二米の真珠湾に、なんとかして魚雷をぶち込んでやろうと決心した。こうして、私も相当のキチガイであった。

私は源田参謀に断言した。

「ヨシ、必らず雷撃を成功させて見せるよ。しかし、太平洋艦隊は、そこの写真にあるように、フォード島周辺の繋留柱に二隻ずつダブルでかかっているから、内側の奴には魚雷は利かないから、水平爆撃も併用しなければなるまいね」

「その通りだ。だから目下横須賀航空廠の兵器部で、長門の十六吋《インチ》砲弾を削って、八百瓩《キログラム》徹甲爆弾を作って貰っているんだ」

私は了承した。すると、草鹿参謀長は、一言私に念を押した。

「淵田隊長は、万一に備えるこの空襲計画にそうように訓練を進めて貰いたい。しかし、これは軍機中の軍機であって、まだ一般飛行隊員には知らせる時機でない。それで淵田隊長は、これを胸にたたんで、それとなく訓練に移して貰いたいのだ。しかし、時機は切迫しているので、隊長の苦衷は察するが、この応急のケース・システムの訓練は、即刻実施に移して貰いたい」

私は参謀長に進言した。

「畏《かしこ》まりました。しかし、この訓練は雷撃が主体となりますので、赤城の雷撃隊長村田大尉にだけは、この特種訓練目的を明かして、浅海面雷撃に取組ませて戴きたいのですが……」

すると参謀長は、

「村田か、よかろう」
とうなずいて、そしてつけ加えた。
「いずれそのうち、早い時機に、飛行隊長級を集めて、目的を明かすつもりでいる。そうでないと、やはり急速練度向上の含みが違ってくるだろうからね。とに角、時日はあまりないと思うから、淵田隊長、しっかりたのむよ」

水深十二米

さて、開戦劈頭、真珠湾に在泊するアメリカ太平洋艦隊を空襲するとして、そのとき在泊するであろう敵の主力艦は、航空母艦四隻、戦艦八隻と推定していた。これが私たち空中攻撃隊の主目標であって、これに攻撃を指向する主兵力は、赤城、加賀、蒼龍、飛龍の四空母の九七式艦上攻撃機合計九十機であった。そしてこの九十機を、水平爆撃隊五十機と雷撃隊四十機とに分けた。そして水平爆撃隊は私が直率し、雷撃隊は村田大尉が率いることになった。

当時、日本海軍では、水平爆撃の命中精度がよくないので、公算爆撃法というのを採用していた。この方法は、九機編隊のまま先頭の爆撃嚮導《きょうどう》機の照準で一斉に爆弾を投下して、弾着をして目標をはさましめ、九弾のうち少なくとも一弾の命中を期するというやり方で、まことに効率が悪く、所要の命中弾を得るためには、沢山の機数を必要とするわけであった。しかしながら、九機を一機ずつ爆撃をやらせたところで、一弾の命中も得られないのだから仕方がないのであった。

ところで、敵の空母や戦艦などを撃沈するためには、遅動信管付の徹甲爆弾を用いて、装甲甲板を貫通したあと、艦底で炸裂させる仕掛であった。そして私たちの真珠湾で用いようとする徹甲爆弾は備えがなかったというので、応急に戦艦長門級の十六吋砲弾を削って作るというあわてようであった。こうして作られた八百瓩徹甲爆弾は、貫徹力を試験して貰うと、アメリカ戦艦の装甲甲板を貫くためには、高度三千米でよいと分った。そこで高度三千米という低高度で、碇泊中の静的を目標にするのだから、公算爆撃は九機でなくとも、五機編隊で充分だということになって、水平爆撃隊の五十機は、五機編隊の十ヶ中隊に編成された。

水平爆撃では、高度が低ければ低いほどよく当たるのである。けれども、その代り敵の対空砲火もよく当るのである。ここがかね合いであるが、戦争なんだから、敵のたまをこわがっているよりも、こちらの爆弾をあてなくてはならないのである。高度三千米といえば、敵の対空砲火の最も集中し易い高度であるが、この高度の水平爆撃はなかなか勇気のいることである。しかし勇気なら、こちらはあまるくらい持ち合わせていたのであった。こうして水平爆撃隊は、高度三千米で毎日毎日、志布志海岸の海軍射爆場に石灰で画《えが》かれてあるオクラホマ型戦艦の原型標的に対して、演習爆弾を投下して、腕を磨いていた。

けれども問題は、雷撃訓練であった。依然として水深十二米というのがネックであって、発射魚雷の沈度を十米におさえなければならない。雷撃隊四十機は八百瓩航空魚雷を下げてゆく。雷撃隊長の村田大尉は、雷撃のエキスパートで、浅海面雷撃に知恵をしぼった。訓練目標は沈度十米である。そこで発射高度を十米に下げた。海面すれすれである。そして発射時の姿勢を、機首角度零度、機速百六十節《ノット》とし、発射魚雷を浅くスキップさせようとねらった。

連日の猛訓練がつづいた。もちろん、訓練魚雷を回収するために鹿児島湾の深いところで発射して、魚雷頭部に装着してあるレコーダーで沈度を調べるのであるが、雷撃隊員の腕は日ごとに上達して、沈度二十米以内にとどまるようになった。もう一息である。だが成績は、そこでばったりととまってしまった。どんなに血を吐くような思いで訓練をくりかえしても、沈度はそれ以上ちぢまらない。そして隊員の中に、

「沈度二十米ぐらいで、まけといてもらえんもんかいな、一体、水深十米なんて浅いところに碇泊する艦隊もなかろうて」

とのつぶやきも聞こえて来た。無理もない。どこの艦隊に水深十米なんて浅いところに錨泊するものがあろうか。隊員たちには、この訓練は碇泊艦雷撃であることは分かっていたが、それが真珠湾であることは、まだ誰も気付いていない。またこちらは、それをおくびにも気付かせないようにしているのであった。

ここで一言、目標は真珠湾だと明かしてやったら、つぶやきは直ちに消えて、彼らは更に数倍の努力を注ぐであろうことは、分かっているのだが、それはまだ許されていないのである。沈度二十米、よくここまでこぎつけたのだけれど、奏功しないことにおいて沈度六十米とかわりない。このところ訓練目標の十米、一米だってまけられんのである。

このころ私と兵学校同期の内藤雄少佐が、私を鹿児島基地に訪ねて来た。私は彼とも、ともに航空に志ざして莫逆の仲であった。

「ヨウ、しばらく、貴様ドイツに行ってたのでないのか」

「ウン、一年ばかり行ってたのだが呼び戻された」

ところで彼はドイツ大使館付武官補佐官であったのだが、帰国の途中、命によってイタリーのタラント軍港に立ち寄り、タラント事件というのを調査して帰って来たのであった。

タラント事件というのは、一九四〇年（昭和十五年）十一月十一日、英海軍の水上機隊十数機が、イタリーのタラント軍港を急襲して、雷撃で、碇泊中のイタリー戦艦二隻を撃沈したのであった。そのとき魚雷を発射した海面は、水深十四米で、水上機隊は着水するばかり海面すれすれで発射したという。この戦例を、内藤少佐は私に詳《つまび》らかに話して呉れたのであった。

ところで、話が終ったとき、私は内藤少佐に問《たず》ねた。

「貴様に、この話を俺のところへ行って話して来いと言ったのは誰だ」

「軍令部の福留さんだ」

フームと私はうなった。作戦部長の福留繁少将である。

「しかし、貴様は、なぜこの話を俺にしに来たか、理由を知っているのか」

と、私は内藤少佐に問ねた。すると彼は知らないと言う。

「ヨシ、知らなければ知らないでいいんだ。俺も話さないが、いまに分る。しかしよい話を聞かせて呉れて参考になったよ」

と、私は内藤少佐にお礼を言ったが、魚雷の浅海面発射に成功している、この戦例は私を刺戟《しげき》した。ジョンブルの英海軍などに負けてたまるものかと、私は奮い立ったのであった。

そのころ、発射魚雷の海面への射入状態をよくするために、ジャイロ利用の安定器のひれをつけた魚雷が供給されて来た。使ってみると、なかなか成績がよいので、どうやら沈度十米の目標に到達して来た。しかし、まだむらがあって、確信を得るまでには、あと一ヶ月の訓練がほしいところであった。

　しかし、はや時はせまっていた。艦隊司令部からは、十一月十日ごろまでに、一切の訓練を終了するように内示して来た。時すでに十一月初旬であって、残すところ旬日《じゅんじつ》もない。私はあわてたが、それならば、ここで一番、訓練の仕上げとして、雷撃隊四十機全員に対し、実際十二米の水深のところで、魚雷一本ずつを実射させて、自信をつけさせたいと考えた。

　そこで艦隊司令部に当ってみると、めっそうなというわけである。そんなことすれば、ハワイ遠征の魚雷準備に事欠くから、三本だけ許すと言って来た。三本かあと、私はがっかりしたが、仕方がないから、平素の技倆《ぎりょう》上中下の三人のパイロットを選んでうたせることにした。そして鴨池海岸に、潮汐《ちょうせき》も考慮して、水深十二米のところを実測し、赤旗や白旗を立てて、三人のパイロットに実射させたのであった。そして私と村田大尉とは、村田大尉の操縦する飛行機で、上空からこれを眺めていた。

　最初に技倆上のパイロットがうった。すると発射魚雷はスーッと白い航跡の尾をひいて走って行った。次は技倆中のパイロットがうった。これも見事であった。最後に技倆下のパイロットがうったのであるが、これは案の定、発射魚雷は海底につきささって、ブクブクとあぶくをあげていた。私たちが飛行機から下りると、村田大尉はがっくりであった。私は村田大尉の肩を叩いて励ました。

「オイ、ブッサン、昔ね、一の谷の戦いの砌《みぎり》、源義経は手兵七十騎を率いて、鵯越《ひよどりごえ》にさしかかった。険峻でとても降りられそうにない。道案内のそまに問ねた。この坂、馬が降りたのを見たことがあるか。そまは答えた、馬の降りるのを見たことはないが、鹿なら降りる。そこで義経が言ったという、鹿も四つ足、馬も四つ足とね。そして馬二頭を、け落してみたんだ。すると一頭は傷つき倒れたが、他の一頭は無事に駆け降りた。これを見て、義経は手兵を顧み、この半数がたどりつけるなら、味方の勝利だ。者どもつづけと、駆け降りて奇襲に成功し、一の谷の戦いを勝利に導いたというじゃないか。そのとき義経は二分の一の公算に勝利をかけたんだが、ブッサン、いまわれわれは三分の二の公算に勝利をかけているのだ。義経よりは割がよいんだよ。そして鵯越の逆落《さかおと》しと同じように、真珠湾奇襲のさきがけは雷撃隊だ。発射魚雷四十本のうち三分の二が走れば、二十七本だ。アメリカ太平洋艦隊は仕止めるよ。ブッサン、者どもつづけだよ」

沈痛な顔をしていた村田大尉は、あっ気《け》にとられて、ニコッとした。

因《ちな》みに、そのとき村田大尉は少佐に進級していた。十月十五日附であった。そしてその十月十五日附で、私も源田少佐も中佐に進級した。

それはとも角として、戦後アメリカ側の発表した資料によると、この三分の二の公算というのが、がっつり的中しているのである。真珠湾空襲当日、雷撃隊四十機のうち五機は、撃墜されたが、残りの雷撃機の発射した魚雷は二十七本は走って、次のように戦果を揚げているのである。

即ち命中魚雷は、

戦　艦ネヴァダ	一本
工作艦ヴェスタル	四本
戦　艦ウエストヴァージニア	七本
戦　艦オクラホマ	五本

戦　艦カリフォルニア	三本
敷設艦オグララ	一本
巡洋艦ラーリー	一本
標的艦ユタ	五本
合　計	二十七本

また真珠湾空襲のあと、アメリカでは真珠湾査問委員会を幾度も開いていて、その公式報告書は、膨大な量であるが、その中で日本空軍の魚雷攻撃に関して、多くの頁を割《さ》いている。それによると、十二月七日の米国艦艇の最大損害は、日本空軍の雷撃機から発射された魚雷によるものであると述べている。そしてこれらの魚雷は、当日、日本空軍のとった攻撃様式にそうように、特別に考案されたものであったと記している。

しかしなぜ当日、アメリカ太平洋艦隊が魚雷防御網を展張していなかったのかの点については、公式報告書は、日本空軍が真珠湾のような浅い水深のところで、しかも近接距離の制限を受ける条件のもとで、雷撃機による攻撃を容易に行い得ることを実証するまでは、米国における最高の専門的意見では、かかる攻撃の実行は不可能であるとされていた。従って、太平洋艦隊の指揮官たちには責任がないというのであった。

ここに苦心惨憺《さんたん》、水深十二米に魚雷を打ちこもうという不可能を可能にした、日本雷撃隊の努力は実ったわけであった。

大海令第一号

軍令部は、当時すでに大本営が設置せられていたので、大本営海軍部であったが、山本大将着想のハワイ遠征の作戦構想と取り組んで日が浅く、作戦準備の面では、突嗟作戦の大慌《おおあわ》てであったらしい。

当面の第一航空艦隊司令部も、南雲長官や、草鹿参謀長は、当初はハワイ遠征に反対だったけれど、やると決まった以上は、作戦準備に大童《おおわらわ》であった。就中《なかんずく》、参加艦艇の航続力延伸が問題となる。日本海軍は、周知の通り、従来、西太平洋における邀撃《ようげき》決戦〔迎えうって戦うこと〕を作戦方針としていた。しかも軍備制限条約に縛ばられて、対米七割の戦力で戦わねばならない。ここに勝利のために特長戦術というのを編んだのであった。

それはアメリカ艦隊に対して、優速を保持して、挑戦避戦の自由を確保しようというのである。アメリカ海軍の対日作戦方針は、渡洋進攻作戦であった。従って航続力を重視する。しかし軍艦の設計では、航続力に力を注げば、優速というのは犠牲になる。従ってアメリカの主力艦の最高速力は、せいぜい十九節であった。これに対して日本海軍は西太平洋で邀撃決戦するというのだから、航続力の心配はないので、優速に専念して、主力艦でも三十節を要求された。これで艦隊決戦の際、挑戦避戦の自由は確保されて、必勝の特長戦術は成算があるのだけれど、いまハワイに遠征させるとなると航続力がない。

そこで洋上補給を行う以外に途《みち》はないのであるが、外海が荒れていたのではお手揚《てあ》げである。

そこでどこを通って行くかの航路の選定が問題となる。なにせ、燃料補給のためにタンカーを連れて行くとなると、これは三十数隻の大艦隊である。これがハワイまで三千浬《カイリ》の太平洋を押し渡るというのだから、隠れるところがない。しかも真珠湾空襲は奇襲でないと成算がないという。まったくテンヤワンヤであった。

しかし草鹿参謀長は少しもあわてなかった。航海参謀の雀部《ささべ》利三郎少佐に命じて、ここ十年間ほどの間に、太平洋を渡った世界商船の航路を調べさせたのであった。雀部参謀は、見かけはボーッとしているが、内実はスマートで、世界中の商船会社の記録を調査して答申を提出した。

それによると、十二月という冬の期間、北緯四十度線を通った商船は一隻もないと判った。しかも北緯四十度線は、ミッドウェーとアリューシャンの米軍基地の哨戒圏の中間でもある。草鹿参謀長はこの航路を選ぶことにした。然《し》かる処、商船が一隻も通らなかったのも道理で、この北緯四十度線は、冬季は北太平洋の大しけなのである。連日の荒天では洋上補給は実施出来ないのである。これには草鹿参謀長も、憂慮したらしいが、なにせ強気であった。洋上補給がいくら困難でも、企図秘匿には代えられないのだから、洋上補給は人事を尽くすというのである。これには艦隊の提督たちは、頭を下げた。

しかし私にとって、頭痛となって来たのは、第五航空戦隊の空母瑞鶴、翔鶴の加入問題であった。

瑞鶴、翔鶴は、就役したばかりで、その搭載飛行機隊の練度が浅いのであった。第一航空艦隊は、第五航空戦隊の編入によって、空母六隻という量的には威力を加えたのだけれど、質的にはその飛行機隊の練度が未熟なために、第一、第二航空戦隊の飛行機隊と歩調を合わせることが出来ないのであった。しかも急速練度を上げようにも、もう訓練の余日がない。練度の揃っていないものが、一緒に集団行動するとなると、いきおい、練度の低い方に歩調を合わせなければならないことになる。これが私の弱ったわけである。

こういうことになるから、私たちは空地分離を提唱していたのであって、空地分離さえ出来ていたら、瑞鶴、翔鶴の竣工を待つまでもなく、それに搭載する第五航空戦隊の飛行機隊は、当初から第一、第二航空戦隊の飛行機隊と一緒になって、連合集団訓練で練度を揃えておけたのであった。

しかしいまさら、言うても詮《せん》ないことだから、私は源田参謀と打ち合わせて、練度の高い第一、第二航空戦隊の飛行機隊で、太平洋艦隊の主力艦を撃滅することにし、練度の浅い第五航空戦隊の飛行機隊は、敵の航空基地を攻撃せしむることにした。

けれども、真珠湾空襲は暁の闇を衝《つ》いて行う黎明《れいめい》攻撃の予定であった。そのためには、夜間発進、夜間航行となるのであるが、第五航空戦隊飛行機隊の夜間行動能力が不安なので、黎明発進、昼間航行で行くことになり、そのために真珠湾空襲は、昼間攻撃となって、奇襲という面で不安を感ぜしめた。

このように私たちが、いろいろな問題と取り組んで、彫心鏤骨《ちょうしんるこつ》の訓練に精進していたとき、十一月五日、来栖《くるす》三郎特命全権大使が、野村吉三郎駐米大使をたすけるために、太平洋に平和を呼び戻す使者として、東京から香港経由でアメリカに飛んだ。

しかし皮肉にも、この日、十一月五日、大海令〔大本営海軍部命令の略〕第一号というのが、極秘裡に発令されたのであった。全文は次の通りである。

大海令第一号

昭和十六年十一月五日

奉勅軍令部総長　永野修身

山本連合艦隊司令長官ニ命令

一、帝国ハ自存自衛ノ為、米国、英国及ビ蘭国ニ対シ開戦ノ已ムナキニ立至ル虞大ナルニ鑑ミ、十二月上旬ヲ期シ諸般ノ作戦準備ヲ完整スルニ決ス

二、連合艦隊司令長官ハ所要ノ作戦準備ヲ実施スベシ

三、細項ニ関シテハ軍令部総長ヲシテ之ヲ指示セシム

山本連合艦隊司令長官は、この大海令第一号に基づいて、即日、南雲機動部隊指揮官に対し、次のように発令した。

機動部隊ハ極力其ノ行動ヲ秘匿シツツ十一月二十二日迄ニ単冠湾ニ集合補給ヲ行フベシ

かくて南雲機動部隊指揮官は、十一月十日、第一航空艦隊の空母、赤城、加賀、蒼龍、飛龍、瑞鶴、翔鶴の六隻を日向沖《ひゅうが》〔宮崎県〕に出動せしめて、九州南部の諸基地で訓練していた夫々の飛行機隊を各母艦に着艦収容せしめた。

翌十一日は演習であった。第一航空艦隊の空母六隻は集団で、日向沖を北上中、真珠湾空襲計画に基づいて、払暁、全飛行機隊を発進させて、佐伯湾在泊中の連合艦隊を目標に空襲の演習を行ったのであった。この日、私は空中攻撃隊総指揮官として、陣頭に立って指揮していたが、二

ヶ月余に亘る連合集団訓練の成果は見事に現われて、上下の意思はよく疎通し、僚隊相互の連繋も順調であった。また旗艦長門で、この空襲演習を見ていた山本司令長官も、いたく満足であったと、あとで連合艦隊航空参謀の佐々木彰中佐から聞かされて、この空襲を着想した山本司令長官に満足して戴けて、私も多いに満足であった。

演習が終って、第一航空艦隊は佐伯湾に入泊した。翌十二日であった。南雲機動部隊の各級指揮官は、旗艦赤城に集合し、山本司令長官は幕僚を従えて、赤城を訪ねたのであった。ハワイ遠征のかどでに当っての訣別であった。私も空中攻撃隊総指揮官として、その席に列《つら》なった。山本司令長官は、機動部隊の各級指揮官に対して、訣別の訓示を行った。

「機動部隊、このたびの壮挙は、米国に対し開戦のやむなきに至った場合、長駆ハワイを衝いて、開戦劈頭、アメリカ太平洋艦隊を、その基地に覆滅せんとするものである。しかして本作戦の成否は、爾後のわが全作戦の運命がかかるところである。もとより本作戦は、あらゆる困難を克服して、敵の意表に出でて、その不意不備を衝く奇襲が狙いであるが、伝え聞くアメリカ太平洋艦隊司令長官キンメル大将は、慧眼《けいがん》の提督であって、あらゆる可能性に対して、用意周到に、万全の警戒措置がとられていると推測する。従って諸士は、強襲となるべきをも予期して、不覚をとることのないように、しっかり腹を決めておいてほしい」

山本司令長官が赤城を辞し去るとき、隅の方で見送っていた私を認めると、長官はつかつかと寄って来て、私に手をさしのべた。言葉はなかったが、握る手は堅かった。そして私を見つめる眼には、全幅の信頼が寄せられていた。これに答える私の眼も、必成の確信に燃えていたであろう。

第一航空艦隊飛行機隊の撤収した南九州の各基地では、翌日直ちに身代りとして、北九州方面所在の第十二連合練習航空隊の教育部隊が移駐した。これは防諜上のカモフラージュであったので、昨日まで昼となく夜となく飛んでいた四百機近いのが、バッタリと飛ばなくなったのでは、どこへ行ったのだろうと、人の口に戸は立てられない。そこで練習航空隊の飛行機隊が派遣されて来て、時を空《あ》けずに、翌日からジャンジャン飛んだのであった。もとより訓練内容は違っているのだが、見た目には変りはない。また通信防諜にも気を配って、昨日までの通信量に変化を見せぬよう、同じ呼出符号で、各基地は演習文をやりとりしたのであった。このように、真珠湾奇襲を成功させるために懸命の努力が払われていたのである。

かくて機動部隊の各艦船は、ひそかに出撃準備を整えて、内地を離れた。勝って来るぞと勇ましく歓呼の声で送られたのは誰もいない。出撃前に家族あてに出した手紙さえも、機動部隊の分は一括閉嚢《へいのう》して止め置かれ、真珠湾の奇襲成功を聞いて配達されたという真剣な防諜振りであった。そのために、日ごろ、朝刊につぐ夕刊といった工合の手紙を受け取っていた新婚の花嫁は、バッタリと手紙が途絶《とだ》えてしまったので、ふくれ上って、破鏡《はきょう》の騒ぎまで起しかねなかったという。

こうして機動部隊の各艦船は、一隻また一隻とバラバラに、おもいおもいの航路を通って、単冠湾《ひとかっぷ》へと回航した。途中、誰にも出会わぬように、商船航路は、もとより避けた。それにもまして、日本近海で監視配備にあるかも知れない米潜水艦への警戒を怠らなかった。各艦船は、太平洋を迂回したのもあれば、日本海を抜けたのもあった。電波の輻射《ふくしゃ》は管制せられて、電鍵には封印が施されるという慎重さであった。

単冠湾

北海道の東端から根室海峡を隔てて、千島列島が北東に伸びている。第一番目が国後島《くなしり》であり、第二番目が択捉島《えとろふ》である。その択捉島の南岸のほぼまん中あたりにヒトカップと呼ばれる湾があり、単冠という漢字をあてている。漁期に漁船が集散する外は、訪れるものとてない淋しい港であった。

千島の冬は早い。十一月といえば、もう雪を見る。やがて冬の安息が、雪とともに訪れようとしていた一九四一年（昭和十六年）十一月二十一日、突如として島民を驚かす事件が発生したのであった。艦隊の入港である。一隻、二隻と数を増して、島民たちのとりどりの噂の中に、二十二日、空母加賀の入泊を最後として、機動部隊の集結は終ったのであった。集結した兵力は、空母六、戦艦二、大巡二、軽巡一、駆逐艦十五、潜水艦三、給油船八の合計三十七隻の大艦隊であった。

艦隊の入泊が始まると同時に、択捉島は、島外との一切の交通、通信を遮断された。島周辺は、大湊《おおみなと》警備府から派遣された警備艦艇が、目を光らせて、巡邏《じゅんら》監視する。このような島民の缶詰状態は十二月八日の真珠湾空襲の日まで続いて、奇襲成功で解除された。しかし缶詰中の島民の生活は、大湊警備府から派遣されていた補給船によって保障されたのであった。

このようにして、もはや秘密の洩れる心配はなくなったので、十一月二十二日、南雲司令長官は、機動部隊の全乗員に対し、我々の目的は真珠湾空襲である旨を明かした。かくて乗員たちの揣摩臆測《しまおくそく》は吹き飛ばされて、全乗員は歓呼を以て迎えたのであった。

翌十一月二十三日、旗艦赤城において、二つの会合が行われた。一つは機動部隊各級指揮官の会合であり、もう一つは飛行機隊士官の会合であった。各級指揮官の会合では、三千浬遠征の作戦行動についての最後の詰《つめ》が行われ、飛行機隊士官の会合では、真珠湾空襲計画についての最後の詰が行われたのである。

第一航空艦隊の各空母の搭載機数は、赤城、加賀は各六十機、蒼龍、飛龍は各五十機、瑞鶴、翔鶴は各七十機で、合計三百六十機であった。けれども、各空母とも発着甲板に制限があるので、全搭載機を一度に発進することは出来ないから、これを二段に発進する。そこで三百六十機の飛行機隊は、第一波百八十九機、第二波百七十一機の波状攻撃に区分されたのである。

そこで先ず発進であるが、発進時刻は日出三十分前と定められた。十二月上旬のハワイにおける日出は、午前六時三十分（地方時）頃だから、午前六時に発進する。この時刻は東京の午前一時三十分である。かくて第一波が発進してから、四十五分後に第二波が発進する。発進地点は、オアフ島の真北二百三十浬で、飛行機隊の進撃速度は、百二十五節であったから、真珠湾まで大体二時間近くかかる。

さて真珠湾における攻撃目標であるが、作戦目的が、アメリカ太平洋艦隊を撃滅することなのだから、主攻撃目標は、敵艦隊の主力である空母と戦艦とに指向することになる。

当時、ハワイ方面に在りと推定せられていたアメリカ太平洋艦隊の主力は、空母では、レキシントン、ヨークタウン、ホーネット、エンタープライズの四隻で、サラトガはサンジェーゴ軍港で修理中なので、ハワイに現われるのは、なお一ヶ月はかかるとの情報であった。戦艦では、ウエストヴァージニア、メリーランド、カリフォルニア、テネシー、アリゾナ、ペンシルヴァニア、ネバダ、オクラホマの八隻がハワイ方面に在ることは確実との情報であった。

そこで主攻撃目標は、空母四隻、戦艦八隻で、その他の巡洋艦、駆逐艦、潜水艦、補給、工作などの補助艦艇は次等目標であった。そしてこの主目標に対して、攻撃を指向するのが、空中攻撃隊の主力である私の直率する水平爆撃隊四十九機と、村田少佐の率いる雷撃隊四十機と、江草少佐〔第二次攻撃隊〕の率いる降下爆撃隊七十八機とであった。

しかし、この主攻撃目標であるアメリカ太平洋艦隊の主力を攻撃するためには、先ず以て、ハワイ方面の敵基地航空兵力を封殺しなければならない。これが奇襲を狙う最大の眼目である。そのために、第五航空戦隊の飛行機隊が当てられた。即ち島崎少佐の率いる水平爆撃隊五十四機と、高橋少佐〔第一次攻撃隊〕の率いる降下爆撃隊五十一機とであった。

ところで、ハワイ方面における敵航空基地に関しては、情報によって六つあることが判っていた。海軍の航空基地はフォード島とカネオヘとバーバースとの三つであり、陸軍航空基地は、ヒッカムとホイラーとベロースとの三つであった。

かくて、その所在兵力については、フォード島基地は在泊空母の収容基地であり、また水上機や飛行艇の基地である。カネオヘ基地は、大型飛行艇の基地であるが、目下戦闘機基地を造成中である。バーバースは、飛行場だけで、空母飛行機隊の訓練基地である。また、ヒッカム基地は、陸上攻撃機で、ホイラー基地には、戦闘機などの小型機を配しており、ベロース基地は戦闘機の訓練に使っているとの情報であった。しかし、その所在兵力については、更に詳らかにしていなかった。

しかるところ、はしなくもパイロットの鈴木英少佐が、単冠湾にやって来て、二十三日の飛行機隊士官の会合席上オアフ島のアメリカ陸海軍航空兵力の配備についての情報をもたらして呉れた。この人は、鈴木貫太郎海軍大将の甥で、当時海軍人事局勤務であったが、「米国に出張を命ずる」との辞令だけで、実は一九四一年（昭和十六年）十月二十二日横浜出帆の日本郵船大洋丸の事務長附との名義で、在日米人の送還船客約八百人とともにホノルルに向った。ホノルル着は、十一月一日であったが、それから早速、特別任務にとりかかって、十一月五日夜、ホノルル出帆で帰航するまでの五日間に、オアフ島におけるアメリカ陸海軍航空兵力の配備状況を捜《さぐ》ったのであった。これは言うまでもなく、危険なスパイ活動であった。そして十一月十七日朝、横浜に着くと、大本営で報告を済ませて、命によって翌十八日、木更津沖で三川《みかわ》軍一中将の旗艦比叡に便乗して単冠湾にやって来たのであった。

彼のもたらした情報は、私たちにとって非常に有益であった。それを綜合すると、フォード島基地は、空母在泊中、二艦分の搭載機約百二十機の収容基地で、また水上機基地には、PBY飛行艇が約二十機配備されていて、毎日二回哨戒任務に就いている。第一回目は午前七時に出発して午前十一時に帰ってくる。第二回目は午後一時に出発して午後五時に帰ってくる。毎回数機ずつ使っているが、その速力から割り出して哨戒圏は三百浬程度で、まだ大規模の遠距離哨戒は実施していないようである。カネオヘ基地は、現在戦闘機基地をほぼ完成したので、戦闘機約十機ほど常駐している。そのほかに、PBY飛行艇約二十機が常駐して、哨戒に備えている。バーバース基地は格納庫もない飛行場だけで、ときどき空母搭載機約数十機が訓練にくる。

陸軍のホイラー基地は、戦闘機を主力とする小型機約二百機が常駐している。ヒッカム基地は、大型機で、四発重爆約四十機と双発重爆約百機が常駐している。四発はボーイングで、双発はダグラスとマルチンである。またベロース基地は、二座複葉の練習機約三十機が配せられていて、練習基地のようである。

この鈴木少佐のもたらして呉れた情報によると、オアフ島の敵航空兵力は総数五百機に上る。これに先制攻撃を加えて、その飛び立つ前に、これを地上に封殺するというのがわれらの狙いであるが、その胸算を立てる上において、この鈴木少佐の情報は時機において、ドンピシャリであった。

この日、単冠湾はしけて来た。夜に入るまでつづいた飛行機隊士官の会合が終って、みんな夫々の母艦に帰ろうとしたが、とても内火艇など出せそうもないのであった。私は彼らを見送ろうと上甲板に出てみると、物凄いしけ方であった。舷梯《げんてい》〔乗下船用の梯子《はしご》〕は引き揚げられていて、舷側に打ち寄せる荒波がしぶきを甲板にふき上げていた。

私は加賀の飛行隊長橋口喬少佐に言った。

「橋口さん、これじゃ帰れませんよ、今夜は赤城に泊まっていらっしゃい」

「そうですな、北の海は聞きしにまさる凄《すさ》まじさです。この調子では、これからの毎日の狂瀾怒濤《きょうらんどとう》が思いやられますよ」

そこへ赤城の戦闘機隊長板谷茂少佐が上がって来て、私に話しかけた。

「総隊長、このしけでボートが出ませんから、今夜は飛行機隊士官全部が赤城泊まりということになりました。そこでいまから壮行会を催しますから、総隊長の御臨席をお願いします。場所は士官室です」

私はそれに答えて、

「グッド・アイディアだ」

と言った。そして橋口少佐を伴なって、士官室に降りて行った。

荒海への出撃

翌十一月二十四日は、天候が回復した。各空母では、前日の飛行機隊士官会合の打合わせに基づいて、各飛行隊長が部下搭乗員に対し、その分担任務についての細目を言い聞かせた。そして午後になって、各空母の飛行機隊搭乗員は旗艦赤城にやって来た。オアフ島の模型を見るためであった。

私は、参謀長室に秘匿してあったオアフ島の模型を飛行甲板に運ばせた。そして鞭をもって指さしながら、入れ替わり、立ち替わり、やって来る搭乗員たちに対し、彼らの任務と行動要領をくどいほど説明した。模型は実によく出来ていたので、みんな実地についての説明に、鹿児島湾での訓練を憶い出しながら、よく呑み込めたようであった。後日譚だが、真珠湾空襲当日、空襲から帰投した一搭乗員が私に言った。

「総隊長、オアフ島は全く模型の通りでした」

と、大笑いであった。

こうして機動部隊は単冠湾において、作戦打合わせの最後の詰を終り、補給も整った。旗艦赤城が単冠湾に入泊した十一月二十一日に、広島湾在泊中の旗艦長門の山本連合艦隊司令長官は、大本営から大海令第五号というのを受け取っていたのであった。その要旨は、

山本連合艦隊司令長官ハ、作戦実施ニ必要ナル部隊ヲ適時待機海面ニ向ケ進発セシムベシ。作戦準備行動中、米国、英国又ハ蘭国軍ノ挑戦ヲ受ケタル場合、自衛ノ為武力ヲ行使スルコトヲ得

この大海令によって山本連合艦隊司令長官は、十一月二十五日、南雲機動部隊指揮官に対して、次の要旨の電命を下令した。

機動部隊ハ十一月二十六日単冠湾ヲ出撃極力其ノ行動ヲ秘匿シツツ、十二月三日夕刻待機地点ニ進出シ、急速補給ヲ完了スベシ

ここにいう待機地点とは、ハワイ群島の北方八百浬の海面であった。

かくて十一月二十六日午前六時、夜明け前の薄暗い頃、機動部隊は三隻の潜水艦を先頭にして、密雲低く垂れこめる北太平洋の荒海へとひそやかに出撃したのであった。見送るものとてなかったが、ただ湾外で、大湊警備府派遣の海防艦国後が見送って、

「壮途の御成功を祈る」

と、信号を寄せて来た。

「有難う」

と、赤城は信号を返しながら、そのそばを通り過ぎて行く。マストの軍艦旗が、朝風にハタハタとはためいていた。

私は艦橋に上っていった。艦橋では航海長三浦義四郎中佐が操艦していた。飛行機隊が発進する地点まで、この大艦隊をもってゆく責任が彼の双肩にかかっているのである。日頃ユーモアに明け暮れるこの航海長が、こんな几帳面な顔付をすることもあるのかと、見直すくらいにキッと唇を結んでいた。そして今日は珍らしく靴をはいている。この人は、いつでも古靴のかかとを踏み潰したスリッパばかりつっかけていたのだが。

航海長の横には、艦長の長谷川喜一大佐が無念無想の面持《おももち》で、前面の窓を通して水平線を睨みながら立っていた。艦橋から見下ろす飛行甲板には、乗員たちが立ちならんで、遠ざかりゆく祖国の姿に、みんな視線を注いでいた。しかしこの時、祖国と眺めた千島が、やがて祖国から失われる悲劇のスタートを切っていることを、誰が気付いていたであろうか。

太平洋のZ旗

十二月五日（地方時）、機動部隊はハワイの北七百浬に達した。いよいよ敵PBY飛行艇の哨戒圏内に入った。機動部隊はここで最後の燃料補給を行って、補給部隊を分離した。分れて行く補給部隊に旗艦赤城から信号が送られる。

「労苦を多とす、武運長久を祈る」

すると、補給部隊指揮官から信号を返して来た。

「御成功を祈る」

十二月六日（地方時）午前六時半（東京時刻十二月七日午前二時）、機動部隊は速力を二十四節に増速した。まっ白いしぶきを蹴立《けた》てて進む艦隊の威容は、まことに勇ましくて、いい年をしていながら、子供のようにわくわくする。東方を眺むれば、日出である。私は誰にともなく祈った。

「どうか今日のこの一日、誰にも見つかりませんように」

と。今日一日さえ見つからなければ、明日は日出前に発進だ。

午前十時半（地方時）、山本連合艦隊司令長官から電報が送られて来た。訓示である。


皇国の興廃繫《かか》りて此の征戦に在り、粉骨砕身《ふんこつさいしん》各員その任を完《まつと》うせよ

この山本長官からの訓示は、直ちに全機動部隊乗員に達せられた。各艦のマストにはZ旗が掲げられた。日本海海戦以来、三十六年目のZ旗が太平洋に翻ったのであった。

六隻の各空母の背中は、どれもみんな双翼を伸ばした飛行機で一杯に埋まっていた。すでに搭載を終った爆弾や魚雷が、ほの黒い鋼鉄の膚を無気味に光らせていた。

午後五時二十五分（地方時）、先遣部隊のイ号第七十二潜水艦から偵察報告が入った。

「米艦隊はラハイナにあらず」

ラハイナ泊地とはマウイ島で、従来アメリカ太平洋艦隊が作業地として使っていた。従ってこのたびも艦隊が在泊している公算もあるので、潜水艦が偵察したのであった。

やがて十二月六日（地方時）の夜のとばりは下りた。遂に今日も一日、敵の哨戒機にも、潜水艦にも、また行逢船にも、発見されずに済んだ。私は、機動部隊はついてるなと確信した。さて明日は早朝の発進だから、今晩は早くから寝ておこうとベッドにもぐり込んだ。寝つかれないかと思っていたが、案外夢はまどらかであった。

こうした情況において、空襲の前日、南雲機動部隊指揮官は、次のような判断を下した。

一、ハワイ方面ノ敵兵力ハ戦艦八隻、空母二隻、甲巡約十隻、乙巡約六隻ナリ。空母及ビ甲巡ハ全部出動中ノモノノ如シ。爾余ハ真珠湾ニアリ。出動部隊ハマウイ島南方附近ニテ訓練ノ算多ク、ラハイナニハ在泊シ非ズ。

二、今夜情況特ニ変化ナキ限リ、攻撃ハ真珠湾ニ集中ス。

三、敵ハ只今ノ処特ニ警戒ヲ厳ニセリトハ認メザルモ、コレガタメ毫《ごう》モ油断アルベカラズ。

よくぞ男に生れつる

海はしけていた。波浪は高く、全速力で走っている艦の動揺は激しい。夜明け前のまだ暗い海面に、艦首の蹴る波のしぶきが、白くサッとみだれ散る。時おり飛行甲板にも、そのしぶきがはねかえってくる。

飛行甲板には、攻撃準備の成った飛行機が、翼をならべて出発位置にならんでいた。整備員たちは、それぞれ受持の飛行機にすがりついて、艦の動揺から飛行機を守るのに懸命であった。

時は十二月七日（地方時）午前五時三十分であった。

私は飛行服に身をつつんで、艦橋の作戦室に上っていった。

「長官、行って参ります」

と、私は敬礼しながら、南雲長官に別れを告げた。

「おう」

と、長官はソファーから立ち上って、

「たのむ」

と、一言、私の手を堅く握った。

私は長官を先導しながら、搭乗員待機室へタラップを降りて行った。搭乗員待機室には、すでに赤城艦長長谷川喜一大佐も艦橋から降りて来ていた。待機室の電灯は淡かった。せまい待機室に入れないで、搭乗員の一部は通路にも溢れていた。待機室正面の黒板には、午前六時（地方時）における旗艦赤城の現在位置が記されてあった。

「オアフ島の真北二百三十浬」

私は搭乗員たちの前に立って号令した。

「気をつけッ」

そして長谷川艦長に敬礼すると、艦長は一段と声を張り上げて、

「所定命令に従って出発」

と、簡単に命令を与えた。

搭乗員たちは待機室を出て、それぞれの搭乗機の方へ散って行った。私は一番あとから待機室

を出て、ひとまず発着艦指揮所へ上って行った。途中、肩をチョイと叩くのがいた。振りかえると源田参謀であった。二人は顔を見合わせてニヤッと笑った。ただそれだけであった。しかしすべては通じていた。

発着艦指揮所では、増田飛行長が忙しく発着艦作業の指揮に当っていたが、私を見ると問ねた。

「隊長、動揺はひどいが、夜間発艦は大丈夫だろうか」

なるほど海はいよいよしけている。艦の動揺は十度を超えている。艦首は波をすくって、しぶきが飛行甲板に打ち上げる。空はまっ黒で、水平線もさだかでない。演習なら、さしあたり夜明けまで発進見合わせというところだが、しかしいまは乾坤一擲《けんこんいってき》のどたんばである。しりごみがあろうか。私は答えた。

「なあに大丈夫ですよ。ピッチングの周期を見はからって発艦させればね」

すると、そばにいた発進係の少尉が発言した。

「ピッチングの周期に合わせて、一機一機とチョーク〔車止め〕を外《はず》して出してゆけば大丈夫です」

私はこのスマートな助言に気をよくして、「頼むよ」と、その肩を叩いて、

「では」

と、私は発着艦指揮所につめている人々に会釈した。指揮所にはめったに姿を見せたことのない軍医長まで見送りに来ていた。

「願います」

との人々の挨拶の声を背にして、私は搭乗機の方に歩みよった。私の搭乗機には、総指揮官機の識別が夜目にもしるく、尾翼一杯に黄地に赤三線が彩られてあった。

指揮官機のそばには飛行隊先任整備下士官が待っていた。そして私が飛行機に搭乗するのを助けながら、白布の鉢巻を手渡して言った。

「これは整備員たちが、自分らも真珠湾にお伴したい気持をこめた贈りものです。どうぞ、つけていって下さい」

私は、大きくうなずいて、その鉢巻を受け取り、飛行帽の上からキュッと締めた。

「始動」

指揮所から号令が流れた。発動機が廻り始めた。母艦は取舵〔艦首を左へ向ける〕に転舵《てんだ》して風に立った。風は北方から吹いている。マストには、Z旗とならんで戦闘旗が開かれた。試運転の終った飛行機は次々と航空灯を点出する。その航空灯がプロペラの震動で小きざみに震えていた。

「発進」

発着艦指揮所から発進を指示する緑色の信号灯が大きく円弧を画《えが》いて振られた。前方の戦闘機から発艦を始めた。爆音が高くなったと思うと、機はすべり出した。艦の動揺は相かわらず激しい。飛行甲板がぐぐんと沈んでゆく。見ている人たちはハッとかたずをのんだ。しかし、その瞬間、飛行機はスーッと離艦した。つづいて次の飛行機が離艦してあとを追う。そしてまた次が……。忽《たちま》ち起る見送りの嵐であった。バンザイの響とともに、帽子が、ハンカチが、素手が、ちぎれるほどに、打ち振られた。

こうして第一波の戦雷爆連合の百八十三機は、六隻の空母から飛び立った。そして各群の指揮官機のオルジス灯で誘導されて編隊を整えた。私は先頭の一番機にあって、艦隊上空を大きく一まわりしつつ、約十五分間で第一波空中攻撃隊の集合をおわり、進撃隊形を整えたので、旗艦赤城の上空からオアフ島に針を向けた。時に十二月七日午前六時十五分（東京時刻で十二月八日、午前一時四十五分）であった。

第一波の先頭一番機に搭乗して、うしろにつづく全軍の総指揮に任ずる私は、祖国の興廃を双肩に担って、意気軒昂、勇気凜々《りんりん》であった。そして、よくぞ男に生れつると思った。こういうことになるから、私は幼いころから、軍人になりたいと言ったんだ。そして私は、生れながらにして、帝国軍人であったのである。そのころ、父の晩酌の愚智《ぐち》で、よい星の下に生れるということが、そんなに大切なことかと馬鹿にしていたのであったが、今ぞ知る、私こそよい星の下に生れたのであることを。過ぐる私の青春は、今日のこの一日のためであった。ヨーシ、本日の戦闘指導のために、精魂の限りを悉くすぞ。

オアフ島見ゆ

オアフ島に向う第一波空中攻撃隊の進撃隊形は、私の総指揮官機が先頭に立って、その直後に、私が直率する水平爆撃隊四十九機が続いている。右側に五百米離れて、高度差二百米を下げて、村田少佐の率いる雷撃隊四十機が随伴している。左側には五百米離れて、高度差二百米を上げて、高橋〔赫一〕少佐の率いる降下爆撃隊五十一機が随伴している。そして板谷少佐の率いる制空隊四十三機の零戦が、これら編隊群の上空を警戒掩護《えんご》しながら、随伴しているのであった。

進撃高度は三千米で、下は密雲が垂れ込めていた。進撃速度は百二十五節で、オアフ島まで、あと一時間半の雲上飛行である。

午前六時三十分（地方時）となった。日出である。脚下は真綿《まわた》を敷きつめたような、ばくばくたる白一色の雲海であった。東の空がコバルト色に光り始めたと見る間に、大きな大きな太陽がのぞけて来た。燃えるような真紅であった。やがて陽光が燦々《さんさん》として、あたりに輝き渡る。ちょうど軍艦旗が空一杯に拡がったようであった。私はこれを日本の夜明けだと受け取った。

この太平洋の旭日《きょくじつ》を見て、私は思わず、「グロリアス・ドーン」とうなった。英語であった。当時、日本では敵性語として、英語は追放であったが、私はアメリカと戦う以上、英語は必要だと、内々勉強していたので、つい出た次第であった。

北からの相当の追風であった。オアフ島の到着は予定より早まると思った。しかし雲上飛行なので、海面が見えない。これでは偏流を測定する推測航法が出来ないのであった。けれども当時、レーダーなどという便利なものは、まだとりつけられていなかったが、クルシーと呼ぶアメリカ輸入のラジオ方位探知機〔フェアチャイルド社製〕が僅かに一台、総指揮官機に装備されてあった。名称がクルシーというのだから、私は苦しいときに使えとのシャレかと、あまりあてにしていなかったのであるが、いまは少し苦しいから、いじってみようと思い立った。

レシーバーを耳にして、スイッチを入れ、ダイヤルを廻すと、軽快なジャズが高い感度で入って来た。電波はまさしくホノルル放送局である。そこで私は枠型空中線で、その方位を測った。

「松崎大尉」

私は伝声管で、操縦者の松崎三男大尉を呼んだ。

総指揮官機は三座機で、前方の操縦席には、練達の松崎大尉が操縦し、中間の偵察席に、私が座乗して、全軍の指揮をとるとともに、ナビゲーターを受け持っているのである。そして後席の電信席には、これまた練達の電信員水木徳信一等飛行兵曹が無線通信を受け持っている。

「ハーイ」

と松崎大尉が返事した。

「ホノルル放送の電波をキャッチした。今から無線航法でゆく。操縦席のクルシーの指示計は作動しているか」

「ハーイ、針は五度左に出ています」

「その通りだ。針路をその針に乗せて行け」

「ハーイ」

操縦者はちょっと飛行機を傾けて針路を修正した。そしてクルシーの指示する通りに定針すると、

「宜候《ようそろ》」

と報告した。これで間違いなくコースはホノルルに向っている。

私はホッと一息いれたが、さてオアフ島が、この通りの雲で蔽《おお》われているとなると、ちと厄介だなあと思いながら、何の気もなしにダイヤルをいじって、感度を調整していると、ホノルル放送は、朝の気象放送に入った。勿論英語だけれど、ゆっくりと、ときどきレピートする。私はすばやく鉛筆をメモの上に走らす。なんと航空気象である。翻訳すると、

「オアフ島の天候は半晴で、山には雲がかかっているが、雲の高さは三千五百フィート（約一千米）、視界は良好で、北の風十節」

「しめたッ」

と、私は思わず叫んだ。あらかじめ仕組んで置いたとしても、ほしい時機に、ほしい情報が、

こんなにピタリと入るものでない。やっぱり私はついてるな、感謝である。これで成功は間違いない。

私は目的地の天候が分ったので、すっかり安心した。特に嬉しいのは、オアフ島の上空は雲が切れていることである。時刻は午前七時三十分（地方時）であった。発進してから一時間半である。もうそろそろオアフ島に着きそうだけれど、相変らず雲また雲で、島影らしいものは、サッパリ見えて来ない。

私は多少ヤキモキして来た。オアフは相当な山があるのに、おかしいなあと思いながら、ふと脚下を見ると、突如、雲の切れ間から、白くつづく一線の波打ちぎわが覗《のぞ》けた。

「松崎大尉、下を見ろ、海岸線だ」

「ハーイ、海岸線です」

私はすばやく航空図と照らしながら、ここはオアフ島の北端カフク岬だと見てとった。

「松崎大尉、ここはカフク岬の上空だ。今から右に変針して、海岸に沿うて島の西側へ廻れ」

「ハーイ、右に変針します」

総指揮官機は大きくバンクして、グーッと右に変針した。

かくて変針すると、総指揮官機から後につづく編隊群がよく見える。私は風防を開いて座席に立ち上がった。一番近いところにいる赤城水平爆撃隊第一中隊第二小隊長の岩井健太郎大尉がニコニコして、手を振って挨拶した。どの銀翼も、朝陽《あさひ》を一杯に受けて輝いている。私は丹念に、それを一機ずつ数える。第一波空中攻撃隊百八十三機、ヨーシ、一機の落伍もない。

やがて展開下令の時機となった。展開とは、進撃隊形から突撃準備隊形に移ることである。即ち進撃途上では、編隊群は一団となって行動して来たが、いざ突撃となると、各隊はそれぞれ攻撃法が違うから、展開下令で、雷撃隊は高度を下げて魚雷発射に構えねばならないし、降下爆撃隊は高度を上げて、急降下に備えねばならない。また占位方向にしても、降下爆撃隊は追風で入りたいから風上側に占位したいし、水平爆撃隊は向風で入りたいから風下側に占位したいといった工合である。

そして、この展開下令のときに、総指揮官は奇襲でゆけるか、強襲となるかを判断して、これを指示することになっていた。それは奇襲でゆける場合は、突撃順序を雷撃隊を真っ先にしてあった。そのことは、敵の対空砲火がまだ開かれぬうちに、超低空で敵のふところに飛び入る雷撃隊に先陣をやらせるのである。しかし、強襲となる場合は、突撃順序は、爆撃隊が先で、先ず爆撃で敵の対空砲火を叩いたところで、そのすきに雷撃隊を飛び込ませようとの狙いであった。しかし奇襲でゆけるか、強襲となるかは、一に敵の出方にかかるのであって、こちらの望みできまるのではない。

「松崎大尉、オアフ島の上空をよく見張れ。敵の戦闘機が現われるかも知れない」

そして私もじっと瞳をこらして、オアフ島上空を注視した。点々としたけし粒のようなものが現われて来たら、素破《すわ》ということになる。やがてそれはあぶのようになり、小鳥のようになって、戦闘機の来襲となること、夙《つと》に支那事変で体験ずみであった。私はキッと目をすえて一点のけし粒も見落すまいと、見張った。

雲は次第に薄らぎ、切れ間が多くなった。だが海岸線のほかは、まだ陸地は見えない。位置はもう大分西へ寄って来た。そろそろ展開しないと時機が遅れる。

「松崎大尉、どうやら奇襲で行けそうだな」

「ハーイ、奇襲のように思います」

「ヨーシ、展開を下令する。水平爆撃隊は、このままの高度で、島の西側を南へ廻れ」

「ハーイ」

そこで私は、風防を開いて、信号拳銃で、下方に向って一発の号竜を発放した。号竜はまっ黒い煙の尾を曳いて流れた。号竜一発は奇襲でゆけると判断した場合の展開下令であった。時に午前七時四十分（地方時）であった。

私は奇襲展開の発令を終って、各群の行動を見守っていた。雷撃隊は高度を下げて行った。降下爆撃隊は高度を上げて行った。ところが制空隊が、増速して前程に出なければならないのに、その行動に移らない。ハハア、信号を見落したなと、私は思った。折柄断雲が去来していたからである。そこで私は、制空隊の方に向けて、もう一発号竜を発放した。こんどは、制空隊もすぐ了解して、速度を上げてオアフ島上空に進出して行った。

だがここにはしなくも、一つの錯誤が起ったのであった。降下爆撃隊指揮官の高橋少佐は、この二回目の号竜を見て、号竜二発と誤断したのである。二発ならば、強襲の展開下令である。強襲ならば降下爆撃隊が先陣である。

かくて降下爆撃隊と雷撃隊とは先陣争いの恰好となった。しかし結果的には同時攻撃となって、寧《むし》ろ怪我の功名であった。

松崎大尉の声が伝声管から聞えて来た。

「隊長、ガラスがくもって見えにくいですから、風防を開きます」

「ハーイ」

と、私が返事すると、松崎大尉は操縦席の風防を開いた。一陣の風がサーッと吹き込んで来た。そのときバサッとなにやら白いものが、偵察席の風防をこすりながら飛び去った。何を飛ばしたのかと、私も風防を開いて眺めると、松崎大尉が首に巻いていたマフラーであった。まつチャン曰《いわ》くつきの代物《しろもの》だから、あれあれと私も惜しがりながらそのあとをつけていると、魔のように消え去ろうとするマフラーの彼方《かなた》に、オアフ平原を通して、真珠湾が見えて来た。

「隊長、真珠湾が見えます」

と松崎大尉は、息をはずませて報告して来た。

「ウン、見える。松崎大尉、針を南に変えて、バーバース岬にもって行け」

この指示を与えると、私は双眼鏡をとって真珠湾を注視した。いる、いる、三脚マスト、籠《かご》マストの戦艦どもである。私は一つ、二つ、三つ……と、目で追って胸で数える。予想通り、戦艦八隻、全力の在泊であった。私はジーンと熱いものが、込み上げて来るのを覚えた。よくいて呉れたと思ったからである。

私は時計を見た。午前八時（地方時）に十二分前である。ここで突撃を下令すれば第一弾は午前八時かっきりに投弾される。真珠湾空襲は、午前八時を期して行う予定であった。

私は電信員の水木兵曹を顧みた。

「水木兵曹、総飛行機あてに発信、全軍突撃せよ」

水木兵曹は、電鍵を叩いた。簡単な略語、トトトの連送であった。

「隊長、突撃の発信、放送終りました」

「ヨーシ」

時は十二月七日午前七時四十九分（地方時）であった。開戦の午前八時に十一分前である。東京時刻で十二月八日午前三時十九分であった。そしてこのときを境として、今にして顧みれば、あの呪われたる太平洋戦争の開幕となった。

全軍突撃を下令したあと、私は直率の水平爆撃隊を誘導して、攻撃開始の間合をとるために、バーバース岬を廻った。バーバースの航空基地が左に見えたが、飛行機は一機もいなかった。

私は真珠湾に眼をやった。一帯はまだ朝霧が、かすかにこめている。静かな景色で、気のせいか、真珠湾はまだ眠っているように見える。上空に空中戦闘が起っている気配はない。地上に対空砲火の閃《ひら》めきもない。これはどうやら奇襲に成功した模様である。ここまで持って来れば、あとの戦果を見とどけんでも、飛行機隊の腕には自信がある。よし報告を急ごうと私は思った。山本大将はもとより、大本営も、また西太平洋の全陸海軍部隊は、真珠湾の奇襲を優先させるために、みんな満を持して、待ちわびているのだ。

私は電信員を振り返った。

「水木兵曹、甲種電波で発信、我奇襲に成功せり」

水木兵曹は、待ってましたとばかり、すぐに電鍵を叩いた。「トラトラトラ」の連送であった。

「隊長、トラトラトラの発信、赤城了解しました」

「ヨーシ」

時に、午前七時五十三分（地方時）で、全軍突撃を下令してから四分後であった。

このトラトラトラの発信は、赤城の中継を待つまでもなく、東京の大本営も、広島湾の長門も直接受信したという。これは当時、航空機搭載の小型電信機の出力では、三千浬はとても期待出来なかったのであるが、千里征《ゆ》くトラ、千里を帰ったのだろうとの話であった。

かくてトラトラトラは、時を移さず、台湾へ、仏印へ、マレーへ、ボルネオへ、香港へ、上海へ、グアムへ、ウェーキへと、放送されて、かたずを呑んで耳をそばだてていた各方面所在の帝国軍隊は、それぞれ戦闘行動に入って行ったのであった。

トラトラトラを報告したので、私は気が楽になったけれど、実際に奇襲に成功して、アメリカ太平洋艦隊を撃滅するのは、これからなのである。私は双眼鏡を手にして座席に立ち、四囲の戦況に眼を配りながら、戦闘指導に乗り出した。

ヒッカム飛行場に黒煙が上がると見る間に、フォード島にも上がった。間もなく戦艦群の在泊位置から、魚雷命中の水柱が続々と立ち上った。戦闘は有利に展開している。

高橋少佐の率いる降下爆撃隊五十一機は、ふた手に分れて、彼の直率する翔鶴隊は、ヒッカムとフォード島との両基地に、坂本明大尉の率いる瑞鶴隊はホイラー基地に攻撃を指向した。

高橋少佐がヒッカム飛行場を見下ろすと、飛行場には、巨大な格納庫が並んでいて、そのエプロンには大型の重爆が翼をつらねて引き出されてある。彼は舌なめずりした。サーッと翼をひるがえすと、ダイブに入って、爆弾を投下した。すぐさま二番機があとにつづく。そして三番機が、四番機が……。このようにして高橋少佐が強襲の先陣だと心得たのに基因して、ヒッカム飛行場に爆弾の投下されたのは、午前七時五十五分で、午前八時の胸算より五分早まった次第であった。

坂本大尉の瑞鶴隊がホイラー基地に爆弾を投下したのも午前七時五十五分であった。ホイラー飛行場では、百機に上る戦闘機群が、格納庫前のエプロンに引き出されて、幾列にも行儀よく並んでいた。これを認めた坂本大尉ほか列機は、風下側から風上側へと攻撃していったという。これは燃え上る黒煙によって、後続機の目標を遮蔽しないためで、まことに沈着、適切な措置であった。こうして、突撃開始と同時に敵戦闘機の大部を、地上に封殺してしまったのである。

雷撃隊指揮官村田少佐は、早くも降下爆撃隊の航空基地爆撃を見て、その黒煙で目標がさえぎられないうちにと急いだため、村田少佐のまっ先に放った魚雷が、戦艦ウエストヴァージニアに命中して、初の水柱を上げたのは、午前七時五十七分であった。そして続々と後続の雷撃機によって水柱の数を増して行った。

板谷少佐の率いる制空隊は、結束のまま真珠湾上空に進出したのだが、敵戦闘機は出現していなかった。そこで午前八時半には、六隊に分れて、各航空基地を銃撃した。

私はこうした戦況を注視しながら満足であった。一つも修正を命ずる処がない。こんどは私の直率する水平爆撃隊の出番である。私はこれを誘導して真珠湾に針を向けさせた。目標は、フォード島東側の繋留柱にかかっている戦艦群である。

「水木兵曹、水平爆撃隊へ、ッ連送」

ッ連送とは、水平爆撃隊への突撃下令であった。トツゲキのト連送は全軍突撃で、ッ連送は各攻撃隊の突撃であった。通信略語は、まことに簡略に出来ていたが、複雑巧緻であるよりも、簡略は兵術上の原則であった。

水平爆撃隊は距離を開いて、単縦陣となった。五機編隊の十個中隊である。それが前続隊の屁《へ》(航跡気流のこと)を食わないために、それぞれ二百米を離している。だから、まことにえんえんとした長蛇の陣列であった。南西から北東に向って、爆撃コースに乗っている。爆撃高度は三千米であった。

松崎大尉が声をかけて来た。

「隊長、爆撃嚮導機を前に出します」

「ヨーシ」

爆撃嚮導機は二番機の位置についていた。操縦者は渡辺晃一等飛行兵曹で、爆撃手は阿曽弥之助一等飛行兵曹で、二人は名コンビで、艦隊の爆撃戦技ではいつも群を抜くエキスパートであった。

松崎大尉がチョイと合図した。渡辺兵曹がうなずいた。一番機が高度をチョイと上げる。二番機がツーと前に出て一番機の位置につく。すると一番機がチョイと高度を下げて二番機の位置につく。こうして爆撃嚮導機の誘導の下に爆撃コースに入った。爆撃手阿曽兵曹のだるまサンのような顔が、風防を通して見える。私と目が合ったので、彼はニッコリと敬礼した。私は手を上げて「しっかりやれよ」と合図した。すると彼は「まかせといて」とうなずいた。

私の直率する水平爆撃隊の攻撃目標は、フォード島東側の繋留柱にかかっている内側の戦艦群で、各爆撃中隊は、この目標を北から順次に選定することに定めてあった。だから私の座乗する爆撃第一中隊の目標は、一番北に在泊する戦艦ネバダであった。

真珠湾入口にさしかかって来た。果然、敵の対空砲火が閃《ひらめ》いた。こちらの攻撃開始から僅か五分にして反撃して来たところを見ると、彼らは用意周到な臨戦態勢にあったと、私は見た。

敵の対空砲火は、水平爆撃隊先頭の私の第一中隊に集中する。修正が利いてくるので、弾幕は次第に近づいてくる。しかし、こちらは爆撃コースを外ずすわけにはゆかない。砲弾炸裂のまっ黒い爆煙が、パッパッと周囲に流れる。いい気持のものでない。高度は僅か三千米である。私は、これはやられるわいと思った。そこで首をすくめて、見ないようにしていると、炸裂の響きで、尻がこそばい。見る見るうちに弾痕は空一杯に拡がった。

ピシリッと音がして、飛行機がグラリと揺れた。松崎大尉が聞いて来た。

「隊長、どこをやられましたか」

私も、どこをやられたかを確かめようとしていたとき、水木兵曹が答えた。

「左舷胴体後部に弾片があたって穴をあけました。操縦索が切れて、ストランド（鉄製のワイヤー）一本でもっています。補強しようにも手がとどきません」

心細いことである。しかし戦闘中である。心細がってなんぞいられない。

「松崎大尉、操縦索が切れかけている。急激な操作をやるなよ」

「ハーイ、心得ました。今のところ操縦に異状ありません」

「ヨーシ」

やがて、目標に近づいて来た。嚮導機の針路修正は、いよいよこまかくなって来た。針一本右といった調子である。もう間もなく爆弾投下だと、私は投下把柄を握って、一心に嚮導機の爆弾を見つめる。嚮導機の爆弾が機体を離れるのを見た瞬間に、後続四機は、一斉に投下するのである。

しかし見つめていると、嚮導機は、チョイチョイとバンクした。やり直しである。私はやれやれと思った。またあの弾幕をくぐらねばならんからである。しかし、あとで阿曽兵曹の話したところでは、もうチョイというところで、断雲に遮《さえ》ぎられて、照準をミスしたのであった。折角、真珠湾上空まで運んで来た爆弾を、あたらないのを承知で落す奴はない。満星の照準が出来ないで、三度もやり直した中隊もあった。

かくて私の爆撃第一中隊は、やり直しのために、大きく右へ一まわりした。しかし後続の第二中隊は爆弾を投下して、水平爆撃隊の攻撃の口火を切った。時に午前八時〇四分（地方時）であった。

やがて私の第一中隊が、二度目の爆撃コースに入ろうとしていたとき、フォード島東側の戦艦群に一大爆発を認めた。メラメラッとまっ赤な焰《ほのお》が、どす黒い煙とともに、五百米の高さにまで立ち昇る。私は火薬庫の誘爆と直感した。間もなく、相当離れていた、こちらの編隊にも震動が伝わって来て、ユラユラと揺れた。無心に操縦していた松崎大尉は、びっくりして頭をもち上げたので、私は彼に知らせた。

「松崎大尉、右を見ろ、敵艦の火薬庫が誘爆したらしい」

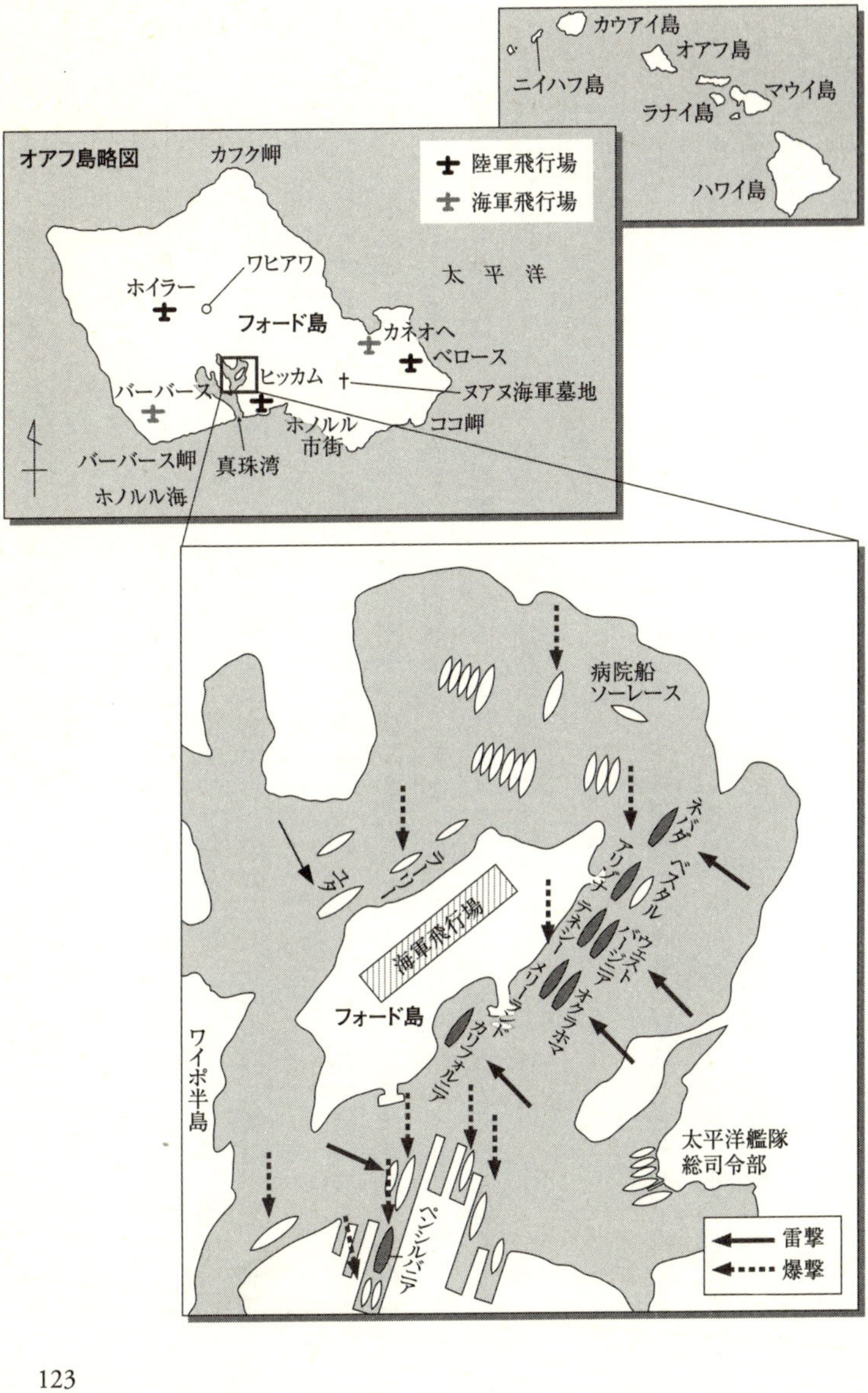
カウアイ島
オアフ島
ニイハフ島
マウイ島
ラナイ島
ハワイ島
オアフ島略図
カフク岬
陸軍飛行場
海軍飛行場
ワヒアワ
ホイラー
太　平　洋
フォード島
カネオヘ
ベロース
ヒッカム
ヌアヌ海軍墓地
バーバース
ホノルル
市街
ココ岬
バーバース岬
真珠湾
ホノルル海
病院船
ソーレース
ネバダ
ベスタル
アリゾナ
ユタ
ラーリー
海軍飛行場
テネシー
ウエストバージニア
メリーランド
オクラホマ
フォード島
カリフォルニア
ワイポ半島
太平洋艦隊
総司令部
ペンシルバニア
雷撃
爆撃

松崎大尉が、風防を開いて、これを眺めたとき、口をついて出た言葉は、

「バカヤロ、ザマミロ」

であった。

この轟沈《ごうちん》は戦艦アリゾナであった。加賀の爆撃第二中隊が投下した八百キロ徹甲爆弾二発が命中して、その一弾が二番砲塔の横に命中したと見る間に、大爆発が起ったと、加賀第二中隊長の牧秀雄大尉は確認している。これは、二番砲塔横に命中した爆弾が、装甲甲板を貫ぬいて、前部火薬庫に飛びこみ誘爆させたものと推定される。

戦闘はたけなわであった。黒煙は戦闘空域一帯に漲《みな》ぎっていた。私は双眼鏡で戦艦群を仔細に偵察した。一番北のネバダは燃えているが、出動の気配がある。いま誘爆したのは北から二番目のアリゾナである。三番目外側のウエストヴァージニアも、内側のテネシーも大火災である。四番目外側のオクラホマは、すでに転覆している。内側のメリーランドは、どうやらまだ健在らしい。私はこれを狙ってやろうと決めた。私は爆撃嚮導機に手先信号を送った。

「四番目内側のメリーランドを狙え」

阿曽兵曹はうなずいた。

再び私の第一中隊は爆撃コースに乗った。すると再び対空砲火の弾幕が見舞って来る。前にも増して熾烈《しれつ》である。ダーンと来た。編隊の三番機が弾片を受けたと見えて、爆弾投下機の吊索が切れて、爆弾が落ちて行った。危ぶなかったなあと、私はホッとしたが、爆弾のない奴を連れて行っても仕方がないので、私は三番機に手先信号で、

「列を離れ、単独帰投せよ」

と送った。そして下を覗いてみると、狭い真珠湾入口水道のまん中に、いまの三番機の爆弾が落ちて波紋が残っていた。その横に掃海艇らしいのが一隻碇泊している、あいつをおどかした効果はあったわいと、なおも様子を見ると、これは航門網である。そしていま、この爆弾の投下によって、航門網は閉められているのであった。

私はハッとした。昨夜来、真珠湾にもぐっているであろう特殊潜航艇のことを思いうかべたからである。私は出撃前に、山本連合艦隊司令長官にお願いして、空中攻撃隊の奇襲成功のために、特殊潜航艇は、どんないい機会があっても、空中攻撃隊の攻撃前には、手を出さないようにと、命令して貰っていたのであった。しかしいま見るこの状況では、特殊潜航艇に脱出の望みはない。そして、いまも辛抱強く真珠湾にもぐっているであろう特殊潜航艇に、私は心から叫んだ。

「特殊潜航艇の諸君有難う。われらは善戦するであろう」

私の爆撃第一中隊は、三番機を帰投させたので、四機編隊である。目標はメリーランド、やがて嚮導機から「投下用意」の信号が来た。息を呑んで投下把柄を握って待ち構える。「投下」、嚮導機の爆弾がフワリと落ちるのを見て、私は投下把柄を引っ張った。そして急いで座席に寝そべって、下方の窓から、爆弾の行方《ゆくえ》を見守った。徹甲爆弾四発は、鼻づら揃えて伸びて行く。世に、いま落した爆弾が、あたるか、あたらないかを見守るほどのスリルはない。やがて伸びてゆく爆弾の直線上に、メリーランドが近寄って来る。爆弾は次第に小さくなって、またたきすれば見失う。眼を凝《こ》らしながら、息を呑む。ぞくぞくするスリルである。やがて爆弾はけし粒ほどとなったと見た瞬間、メリーランドの甲板にパッパッと二つの白煙が立った。

「二弾命中」

徹甲爆弾は、装甲甲板を貫徹して、艦底で炸裂するように、〇・五秒の遅動信管を装備してあるので、上甲板に命中した瞬間には、パッと白煙が上がる程度であった。

このようにして、第一波空中攻撃隊の戦闘が終るころ、島崎〔重和〕少佐の率いる第二波空中攻撃隊百六十七機が戦闘に加入して来た。

私は、第一波空中攻撃隊を母艦に帰投せしむるとともに、私は単機で真珠湾上空に残った。それは第二波空中攻撃隊に対する戦闘指導と、戦果偵察のためであった。

島崎少佐は、第二波空中攻撃隊を率いて、午前八時四十分（地方時）、カフク岬に達して展開を下令し、午前八時五十四分に突撃を下令した。

この突撃下令によって、江草少佐の率いる降下爆撃隊七十八機は、東方から接敵して真珠湾に殺到した。そのころ真珠湾は、黒煙立ちこめて、目標の視認を妨げた。不敵な江草少佐は、黒煙を縫うて打ち上げてくる集中弾幕の筒に沿うてダイブに入った。すると下るに従って発砲中の軍艦がはっきりと見えて、これを爆撃したのであった。雉《きじ》も鳴かずば打たれまいという。発砲さえしていなければ、撃たれずに済んだのであるが、発砲していない奴は、もはや傷ついているのであって、江草少佐のやり方は、発砲している健在な奴を狙ったのだから、第一波の攻撃とダブラなくて、まことにうまく行った。

島崎少佐直率の水平爆撃隊五十四機は、主力を以て、ヒッカム飛行場の格納庫群と、一部を以て、フォード島とカネオへの格納庫群を攻撃した。爆撃高度は雲下の千五百米であった。このような低高度爆撃で、熾烈な対空砲火に見舞われながら、一機も失わなかったのは奇蹟である。しかし、約半数に近い二十数機は被弾のため要修理機となって、反覆攻撃の場合は、使えなかったのである。

進藤〔三郎〕大尉の率いる制空隊三十五機は、オアフ島上空の制空権を、第一波の板谷少佐から受け継いで確保すると、そのあと各航空基地の銃撃に移転して、戦果を拡充した。

空中攻撃隊総指揮官である私の戦闘指導の第一の眼目は、各攻撃隊に攻撃をダブラせないように適切に指示することである。ほうって置くと、どうしても易きについて、同一目標に攻撃が集中して、討ち洩らす奴が出て来る。そこで万遍《まんべん》に攻撃を指向して、最大戦果を挙げるように指導したのであるが、同時に、その戦果を的確に偵察することが、戦闘指導の第二の眼目であった。戦果を的確に偵察して報告しないと、爾後の上級指揮官の作戦判断を誤まらしめるからである。

かくて第一波、第二波による第一次攻撃は終った。私は、単機で真珠湾上空に三時間とどまって、戦闘指導と戦果偵察に、精魂の限りを悉した。

戦果偵察であるが、艦船攻撃の成果は、時間の経過が少ないので、見た眼にはよく分らない。もっとも、アリゾナのように轟沈したのや、オクラホマのように転覆しているのは別として、ほかの艦船は燃えてはいるが、沈んだのやら、どうやら分らないのであった。なにせ十二米という浅海のことである。吃水七米の戦艦が沈んだとしても、五米沈めば艦底が海底につく。もうそれ以上沈むわけにはゆかない。上空から眺めれば、蛙の面に水をかけたような始末であった。

次は敵航空兵力撃滅の戦果である。私は各航空基地を見て廻った。どこもみんな猛烈な黒煙で包まれていた。しかし、私は知っていた。ガソリンという奴は、燃えると、天地がひっくり返るくらい、大仰《おおぎょう》に映る。だまされてはならない。そこで私は、だまされまいぞと、懸命に観察するのだが、一向に見当がつかないのであった。しかし、このように単機で、三時間も真珠湾上空を飛びまわっているのに、一機の反撃に出て来る敵機もいないところを見ると、敵航空兵力を全部潰滅したと判断した。

戦闘が一応終熄《しゅうそく》したので、私は母艦へ帰投することにした。九七式艦上攻撃機の航続時間は五時間だというのに、私はすでに四時間半飛んでいるのである。あと三十分で母艦に帰りつけるとは、算術計算では出て来ないが、戦争である。なんとか、たどりつけるであろう。

午前十時半（地方時）であった。

「松崎大尉、引き揚げる、帰投針路十度」

そして私は、引き揚げぎわに、反覆攻撃の目標を物色した。巡洋艦、駆逐艦、潜水艦などの補助艦艇の生き残っているのも叩かねばならないが、それにもまして、沢山ならんでいる石油タンクや、海軍工廠の修理施設を粉砕しなければなるまいと見た。

そしてオアフ島を離れようとしているとき、味方識別のバンクをしながら近寄って来た戦闘機が一機、スーッと後についた。

「どこのだい」

と、私は水木兵曹を顧りみると、水木兵曹は、さっきから眺めていたとみえて、

「瑞鶴のです」

と答えた。

瑞鶴の戦闘機ならば、第一波である。随分、ねばっていたもんだなと私は思った。そしてまだ

戦闘機の迷い児《まご》が残っていやせんかと思いついた。

「松崎大尉、もう一度帰投集合点を一まわりしてみる。迷い児を収容する」

松崎大尉は帰投の燃料を心配しているのだが、隊長の命令とあらば仕方がない。

当日、戦闘機隊を収容する帰投収容点は、カフク岬であった。総指揮官機は、カフク岬を一周した。果せるかな、戦闘機の迷い児が、また一機出て来た。私は、この戦闘機二機を連れて、母艦に無事帰投した。

しかし、私の機体を点検した先任整備下士官は、私に言った。

「総隊長、燃料はかっきりでした。もう少し早く帰って貰わんと危ないですよ。それに操縦索も切れかけていて、危なかったですよ」

と。私は答えて言った。

「戦争だよ、燃料がなくたって、操縦索が切れたって、飛ぶよ」

と。聞いていた整備員たちは、首をすくめて、やっぱりうちの総隊長は、ふだんにもまして、キチガイだと思ったらしい。まさしく私は報国の至誠に燃えるキチガイであった。

獅子《しし》翻擲《ほんてき》

赤城に着艦すると、先に帰った搭乗員たちは、待ちわびていたと見えて、みんなワーッと私を出迎えた。私は雷撃隊長村田少佐、制空隊長板谷少佐、及び進藤大尉、また水平爆撃隊の布留川〔泉〕大尉、降下爆撃隊の千早〔猛彦〕大尉などと、発着艦指揮所で、みんなの目撃した戦果をま

とめていると、艦橋から、

「淵田隊長、速やかに艦橋に来れ」

との矢のような催促であった。

仕方がないから、戦果の調査を後廻《あとまわ》しにして、私は艦橋に上って行った。

私の顔を見ると、待ちわびていたとばかり、南雲長官が、いきなり私に問ねた。

「戦果はどうだったか」

それなのである。私はそれを、部下将校たちといま、調査していたのである。しかし、こうなると、私の見て来ただけのことは、報告しなければならない。

「ハイ、敵戦艦四隻の撃沈は確実です。あとの四隻は大破です。当分彼らは真珠湾から出動出来ないと思います。敵の航空兵力は潰滅させたと思います。なにせ各航空基地は、猛烈な黒煙が漲っていて、戦果の偵察を妨げましたが、私が三時間も真珠湾上空にとどまっているのに、一機の反撃に出てくる敵機もいなかったことから、制空権はわが方のものです。敵の対空砲火は、案外迅速で、こちらの攻撃開始から五分を出ないうちに発砲して来ました。敵は臨戦態勢にあるものと認めます」

南雲長官は、熱心に私の報告にうなずいていたが、私が報告を終ると、満足そうに、

「隊長、御苦労だった」

と、私をねぎらった。そして草鹿参謀長を顧みて、なにか私に質問はないかとのジェスチャーをしたが、草鹿参謀長は、もう下がって休めと、目付きでウインクしたので、私は敬礼して発着艦指揮所に下りた。

飛行甲板では第二次反覆攻撃の準備が進められていた。燃料、弾薬の補給を終った飛行機は、つぎからつぎへと、エレベーターで揚げられて、出発位置に並べられていた。

私は、戦闘配食のぼた餅をほおばりながら、次の反覆攻撃に備えていた。

旗艦蒼龍に座乗の第二航空戦隊司令官山口多聞《たもん》少将は、赤城に信号を送って来た。

「蒼龍、飛龍の発進準備完了」

というのであった。これは早く反覆攻撃を実施せよとの催促でもあった。そして赤城の発進準備も、間もなく完了する。

すると、旗艦赤城にスルスルと針路信号が揚った。いま来た道を引き返すというのである。私は「なにを阿呆な」と憤ってみたが、長官のやることである。愚図愚図《ぐずぐず》言ったって仕方がない。

しかしこれは、草鹿参謀長の獅子翻擲《ししほんてき》の理念であった。

草鹿参謀長は禅に凝っていた。私たちは、これを野狐禅《やこぜん》と野次っていたが、彼は本気であった。本気だから、彼は獅子翻擲を採り上げたのであった。

獅子は、当面の敵に向って、全力を奮って一撃を加えると、もうその敵に心を残さないで、サッと翻《ひるがえ》って、次の新たな敵に対して、身構え、また渾身の力でぶつかってゆく。

これが獅子翻擲である。

いまや真珠湾を叩いて、アメリカ太平洋艦隊を撃滅して作戦目的を達成したのである。なにを、オイル・タンクだの、海軍工廠の修理施設などを攻撃するなんて、それは下司《げす》のあと智慧《ぢえ》であると、草鹿参謀長は言っている。

真珠湾反覆攻撃を取り止めて、帰投針路につくときの、南雲司令長官の情況判断は、次の通りであった。

一、第一次空襲ニヨリ、ホボ所期ノ目的ヲ達成セリ。第二次空襲ヲ行フモ、大ナル戦果ノ拡張ハ期待シ難シ。
二、第一次空襲ニ於テスラ、敵ノ防禦砲火ハ迅速ニ起リ、殆ンド強襲トナレリ。第二次以後ハ純然タル強襲トナリ、所期ノ戦果ノ割ニ犠牲ハ著シク増大スベシ。
三、敵信ニヨリ判断スルニ、敵大型機ハ少クトモ五十機程度残存スルコト確実ナリ。マタ一方敵ノ航空母艦、大型巡洋艦及ビ潜水艦等ノ動静ハ不明ナリ。
四、之ニ対シ我方ハ二百五十浬以上ノ索敵ハ困難ニシテ、マタ先遣潜水部隊ノ索敵ノミニモ依存シ難キ状況ナルヲ以テ、敵ノ基地飛行圏内ニ永ク停留スルハ不利ナリ。

以上の情況判断に基づいて、機動部隊は、反覆攻撃を行わないで、離脱に決したのである。しかし私は、全然反対であった。兵は勢である。いま戦果の拡張を行わんでどうするかと、思ったからである。しかし長官が所期の戦果に満足して帰るというなら、それも仕方ないが、帰るなら、もと来た路を帰らないで、中央航路をまっすぐに帰ったらどうだろうと進言した。そうすれば、出動中の二空母にも出会って、これを撃滅出来るであろう。

しかし南雲長官は、私たちの偵察能力を信用していなかった。これは確かに、私たちのミスであった。当時、日本海軍航空は、攻撃を重視して、偵察を軽視していた。従って偵察なんて、飛べる飛行機であれば偵察に適し、搭乗員とあれば、偵察なんて常識だと心得ていたのであった。

けれども、太平洋戦争となって、この欠陥が暴露されたのであり、偵察というのは攻撃にもまさる至難な技であり、特殊な偵察機を造り、特殊な教育訓練を施すのでなければ、偵察機の搭乗員は養成されない。

けれども真珠湾当時は、まだ偵察軽視の時代であったから、南雲長官の信用を得るに至らず、従って、中央航路をとらずに、機動部隊は、もと来た北方航路をとって帰投したのであった。

拝謁

十二月二十三日（以下東京時刻）、南雲機動部隊は内地に帰還した。豊後《ぶんご》水道にさしかかったところで、搭載中の各飛行機隊を、出撃前の各訓練基地に陸揚げした。私は赤城の水平爆撃隊と雷撃隊とを率いて、鹿児島基地に飛んだ。

鹿児島基地に着陸して、格納庫のエプロンで、指揮官機から下り立つと、一人の中学生が私の前に走って来た。そして懐中から一通の書状を取り出すと、大声で読み上げた。感謝決議とかいうのであった。彼は鹿児島飛行場周辺にある商業学校生徒の代表で、見るとエプロンの周辺には、その商業学校の生徒が大勢ならんでいるし、その外に女学校の生徒までが出迎えに来ていた。

私は驚いた。一体誰が、私たちが真珠湾を攻撃した部隊だと教えやがったのだろうと思ったからである。これは一切機密であったのである。

しかし、鹿児島市民は、出撃前の私たちのアクロバットのような訓練を見ていた。今日なら、差し当って公害訴訟もので、病人はやかましくて治らないし、鶏は卵を生まないほどの騒ぎであった。

なにをしとるんだろう、このごろの海軍飛行隊は、軍紀がたるんどるぞとの批判もあった。なにせ、民家の屋根すれすれに飛んで、波止場《はとば》で、向う五百米にある浅瀬立標を目標に、低空十米で魚雷発射の擬襲をやっていたのだから、これはキチガイ沙汰であった。従って、ハワイ海戦大勝利のニュースを聞いたとき、鹿児島市民はみんな、あいつらだと直感したのだという。

その晩は、私たち鹿児島基地に戻った士官以上は、鹿児島県知事の歓迎会にあずかり、下士官兵は鹿児島市長の歓迎会にあずかった。

鹿児島県知事の招待で、料亭青柳というので、夜を徹して飲んでいると、基地から電話があって、明朝、淵田隊長と村田隊長とは、母艦に帰れと言って来たと伝えて来た。理由は、山本連合艦隊司令長官や永野軍令部総長たちが来艦されるから、帰艦して出迎えろというのである。そのために早朝、鹿児島基地から岩国基地へ飛んでくれれば、午前九時までに内火艇を岩国基地桟橋に迎えに出して置くとのことである。

「ブッサン、うるさいことを言ってきよったよ」

と私は、村田少佐に声をかけた。

「仕方ありませんよ。私が操縦しますから、総隊長は後席で寝ていきなさい」

といった次第で、翌朝、二日酔の二人は、鹿児島基地から岩国基地に飛んで、迎えの内火艇で赤城に帰った。

時はすでに午前十一時を過ぎていた。赤城では、山本司令長官、永野軍令部総長及び片桐〔英《えい》吉《きち》〕航空本部長などが見えていて、機動部隊各級指揮官に対する山本長官の訓示や、永野総長の挨拶が終了して、いまから士官室で祝杯をあげるところであった。私と村田少佐は、早速、山本長官や永野総長の前に引っ張り出されて、ねぎらいの言葉を戴き、勝栗《かちぐり》とするめとで乾杯した。

その席上、山本長官は、一幅の揮毫《きごう》を私に下さって、これは、あのときの自分の心境であったと言われた。揮毫は流麗な達筆で、

突撃の電波は耳を劈《つんざ》きぬ
三千浬外布哇の空ゆ

昭和十六年十二月八日
題淵田指揮官活躍　　山本五十六

このあとで、永野軍令部総長から、第一波空中攻撃隊指揮官の淵田隊長と、第二波空中攻撃隊指揮官の島崎少佐とは、十二月二十六日、登営して、大元帥陛下に、直接、真珠湾の戦況を奏上するようにと仰せつかった。

佐官級の軍状奏上とは、前代未聞のことである。私は身に余る光栄であるが、どのように準備しようかと、源田参謀とも相談して、私は艦船攻撃について、島崎隊長は航空基地攻撃について、それぞれ纒《まと》めて奏上することになった。

そこで私は、御前で拡げる艦船攻撃の見取図を、村田少佐に下図を書いて貰い、これを三浦航海長に頼んで、赤城の信号員に清書して貰った。信号員たちは、天覧に入れるというので、白手袋をはめて、綺麗に仕上げて呉れた。

十二月二十五日、私と島崎隊長とは、呉航空基地から、艦上爆撃機で横須賀基地に飛んだ。横須賀基地に着くと、横須賀航空隊司令の上野敬三大佐に迎えられたが、この人だけであった、ハワイの戦果にケチをつけたのは。航空母艦を生かして来たのでは駄目じゃないかというのであった。さすがに航空屋だと、私は賛成であった。

十二月二十六日、私と島崎少佐とは、午前九時、軍令部に出頭し、第一部作戦課でリハーサルのあと、永野総長、南雲長官と一緒に登営した。四人が控えていると、間もなく陛下の出御《しゅつぎょ》であった。蓮沼〔蕃《しげる》〕侍従武官長だけが侍立した。

私は、陛下と真正面に向いながら、対艦船戦果見取図を陛下の御前に拡げ、鞭で指《ゆびさ》しながら、戦況を逐一奏上した。そしてその都度、撮影して来た航空写真を説明しながら天覧に入れる。陛下は興味深げに、その写真を縦にしたり横にしたりして眺められる。そうしたわけで、予定されていた時間は、三十分であったのに、実際は一時間半も費された。私の次に島崎少佐が対航空基地攻撃の戦況と戦果について奏上した。永野総長が、

「ほかになにか御下問は御座いませんか」

と、伺うと、

「べつに」

と、おっしゃったが、暫らくして永野総長に、

「これらの写真は、持って帰るのか」

とお問ねになった。永野総長は、

「あとで表装いたしまして、御座右に備えます」

　とお答えすると、

「ああ、それなら表装はあとでよいから、いますぐわたしが持っていく、皇后にお見せしたいから……」

　といったわけで、陛下が御自身、十数枚の写真を持って御退出されたのであった。

　宮中から下がって来ると、海軍大臣官邸に迎えられた。そこには軍事参議官〔天皇の諮詢に応じる軍事参議院の構成員〕という海軍上層部のおえらがたが十数名集まっていた。

　そこでまた、私と島崎少佐は、上奏した内容をそっくり話した。この中には、伏見宮博恭《ひろやす》王殿下もいらっしゃったが、最長老の末次信正大将が先頭に立ってほめそやして呉れた。理由は、日本海軍が三十年の永きに亘って、狙って来たアメリカ太平洋艦隊の主力戦艦全部を屠《ほふ》って来たからである。そして、「その戦果の偵察を誤まらざりしは、武人の亀鑑だ」と賞《ほ》められて、私は尻がこそばい思いであった。私にして見れば、敵航空母艦を討ちもらしたことで、穴があれば入りたい思いでいるのに、この十数人の軍事参議官たちは、戦艦を沈めたことに大満悦で、盛んにシャンペンを抜いて、呑みねえ、呑みねえと、すすめて呉れた。

　海軍大臣官邸の祝宴から引き揚げて、軍令部に戻ると、高松宮宣仁《のぶひと》親王殿下が私のところに近寄って来なさった。高松宮殿下は私と海軍兵学校は同期の第五十二期だが、当時は軍令部参謀でいらっしゃった。宮様が私におっしゃるには、明日午後二時に、皇族たちが霞ケ関離宮〔現在の国会前庭南側にあった離宮〕に集まられるから、今日奏上した内容を話してほしいとのことで、皇族の成人だけが集まるから機密保持については心配するなとの仰《おお》せであった。

これもまた光栄の至りであった。かくて、翌二十七日は、霞ヶ関離宮に伺って、午後二時から約一時間半ほど、私と島崎少佐とで交々《こもごも》話した。伏見宮博恭王殿下が会をとりなしていらっしゃったが、同妃殿下が、とても私たちにやさしくして下さった。三笠宮殿下が始終ノートをとっていなさったのが印象的であった。

こうして拝謁の諸行事を滞りなく終って、私と島崎少佐とは、横須賀基地から岩国基地に飛んで、部隊に戻った。そして伏見宮殿下から戴いて帰った虎屋のようかんを一切れずつ部隊全員に頒《わ》かって、光栄を偕《とも》にしたのであった。

空中攻撃隊員の胸中

一九四一年（昭和十六年）十二月十日、天皇陛下は、永野軍令部総長を召され、山本連合艦隊司令長官に対し、左の通りの優渥《ゆうあく》な勅語を賜った。

勅語

連合艦隊ハ開戦劈頭善謀勇戦大ニ布哇方面ノ敵艦隊及航空兵力ヲ撃破シ偉功ヲ奏セリ

朕深ク之ヲ嘉尚ス将兵益々奮励シテ前途ノ大成ヲ期セヨ

御名　　昭和十六年十二月十日

越えて翌一九四二年（昭和十七年）二月十一日、山本連合艦隊司令長官は、特殊潜航艇の特別攻撃隊に対し感状を授与した。左の通りである。

感状　特別攻撃隊

昭和十六年十二月八日開戦劈頭挺身米国太平洋艦隊主力ヲ布哇軍港ニ襲撃シ友軍飛行機隊ト呼応シテ多大ノ戦果ヲ挙ゲ帝国海軍軍人ノ忠烈ヲ克《よ》ク中外ニ宣揚シ全軍ノ士気ヲ顕揚シタルハ武勲抜群ナリト認ム

仍《よっ》テ茲《ここ》ニ感状ヲ授与ス

昭和十七年二月十一日　連合艦隊司令長官　山本五十六

このように感状授与までに時日を要したのは、当時日本海軍では戦果を確認した後に、感状を出すのが慣例となっていた。然る処、特殊潜航艇で生還したものはいないのだし、米国側も特殊潜航艇の戦果らしいものは、なにひとつ発表しないし、そのうえ、第三国のスウェーデンあたりからの情報で、特殊潜航艇において、一名が捕虜となっているとのことであった。これでは、感状を出すが遅れるのも致しかたのないことであった。

けれども、あとの九名は未帰還ながら戦死と認め、二階級進級せしむるとともに、軍神として崇《あが》めることとし、国民の士気振作のために、この九軍神の国葬を大々的に行わねばならない。そこで急いで感状が授与されることになったのであろうと、私は見ていた。

特別攻撃隊の指揮官佐々木半九《はんく》大佐は、酒巻〔和男〕少尉は武運拙《つた》なくして捕虜になったのだけれど、出撃した酒巻少尉の決死の心情は、ほかの九人とまったく同じなんだから、十軍神として発表して貰いたいと上申したそうだが、海軍当局としては、明らかに捕虜となっているものを、軍神には出来なかったのであった。そして出撃前に十人で撮った写真から、酒巻少尉を削ったり、艇長五人の寄せ書から酒巻少尉の署名を消したり、さまざま苦労して酒巻少尉が捕虜になったことをひた隠しに隠した。けれども国民の間では、どうも九軍神とは数がおかしいではないかと詮索するのがいたりして、大体はばれていた。

私が、十二月二十六日拝謁で上京していたとき、大本営の潜水艦主務参謀の有泉龍之介中佐が、私のところにやって来て、

「淵田中佐、アリゾナの轟沈を特別攻撃隊の戦果に呉れないか」

と、もちかけたのである。私は苦笑した。

「別に功名争いするわけではないし、特殊潜航艇は特攻だから、その功績を大々的に吹聴してあげたいのはやまやまだけれどね、アリゾナは無理だよ。それはね、アリゾナはフォード島東側の繋留柱にかかっていたのだが、その外側にヴェスタルという工作艦が横付けしていたので、アリゾナには魚雷は利《き》かなかったのだよ。従って特殊潜航艇の魚雷による轟沈などと発表したのでは、あとあと世界の物笑いになるよ」

有泉中佐というのは、兵学校は私より一期上で、潜水艦屋の熱血男児であり、当初から特殊潜航艇の真珠湾使用に、力こぶを入れていたので、私の言ったことが気に入らなかったと見えて、憤然として出て行ってしまった。

当時、第三国を通じて輸入されてくるニュース写真には、惨憺たるアリゾナの傾いている轟沈の写真が載っている。九軍神と讃えあげた特別攻撃隊のおてがらとしてはもって来いであった。

とうとうアリゾナ轟沈を特別攻撃隊の戦果にでっち上げて、全国民の沸き立つ中で、盛大な国葬が営まれたのであった。

そのころ、私たちは南方に転戦していたのであるが、伝え聞いた空中攻撃隊の搭乗員たちの胸は、穏やかでなかった。アリゾナの轟沈は、水平爆撃隊の八百瓩徹甲爆弾が火薬庫に貫通して、誘爆させたものであることは、みんな知っているし、その上、空中攻撃隊に五十五人の未帰還戦死者があるのに、これに対して未だに二階級進級の音沙汰がない。海軍当局では、数が多過ぎるとでも思っているのだろうかと、二階級進級も寡少価値かなどと皮肉るのもいた。

私はこれらの不平に対して、

「特殊潜航艇は、始めから生還を期さない特攻をやったんだ。アリゾナは彼らにあげなさい」

総指揮官がそう言うのだから、鶴の一声といった次第で、空中攻撃隊内は収まっていたが、第一航空艦隊司令部、艦長、飛行長あたりに、まだ文句があったようである。こうした事情においてて、四月十五日にもなってから、布哇海戦参加部隊に対して感状が授与された。次の通りである。

感状　　布哇海戦参加部隊

昭和十六年十二月八日開戦劈頭長駆敵布哇軍港ヲ奇襲シソノ飛行機隊ヲ以テ米国太平洋艦隊主力及所在航空兵力ヲ猛撃シテ忽チ其ノ大部ヲ撃滅シタルハ爾後ノ作戦ニ寄与スル所極メテ大ニシテ其ノ武勲顕著ナリト認ム

仍テ茲ニ感状ヲ授与ス

昭和十七年四月十五日　　連合艦隊司令長官　山本五十六

私はこの感状を見たとたん、「武勲顕著」とは何事だと、心穏やかでなかった。「顕著」という評価は次等のものであって、第一等の評価は「抜群」でなければならない。

特別攻撃隊への感状には、「武勲抜群」と述べている。彼らは特攻だから、その精神力に対して、別に異議はないけれども、功績をいうならば、米国太平洋艦隊を屠ったのは空中攻撃隊なのであって、当然「武勲抜群」であらねばならない。それを一段下げて「武勲顕著」としている。私にはそれが不服なのであった。

後日譚になるが、私が後日第一航空艦隊首席参謀に補せられたとき、参謀長は三輪義勇《よしたけ》大佐であった。三輪大佐は開戦のとき、連合艦隊参謀で、功績主務であったから、私は或る機会に、この感状のいきさつを聞いてみた。すると三輪大佐は、

「あのとき私は功績主務参謀として、「武勲抜群」と起案したのだけれど、山本長官が、一段下げて「武勲顕著」となさった。理由は、南雲長官がもっと積極的に連続攻撃をかけていたら、もとより「武勲抜群」でよいのだが、一度で引き揚げたから「顕著」にしておけとおっしゃったのだ」

私は了解した。やっぱり南雲長官は首将山本長官の意図には沿っていなかったのだ。

また当時連合艦隊参謀長であった宇垣〔纏《まとめ》〕中将の「戦藻録《せんそうろく》」には、十二月九日の日誌に次のように誌《しる》している。

「機動部隊は戦果報告と同時に、第一航路を執り、L点を経て帰投するの電、昨夜到達す。泥棒の逃げ足と小成に安んずるの弊なしとせず。僅かに三十機を損耗したる程度に於ては、戦果の拡大は最も重要なることなり」

そのあとにつづけて、参謀達の中には、もう一度引き返えさせて、布哇を攻撃させてはとの意見もあって、至極尤《もっと》もとは思うが、もはや手遅れであるから無理だとの三つばかりの理由を誌したあと、

「但し自分が指揮官たりしせば、此際に於て更に部下を鞭撻して戦果を拡大、真珠湾を壊滅する迄やる決心なり」

と結び、そして、

「自分は自分、人は人なり」

と誌るしている。ここにも「武勲顕著」と一段下げた連合艦隊司令部の雰囲気がうかがえる。

そのようなことで、感状の授与が四ヶ月も手間取り、その故に人事当局は五十五名の戦死者の二階級進級の措置をぐずつかせ、結局、連合艦隊の主戦兵力である南雲機動部隊の士気振作に、なんの役にも立たなかった。

解説――真珠湾攻撃と報道

真珠湾奇襲作戦の第一報にはじまる大本営発表は、太平洋戦争中に八百四十六回を数えた。大敗北を喫した昭和十七年（一九四二年）六月のミッドウェー海戦の虚偽報道までは、戦果をあおるものの、発表も比較的正確に行われていた。だが淵田は、はからずもこの自叙伝で、真珠湾攻撃における大本営発表の虚構とその背後にあった海軍部内の功名争いを、はじめて明らかにしている。

昭和十七年三月七日の新聞各紙が、朝刊の一面全頁を飾って大本営発表を大々的に報じた。たとえば朝日新聞のトップの見出しは「殉忠古今に絶す軍神九柱」、つづいて「偉勲輝く特別攻撃隊」とあり、読売新聞も「軍神〝特別攻撃隊〟九勇士」「日本海軍の忠烈世界に宣揚」と紙面三頁を使った。ハワイ攻撃で戦死した「特殊潜航艇」の、いわゆる九人の軍神についての報道である。

特殊潜航艇とは、真珠湾攻撃の前年、昭和十五年に完成した乗員二名、魚雷二本で敵艦を急襲する新兵器で、全長二十四メートルの小型潜水艇であった。

淵田は、大本営の潜水艦主務参謀の有泉龍之介中佐から、十二月二十六日に戦艦アリゾナ撃沈の手柄を譲るようにもちかけられたことを告白している。

「淵田中佐、アリゾナの轟沈を特別攻撃隊の戦果に呉れないか」

アリゾナとは、一千百七十七名の乗組員を艦内に閉じ込めたまま いまも湾内に沈み、記念館として真珠湾攻撃で戦死したすべてのアメリカ軍人たちの墓碑となっている戦艦である。
アリゾナは、日本海軍の攻撃時には、フォード島東側の繋留柱につながれていた。その外側には工作艦のベスタルが並んで横付けされており、特殊潜航艇が戦艦に接近しての魚雷攻撃は、ほとんど不可能であったのである。

三月七日の新聞が伝える大本営発表の記事はこうである。真珠湾攻撃の日から三ヵ月がたっていた。
〈なかんずく夜襲による「アリゾナ」型戦艦の轟沈は遠く港外にありし友軍部隊よりも明瞭に認められ十二月八日午後四時三十一分（布哇《ハワイ》時間七日午後九時一分）即ち布哇における月出二分後、真珠港内に大爆発起り、火焔天に冲し灼熱せる鉄片が空中高く飛散、須臾《しゆゆ》〔しばらく〕にして火焔消滅〉（朝日新聞、傍線解説者・以下同）
と、午前中の航空機による攻撃につづき、特殊潜航艇が真珠湾内に潜入、戦艦アリゾナに夜襲をかけたことにされている。この攻撃は、以後乗組員の名誉を称え「特別攻撃隊」の呼称にすることも発表された。戦死した九人は二階級特進し、軍神にまつりあげられ、四月八日、日比谷公園で盛大な合同海軍葬がいとなまれた。それと前後してはじまったのが、軍国美談づくりである。
「蔭に母の感化、尊し大和魂」と、新聞発表の前夜、三月六日の夜八時から日本放送協会のラジオで、大本営海軍報道部課長の平出英夫大佐による国民の琴線にふれる放送が行われた。

〈ここに銘記しなければなりませんことは、かかる己を滅して、国家に殉ずる犠牲的大精神は、偉大なる母の感化によるところ大であることであります。勇士たちは申しあわせたように親孝行であります。……〉

大本営は、特殊潜航艇に志願した兵士たちの母親を「軍国の母」の誉れともちあげて、国民への一死奉公の覚悟をうながした。

だが、先に紹介した大本営の有泉潜水艦主務参謀から淵田へのはたらきかけの裏には、隠されている事実があった。その間の事情を追ってみたい。

真珠湾攻撃の潜水部隊作戦には、決死の特殊潜航艇五隻が参加した。乗組員は合計十名、捕虜第一号となった酒巻和男少尉（伊二十四潜水艦乗組）は、その存在がすでに消されていて、残りの九人が軍神とされた。

母艦の「伊十六」から出撃した一隻（乗組員・横山正治中尉、上田定二等兵曹）が、十二月八日十八時十一分（ハワイ時間・七日二十二時四十一分）、母艦へ「われ奇襲に成功せり」と知らせてきた。そこで伊十六は、その旨を大本営海軍部（軍令部）に打電報告した。

これを受けて、十日十四時三十分　大本営海軍部は、第一部長（作戦）からハワイ近海になおとどまっていた伊十六へ次のような通信連絡を行った。

〈新聞電報によれば米国は八日午後〔布哇地方時〕真珠湾において爆撃により主力艦更《さら》に一隻撃沈せられたりと発表せり　貴隊の攻撃による算あり〉（原文カタカナ）

つまり、真珠湾のなかに潜入した特殊潜航艇から、「奇襲に成功した」との連絡が伊十六に入った。そこで大本営は、「アメリカ側はさらに八日（ハワイ時間）の午後、真珠湾ではもう一隻の主力艦の撃沈があったことを追加発表したが、どうもそれは、貴隊（伊十六）が知らせてきた特殊潜航艇が沈めた艦ではないのか」という希望的観測の電報である。

翌十一日、大本営海軍部からの問い合わせに対し、伊十六にかわって上級司令部の第十二潜水隊司令から、大本営にあてた真珠湾の実状況の報告電報がうたれた。

〈八日一六三一（ハワイ時間・二一〇一－一月出前）突如として真珠湾内に一大爆発起り火薬庫の爆発相次で起りたる如く赤熱物の飛散並《ならび》に火災天に冲せり　高射砲、機関銃の上空射撃は極めて迅速猛烈を極めたるが数分にして火勢全く消滅す　当時格納庫〔戦艦の弾薬庫〕の襲撃により敵主力艦の轟沈と確信祝福す〉

第十二潜水隊の指揮官は、十二月八日十六時三十一分に視認した状況、同日十八時十一分伊十六の特殊潜航艇が発信した奇襲成功の電信、ならびに米国が八日午後真珠湾においてさらに主力艦一隻が撃沈されたと発表したことから推察して、八日夜、特殊潜航艇が主力艦一隻を撃沈したことは確実であると判断した、というのである（『戦史叢書　ハワイ作戦』）。ここでは、主力艦の具体名はあげていない。

そこで、これらの状況判断にもとづいて大本営は十二月十八日にこう発表してしまった。

「特殊潜航艇をもって編成したわが特別攻撃隊が、警戒厳重を極める真珠湾内に決死的な突入をはたし、味方航空部隊の猛攻と同時に敵主力を強襲あるいは単独夜襲を強行して少なくとも戦艦アリゾナ型一隻を撃沈したほか、大なる戦果をあげて敵艦隊を震えあがらせた」

この情報は、これまでの符節の合った判断材料にもとづいてまとめあげたと思われる。新聞はこの発表をうけて「米太平洋艦隊は全滅せり」と大きな見出しをうって報じた（十二月十九日）。

大本営は、なんら確証もなく「敵主力艦の轟沈」の情報を「アリゾナ撃沈」としてしまったのである。

もう、お気づきだろう。

十二月十一日の第十二潜水隊司令からの電文を、すでに紹介した大本営発表の十二月十八日、つづいて「九軍神」を発表した翌年三月七日の新聞の記事と比較していただきたい。傍線を付した「敵主力艦の轟沈」が、「アリゾナ型戦艦の撃沈」と具体名にすりかわっているだけで、新聞記事の情景描写はほとんど第十二潜水隊司令からの電報にソックリである。

大本営でこの間どのような工作があったのか推し量るすべはないが、とにかく犠牲を強いた特殊潜航艇の九人に華をもたせて軍神として崇めるための政治的な動きがあったのは事実であろう。捕虜となった酒巻和男少尉を消してしまったのも、その一環である。

淵田が大本営海軍部の有泉中佐から、説得をうけたのは十八日の新聞発表がなされた直後の二十六日である。事後通達の意味合いでもあったのだろう。

淵田ら真珠湾奇襲部隊がハワイから帰還したのは十二月二十三日である。従って大本営海軍部が、「アリゾナ撃沈」の報を特殊潜航艇の攻撃によるものとして発表した十八日は、まだ日本へ航行中であり、彼らは報道された事実を知らない。有泉中佐が、拝謁に上京した淵田をつかまえて特殊潜航艇に手柄を譲るよう申し述べた背景には、このような事情があった。

空からの奇襲攻撃隊の隊員たちは憤懣やるかたなかった。
「伝え聞いた空中攻撃隊の搭乗員たちの胸は、穏やかでなかった。アリゾナの轟沈は、水平爆撃隊の八百瓩徹甲爆弾が火薬庫に貫通して、誘爆させたものであることは、みんな知っている」

アリゾナが、淵田が率いた水平爆撃隊・爆撃第二中隊の八百キロ徹甲弾によって撃沈された事実は動かない。加賀から発進した第二中隊が投じた二発が命中したのである。同隊長の牧秀雄大尉も、その状況を上空から戦果確認していた。

さらに、航空機搭乗員の戦死者五十五名に対する評価の低さへの不満もある。ここで、その間に裏で繰り広げられた事情を明かした淵田の記述が生きてくる。

戦後の米側資料によれば特殊潜航艇による戦果は、ほとんど確認されてはいない。

開戦の直前、一九四一年（昭和十六年）十一月二十六日、アメリカ海軍ハロルド・スターク作戦部長（海軍統帥の最高責任者）は、アジア地域で行動するアメリカ潜水艦部隊に一通の極秘の作戦命令を発している。「無制限潜水艦作戦」の行動準備命令である。以前、私がワシントンの国立公文書館で偶然にみつけた資料であった。

無制限潜水艦作戦とは、非武装の商船でも、敵国の船であれば、事前の警告なしでお構いなしに撃沈できる、という国際条約違反の戦法であった。商船の船員や船客は非戦闘員であり、もし商船を撃沈するときは、非戦闘員を安全な場所に避難させてから沈めることが国際法上の規定である。

一九三〇年のロンドン海軍軍縮条約でも潜水艦に対する武器の使用制限規定がもうけられて、無制限潜水艦作戦は禁止されていた。これは、第一次世界大戦でドイツのUボートが同作戦を実施して、多数の民間人が犠牲になった反省にたって生まれたものであった。この国際条約は、ロンドン条約の軍縮条項が失効したあとも有効とされていたのである。

アメリカは、国際条約を無視した無制限潜水艦作戦の準備命令で、「もし、日米間で戦争がはじまった場合には、極東の当該区域内では、枢軸国の船舶に対して、潜水艦と航空機に対する無制限作戦を実施すべし」とした。

その作戦命令で「戦略区域」となったのは、北緯三十度・東経百二十二度と北緯七度・東経百四十度を結ぶ範囲で、その西側と南側の部分もふくめている。つまりフィリピンを中心とする広い地域の日本の南方作戦地域である。

ここには、太平洋戦争の後半から、バシー海峡などでアメリカ潜水艦が徹底的に日本の艦船を撃滅して、日本の生命線を断った区域がふくまれている。

だが、不思議なことにこの無制限潜水艦作戦の作戦区域に、十一月二十六日の時点でハワイ方面はまったくふくまれていない。潜水艦基地をハワイにおくアメリカは、開戦前にこの地域に対して警戒していた気配がないのである。このことは、アメリカは、すでに事前に日本軍の軍事行動を警戒していたとはいえ、まさかハワイが奇襲されるとは予想していなかったことの傍証にならないだろうか。

十二月七日（ワシントン時間）、スターク海軍作戦部長は、真珠湾からの第一報をうけ、ただちに大統領の裁可を得た。奇襲攻撃の三時間後、パナマおよび太平洋方面の全指揮官に対して米海軍の戦闘指令第一号を発令した。日本に対する無制限潜水艦作戦および無制限航空作戦の発動である。

戦後、アメリカはその無制限潜水艦作戦は、日本が犯した国際法違反の真珠湾攻撃への報復措置だと説明してきた。だが、その作戦は日本のハワイ作戦のほぼ二週間前には準備されていたのである。

真珠湾攻撃について淵田は、歴史の現場に立ち会った者として自叙伝以前にも何篇かの手記を発表している。

昭和二十四年（一九四九年）十二月に、「真珠湾作戦の真相」と題して奈良の大和タイムス社から事実を淡々と客観的に記述した手記を発表している。『文藝春秋』の同年十二月号にも「太平洋空戦の総決算　海軍航空参謀の思い出」と題して日本海軍の敗因について、淵田なりのユニークな視点からの分析をしている。おそらくこれらが戦後、淵田が真珠湾について語った最初だろう。

当時は淵田がＧＨＱからよびだされて、橿原から上京していたころであり、まだＧＨＱの検閲がまかりとおっていた占領下でもある。自由に筆をふるえなかったかもしれない。したがって自叙伝で明らかにした戦艦アリゾナの戦果をめぐる海軍内部の功名争いや、昭和天皇の御前で行われた異例の佐官級による軍状奏上の秘話などの記述はない。昭和天皇への拝謁では、天皇が淵田の持参した真珠湾の航空写真を「皇后にお見せしたいから」と、その場から持ち去る場面など、皇后への気づかいが描かれ興味深い。

自叙伝で一ヵ所、武張ったなかで淵田がめずらしくはにかみつつ書いている一章がある。逗子第一国民学校初等科（神奈川県）の二年生であった善彌氏が、八歳のとき書いた作文にふれるくだりが、それである。

十二月八日、真珠湾攻撃の大本営陸海軍部発表がラジオによって全国に放送された朝に、当時の子どもの目からみた戦争の記録である。担任の教師が「戦争と子供と綴方」という懸賞に善彌氏や母親にも内緒で応募して、約二千点の作品のなかから入賞したものだった。ちなみにこの作品は、坪田譲治が監修した単行本（婦女界社から昭和十七年四月発行）に掲載された。淵田は、自分のことを「親馬鹿チャンリン」と照れている。

お父さまばんざい　　　　初二　淵田善彌

ぼくは朝六時ごろ、ねどこの中で目をさましていました。

おかあさまが先に起きて、ラジオのスイッチをおいれになりました。すると、ラジオは「大本営発表、帝国陸海軍は本八日未明、西太平洋において、アメリカ及びイギリスとせんとうじょうたいに入った」と、さかんにほうそうしています。

おかあさまは、大きな声で、

「よしやさん、早く起きなさい。戦争がはじまりましたよ。さあ、みんなでお父さまやみなさまのぶうんちょうきゅう〔武運長久〕を、神さまにおいのりいたしましょう」

と、おっしゃいました。ぼくはとび起きました。神だなには、あかあかとおとうみょうが上っていました。

　ぼくはお父さまが、りっぱなてがらをおたてになるようにいのりました。

　ラジオはまださかんに、ニュースをほうそうしています。学校へ来ますと、みんなが、「戦争がはじまったね、しっかりやろうね」とはりきっています。校長先生の戦争についてのお話がありました。

　つぎつぎとぐんかんマーチでハワイ海戦大しょうりをつたえます。ぼくはうれしくてたまりません。

　うちへかえってみると、おかあさまはラジオの前で一心に聞いていらっしゃいます。敵艦のげき沈、敵機のげきついの勇ましいニュースや、又てきはいくまんありとてもの軍歌やらで、ぼくはうれしくて思わず、

「お父さまばんざい」

と、さけびました。こんどこそは思うぞんぶんごほうこうができると、おっしゃっていらっしゃった、お父さまの元気なお顔が思い出されます。ぼくの大すきなお父さま。もっと、もっと、わるい、アメリカやイギリスをやっつけてください。

　ぼくたちじゅうご〔銃後〕のものは心をあわせて、天皇陛下に忠ぎをつくします。（原文旧かな、括弧内の漢字は解説者注）

時代と教育の一面を垣間みせる描写も確かな、小さな目がとらえた戦争である。

第三部　暗転

第一航空艦隊司令部にて。司令長官 角田覚治中将（前列中央）、
参謀長 三和義勇大佐（同左）、首席参謀 淵田中佐（同右）

マレー沖海戦

十二月十日（東京日時）、私は疲れを覚えて、少々発熱もしているので、終日〔赤城の〕私室のベッドに寝そべっていた。夜も更けた頃、源田参謀が、ノックもなしに私室に入って来て、ニコニコしている。また難題を持ち込んで来たのかと、ベッドに起き直ると、彼はマレー沖海戦の快ニュースを伝えに来て呉れたのであった。

十二月十日正午から午後三時にかけての戦闘において、仏印に配備されていた第二十二航空戦隊の一式陸攻二十七機と九六式陸攻五十九機との合計八十六機は、その雷爆撃を以て、マレー東岸クワンタン沖において、折柄日本陸軍輸送船団のコタバル上陸を阻止しようとして、シンガポールから出撃して来た英国東洋艦隊の旗艦プリンス・オブ・ウェールスとその僚艦の巡洋戦艦レパルスとを撃沈したとのニュースである。プリンス・オブ・ウェールスは魚雷五発と五百瓩《キログラム》爆弾一発との命中で沈み、レパルスもまた魚雷五発と二百五十瓩爆弾一発とでうちとられた。しかも、こちらの損害は二機だという。

「おお、やったか」

と私は狂喜した。

プリンス・オブ・ウェールスというのは、英国が誇る最新鋭の不沈戦艦であって、さきに北海で、ドイツの戦艦ビスマークを撃沈して、英国民の人気を沸き立たせていたのである。それが撃沈されたとあっては、英国民のしょげる姿が、眼に映る。

「これで日本海軍の上層部も、われわれの説く戦艦無用論が納得出来たろう」

と、私が言うと、源田参謀は、

「さあね」

と言ったきり、相槌《あいづち》を打たなかった。頭の切れる彼には、日本海軍上層部の石頭どもの頑固振りを見通していたに違いない。

その証拠を、私は戦後に見た。開戦当時、連合艦隊参謀長であった宇垣纏《まとめ》中将の「戦藻録」には次の通り記している。

「昨夜（九日）来の経過は、確に航空機の威力を確認せざるを得ず。嘗《かつ》ては「ビスマーク」を葬るに参加せる新鋭の本戦艦も案外に防禦力薄弱にして、独の復讐、江戸の讐《かたき》を長崎にて打ちたる格好となれり。戦艦無用論、航空万能論、之に依りて一層熾烈《しれつ》を加ふべし」

彼は、重ね重ね前日九日の昼夜戦において、小沢中将指揮下の高速戦艦二隻を含む遣南艦隊や、第二艦隊の水上部隊で、プリンス・オブ・ウェールスやレパルスを討ち取って呉れなかったことを、遺憾だと悔んでいる。

また、十二月十六日の日誌には、「本日を以て大和竣工、艦籍に入り第一戦隊に編入せらる。大威力を加へたるを喜ぶ」と誌《しる》している。

そして翌十七日夕刻には、南雲機動部隊から真珠湾奇襲の戦果詳報が届いた。これを見た宇垣参謀長は次のように感想を誌している。

「天佑神助、誠に素晴らしき戦果慶祝至極、五五三比率は大和の編入と共に全く反対となれり。条約にして成らず力を以て仇《かたき》を報ず。今ぞ思ひ知れ。辛苦二十年の実《み》は正《まさ》に結ばれたり。先輩諸士の苦心努力に対し敬意を表す。さり乍《なが》ら布哇《ハワイ》に於ける第一撃は彼の心魂に徹したる恨《うらみ》なるべし。航空母艦なり、優勢なる航空兵力なり、此の復讐を期して如何なる手を用ふるやも計られず、我としても油断些《いさ》さかも有るべからず」

私は、この後段の所見を見て、宇垣参謀長、まことによく分って下さいましたと、言おうとしたら、雀百まで踊り忘れぬと見えて、十二月二十六日の日誌に、次のような記事があって、少しも分っていないのであった。

「昨日猪口《いのぐち》砲校教頭より祝詞の後、馬来《マレー》沖海戦に、我が巨砲の成果を見るは此の時と大いに期待し居たるに、又しても飛行機に功を譲り、髀肉の歎ありとの通信あり。尤《もっと》もなる次第なるも戦ひは永し。色々の情況は今後も起るべし。主力艦の巨砲大に物を云ふことありと知らずや」

まことに度し難き大艦巨砲主義である。顧みて、太平洋戦争中、戦艦の巨砲、大いに物を云うたことがあるか。因《ちな》みに、猪口砲校教頭とは、大艦巨砲の大本山、海軍砲術学校の教頭であった猪口敏平《としひら》大佐で、後に大艦巨砲の戦艦武蔵の艦長に補せられ、レイテ海戦の砌《みぎり》、ハルゼー機動艦隊の艦上機群にたかられて、フィリッピンのスリガオ水道で、艦と運命をともにしている。

このように、大艦巨砲主義の宇垣参謀長を戴いて、航空威力躍進による作戦様相の変革に即応し得なかったところに、すでに緒戦において、太平洋戦争の失われる端緒を包蔵していたのである。

アメリカ太平洋艦隊の主力戦艦八隻は、南雲機動部隊の空母六隻から発進した艦上機群三百六十機の攻撃によって、あえなくも潰《つい》えた。戦艦はもはや航空威力の前には、沈むだけの存在でしかないことを実戦で実証したのであった。

しかし、しぶとい戦艦論者は、まだ言い張った。あれは碇泊中の艦隊で、しかも油断していたからだと。すると、その舌の根もかわかぬうちに、マレー沖海戦が起った。そしてイギリス海軍の誇る新鋭戦艦プリンス・オブ・ウェールスと巡洋戦艦レパルスとを、その航行中の戦闘で撃沈したのである。これを撃沈したのは、仏印基地から発進した第二十二航空戦隊の九六式陸攻五十九機と一式陸攻二十七機との合計八十六機の陸上攻撃機群であった。

ハワイとマレー沖との戦訓は、いち早くアメリカ海軍を目覚めさせて、空母主力の大機動艦隊創建へと、アメリカ海軍の建て直しにとりかからせた。しかし日本海軍は、ハワイとマレー沖との戦訓に目覚めるどころか、却《かえ》って航空威力に反目し、依然として戦艦主力の艦隊決戦の夢を追うていた。

その証拠には、南雲機動部隊がハワイ作戦から帰還すると、中央当局は、この部隊の強化を図るどころか、この世界最強の機動艦隊のぶちこわしにかかったのであった。即ち、空母搭乗員の約二割を引き抜いて、これを練習航空隊の教官教員にまわし、大量の新搭乗員の急速養成に当らせるというのであった。もとより大量の新搭乗員の急速養成は喫緊《きっきん》の要務であった。しかし南雲機動部隊の空母搭乗員に手をつけてはならないのであった。この空母搭乗員は、個々の技倆だけでなく、飛行機隊としての上下の心的結合といい、僚隊相互のすり合わせといい、ともに当時、世界の選手権を握るほどの神技に達していた。この全飛行機隊が打って一丸となっている腕っ節《ぷし》の強さこそ、南雲機動部隊が、世界最強の機動部隊と評された所以であるのに、いまこの搭乗員の組合せをほどいては、また半年の訓練を必要とする。いま戦いが始まったばかりだのに、中央当局は、なにを勘違いしているのであろうかと、私は怒りさえ覚えたのであった。

中央当局が機動艦隊主力論に徹していたら、練習航空隊の教官、教員のソースは、別のところから捻《ひね》り出せるのであった。中央当局が、空母搭乗員を解いていたとき同時に、連合艦隊司令部は、軍隊区分による南雲機動部隊を解いて、二つに分けた。即ち、原〔忠一《ちゆういち》〕少将の率いる第五航空戦隊（翔鶴、瑞鶴）を機動部隊から分離して、これを東正面に残し、南雲中将の機動部隊は第一航空戦隊（赤城、加賀）と第二航空戦隊（蒼龍、飛龍）との空母四隻を以て、南方作戦に協力せしむるというのであった。私はただあきれるばかりであった。

この六隻の空母を解いてはならないのである。一体、連合艦隊司令部では、日本海軍の主敵は誰だと考えているのであろうか。アメリカ海軍ではないのか。それなら南雲機動部隊を分割するどころか、いよいよこれを充実させて、空母六隻を集結のまま、東正面に備えなければならないのではないか。

東正面において、アメリカ艦隊を撃滅すれば、南方作戦なんて、機動部隊を用いなくたって、熟柿の落ちるように片付くのではないかと私は見ていた。

南雲機動部隊が内地に帰還したとき、この世界最強の機動艦隊を、中央当局と連合艦隊司令部とで、これを解いて弱体化した措置こそ、太平洋戦争が失われる第一歩を踏み出したものと私は見る。

日本海軍はアップ・ツー・デートの機動艦隊の編制に先鞭をつけておきながら、これをぶちこわし、逆にアメリカ海軍は、日本海軍の後塵を拝しながら、一大機動艦隊の創建を着々と急いでいた。まさに皮肉であった。結局、真珠湾の戦果を拡張したものはアメリカ海軍であって、日本海軍ではなかった。

大本営が策定した大東亜戦争緒戦の主作戦は、南方作戦であった。南方作戦の主目的は、戦略資源の獲得であった。戦略資源に乏しい日本の戦争遂行のために、これはどうしても必要とせられたのである。

その南方作戦遂行中、アメリカ太平洋艦隊の邪魔が入らないように真珠湾空襲がなされたのであった。大本営も連合艦隊司令部も、真珠湾の戦果に充分満足し、これで南方作戦中、アメリカ太平洋艦隊への不安は除かれたと見て、第一段作戦と称した南方作戦に専念したのであった。そして南雲機動部隊の空母四隻を南方作戦に転用した次第である。

先ず手始めは、ラバウル攻略作戦の支援であった。一九四二年（昭和十七年）一月二十三日、南雲中将直率の第一航空戦隊（赤城、加賀）は、ニューアイルランド北東海面に進出して、ラバウル及びカビエンを空襲し、原少将の率いる第五航空戦隊（翔鶴、瑞鶴）は、ビスマーク海湾に別動して、ラエ及びサラモアを空襲した。各方面ともに、敵航空兵力の撃滅を狙ったのであるが、いずこも敵は有力な航空兵力を配備していなかった。

私はラバウル空襲を指揮した。率いて行ったのは、戦爆連合九十機であった。ラバウル上空に達してみると、第一飛行場では、二機の飛行機が砂塵をあげて離陸遁走中であった。これは制空隊の零戦数機が追かけて、簡単に片付けてしまった。もうあと地上にも上空にも敵機の姿はない。第二飛行場は大地だけであった。

私は、抱いている爆弾をどこへ落したものかと困った。そこらあたりの施設などを爆撃して、やたらと壊したのではマイナスである。どうせ明日あたりには、こちらの上陸部隊が占領して役立てることとである。さりとて民家などを爆撃したのでは、恨まれて、あとの宣撫工作の邪魔になる。さりとてまた、爆弾を抱いたまま帰艦したのでは、着艦の前に海に捨てなければ、爆弾を抱いたままの着艦は、偶発事故を惹き起す危険がある。

私は全く弱って、さて何か目標はないものかと、物色して廻った。すると、ラバウル湾内に錨泊していた輸送船が一隻、スクリューが動いているところをみると、遁走を企だてているようである。私は、随伴している降下爆撃隊に合図した。すぐに三機がダイブに入った。輸送船に爆煙が上がると見るうちに、輸送船は沈没を免がれるために海岸に向って座礁した。

私は、もう他になにかないかと見まわしていると、ラバウル湾の入口に活火山があって、その麓に六吋《インチ》程度の一群の平射砲台をみつけた。こいつは、こちらの上陸部隊の邪魔になると見たので、私の直率する水平爆撃隊三十六機の八百瓩陸用爆弾全部を叩き込んだ。

赤城に帰艦すると、航続中隊長の布留川大尉が、私に言った。

「隊長、あの平射砲台に爆弾が炸裂したとき、活火山の噴煙が一きわ濃く吹き出したのを御存じでしたか」

「まさか」
と、みんなで大笑いしたのだが、こんな爆弾を落す目標に苦労するような作戦に、日本海軍艦隊決戦の主力である空母群を投入していていいのかしらと、私は連合艦隊司令部の気が知れなかった。鶏を割《さ》くに牛刀を用いるとは、このことである。ありあまる兵力でもないのに、こんな贅沢な使い方をしながら道草を食っていて、いいのかしら。私の尊敬する山本大将ではあったが、山本五十六凡将論が私の胸に出始めたのであった。

ツリンコマリ空襲

南雲機動部隊は北上して、四月九日、セイロン島東岸の英海軍要港ツリンコマリを空襲した。空中攻撃隊の編制は、コロンボのときと同じであった。私は第一波百八十機を率いて、例によって日出三十分前に発進した。天候は快晴であった。

ツリンコマリ港内には軽巡二隻、駆逐艦数隻、輸送船約十隻が在泊していた。飛行場には約二十機の艦上機が、格納庫前のエプロンにならべてあった。レーダーを備えていたと見えて、私たちのツリンコマリ進入に先だち、早くもハリケーン〔英空軍戦闘機〕が邀撃《ようげき》して来た。敵の対空砲火も迅速に開かれた。

しかし、こちらの戦果は甚大であった。制空隊は瞬くまに在空の敵機を掃蕩《そうとう》したあと、飛行場に殺到して所在の飛行機を銃撃炎上させた。降下爆撃隊は、港内の艦船を一掃した。私の直率する水平爆撃隊は、この日、八百瓩陸用爆弾を搭載して行ったので、海軍工廠地帯などの陸上施設に爆撃を集中した。そのうち、火薬庫が誘爆したと見えて、ポンポンポンと爆発をつづけるのは、花火を見るように壮観であった。

かくて私は、ツリンコマリ要港の所在兵力と施設とを潰滅したと見たので、制空隊を収容して、帰投針路につくと、またしても、わが偵察機から敵発見の報告を受けた。

「敵空母一、駆逐艦一、南下中」

私は帰投を急いだ。赤城に着艦すると、源田参謀が作戦室から出て来て、

「いま、江草の第二波降下爆撃隊が出かけて行った。上空直衛戦闘機は全部上げてある。それから貴様にもう一度出てもらうよ」

「よし来た。こんどは雷撃だな」

突如、

「対空戦闘」

の号令がかかったと同時に、ドドドドーンと底力のある爆音がした。見ると赤城の艦首を挟んで右舷に四発、左舷に二発のまっ白い水柱が上がった。敵機の爆撃であった。危ぶなかったなあと、私も源田も空を見上げた。敵重爆撃機六機編隊の来襲であった。高度は四千米、英空軍のウエリントンであった。

こちらの上空直衛戦闘機隊が追いかけてくっついた。まもなく敵の一機が火をふいて墜ちてゆく。つづいてまた一機が黒煙につつまれた。もうあとの戦闘は、赤城からは見えなくなった。しかし、こちらの上空直衛戦闘機隊は、逃げる敵重爆を執拗に追って、全機を撃墜したのであるが、上空直衛戦闘機隊指揮官の飛龍分隊長能野《のうの》澄夫大尉は帰らなかった。

一方、敵空母に触接中の偵察機は、敵空母は、ハーミスと報告して来た。そして駆逐艦一隻を随伴するほか、附近に大型商船一隻ありと報じた。このとき、赤城の敵信班は、ハーミスの電話をキャッチした。

「ハリケーン出発せしや、ハリケーン出発せしや」

と、しきりにツリンコマリ基地を呼んでいるという。どうやらハリケーンの急派を要求しているらしいのだが、そのハリケーンは、すでに第一波の攻撃で潰滅していたのであった。

やがて例の通り、江草隊長の簡潔明快な無電が入って来た。

「突撃準備隊形作れ」

いよいよ降下爆撃隊がハーミスを認めたようである。つづいて、

「全軍突撃せよ」

赤城の敵信班は、ハーミスのわめき立てる電話が止んだと報じた。するとまもなく、江草隊長の無電が入る。

「ハーミス左に傾斜」

「ハーミス沈没」

艦橋でワーッと歓声があがる。

「残り駆逐艦をやれ」

「駆逐艦沈没」

「残り北の大型商船をやれ」

「大型商船沈没」

まことに、胸のすくような戦況であって、僅か二十分であった。そして手持ちの駒は、まだ余っている気振《けぶり》さえ見せている。

南雲長官は、ツリンコマリ空襲を以て、印度洋作戦は終ったとした。連合艦隊司令部も同意して、南雲機動部隊に内地帰還を命じて来た。

南雲機動部隊は、内地帰還の途についた。マラッカ海峡を通って、南支那海を北上した。そこで、原少将の率いる第五航空戦隊を分離して、再び東正面の配備に復帰せしめた。

私は夕刻、飛行甲板の折椅子で涼をとっていた。南十字星が地平線に低く輝いている。あの星とも明晩あたりでお別かれだ。私は開戦以来の南雲機動部隊四ヶ月の足どりを回想した。

南雲機動部隊の足跡は、東はハワイから、西はセイロン〔現スリランカ〕まで、寒風狂瀾の北から、無風炎熱の南まで、航程五万浬《カイリ》、挙げた戦果は甚大であった。士気はいよいよ旺盛に、技は熟して入神《にゅうしん》に近い。

しかし私は、日本海軍の主兵である南雲機動部隊に、こんな道草を食わせていていいのかとの気を持ちつづけさせる。大本営や連合艦隊司令部では、南雲機動部隊が真珠湾から帰ったとき、手が空いたと思ったらしいのである。そこで遊ばせておくのも勿体ないから、南方作戦に使ったという恰好である。使ってみると重宝なものだから、次から次へと第二義的作戦に従事せしめた。

しかし私は信ずる。第一義的作戦は東正面である。南雲機動部隊の手なんか空いていなかった。猫の手でも借りたいほどである。わが主敵は東にいる。東正面のアメリカ海軍をほったらかしといて、これはまたなんという贅沢な道草であったろう。

この戦争に勝つためには、やっぱり私の説きつづける通りに、第一、第二艦隊などという日本海海戦の亡霊を解消して、南雲機動部隊を基幹とする一大機動艦隊を編成し、山本大将陣頭に立って、東正面に雄渾《ゆうこん》な大機動作戦を展開していたとしたら、圧倒的優勢を以て、敵空母機動部隊との会戦の機会は必然であったろうにと、ああ道草の四ヶ月の時の流れが惜しい。

柱島艦隊

一九四一年（昭和十六年）十二月八日の開戦に始まって、南方作戦完了までの約四ヶ月間を連合艦隊では第一段作戦と呼称していた。しかし、この第一段作戦中、連合艦隊司令長官山本五十六大将はなにをしていたか。

真珠湾奇襲を着想し、この作戦構想を連合艦隊に採用し、もろもろの反対を押し切って作戦を強行し、遂にこの作戦の成功を収むるに至った山本五十六大将は、名将の名をほしいままにし、神将とまで謳われた。霞ヶ浦航空教頭に始まって、空母赤城艦長、第一航空戦隊司令官、海軍航空本部長を歴任して来た山本大将は、海軍航空育ての親として仰がれた。そしてまさしく航空威力を最もよく理解していた提督であった。その山本大将にして、第一段作戦中なにをしていたかに問題がある。

一九四一年（昭和十六年）十二月十六日、マンモス戦艦大和は就役して連合艦隊第一戦隊に編入された。第一戦隊は山本連合艦隊司令長官の直率するところであった。山本長官は、早速、大和を連合艦隊旗艦として、将旗を長門から移揚した。先《ま》ず、そこまではよかった。なるほど、大和は日本連合艦隊旗艦としてふさわしい。世界七つの海広しと雖も、そのマンモス振りにおいて、まさに浮べるたった一つのものであった。

けれども、あとがいけなかった。山本長官は、大和に座乗して、戦艦群を率い、依然、これを主力部隊と呼称して、広島湾の柱島《はしらじま》錨地《びょうち》に蟠踞《ばんきょ》して動かず、第一段作戦中、遊兵として始終した。

私たち空母のパイロットは、口さがないから、これを柱島艦隊と呼んでいた。蔑称である。その柱島艦隊の戦艦群が、広島湾で主砲の射撃訓練に明け暮れていると聞こえて来たときは、みんなどっと笑い崩れた。誰に向って主砲を打つ気だろうと思うからである。アメリカ太平洋艦隊の主力と目されていた戦艦群は、真珠湾に撃沈されて、相手がいなくなっているのに、その相手が起き直ってくるのを待っててやるみたいな姿勢に、みんな笑い崩れたのであった。

アメリカ太平洋艦隊の戦艦群は、真珠湾に撃沈されて動けないから、作戦に寄与するところはなかった。日本連合艦隊の戦艦群は、健在であったが、柱島錨地にあって動かなかった。沈んでいたか、浮いていたか、動けなかったか、動かなかったか、の相違はあるが、作戦に寄与しなかった点では、両者は同じであった。これを遊兵と呼ぶのである。遊兵こそは古来、兵の最も戒しむるところであった。

長駆、真珠湾を叩こうというほどの雄渾な作戦構想のイニシアチブをとった山本大将ではなかったか。それならばなぜ、山本長官は旗艦大和に座乗のまま、南雲機動部隊の空母六隻を基幹とし、戦艦群全力をもって、その護衛に当らせる一大機動艦隊を率いて、太平洋に打って出て、アメリカの軍備がまだ最低で震えているときに乗じて、速戦即決、ハワイはもとより、アメリカ本土の西海岸を叩きまわって、アメリカ国民の戦意を喪失せしむるほどの、更に雄渾な作戦構想が湧いて来なかったものであろうか。当時、私にはそれが不思議でならなかった。

第一段作戦中、日本は毎日勝った勝ったのニュースであった。やがてシンガポールが陥落したとき、第一回戦勝祝賀とあって、旗行列であった。これを開戦百日の栄光と呼んでいるのもいる。そして、日本国民を有頂天にした。そして前線の将兵ともろともに、銃後の国民も一緒になって、驕慢《きょうまん》に導かれた。驕《おご》る平家久しからず、ああ危ないかな日本よ。

日本で勝った勝ったのニュースがつづくときは、必然、アメリカでは負けた負けたのニュースがつづく。アメリカ国民は腐って、つぶやきが起る。俺たちの方だって一度ぐらい勝ったとのニュースがあってもいいいんだがね。

事実、アメリカ側では真珠湾の惨敗以来、太平洋戦線のいたるところで、連戦連敗の暗い日がつづいていた。アメリカ政府は躍起となって、天文学的数字の厖大《ぼうだい》な軍備増強計画を示して、国民を鼓舞激励するのだけれど、それが実現するのは、まだ二年先の話である。当面は、昨日も負けた、今日も負けた、明日もまた負けたであろう。このままに推移すれば、アメリカ国民の士気は破綻してしまうおそれがあった。

こうしたとき、アメリカ陸軍航空中佐にジェームス・ドゥーリトルというのがいて、一策を陸軍首脳に進言した。

「いかがでしょう、日本の帝都東京を空襲しては」

アメリカ軍首脳としては、日本の帝都東京空襲とは願わしいことである。よしやそれが、神経戦的であっても、アメリカ国民の士気を鼓舞する。けれども、アメリカの現有戦力で、どうしてそれが可能であろうか。

東京を空襲するとすれば、当然空母の搭載機でなくてはならない。当時アメリカ海軍が、太平洋方面で用い得る空母は、レキシントン、エンタープライズ、ヨークタウンの三隻でしかなかった。

しかし、これらの空母の搭載機で東京を空襲するとなると、日本の沿岸三百浬まで近接しなければならない。すると必然、日本沿岸配備の攻撃機群の来襲を予期せねばならないから、空母は撃沈されるおそれがある。そこでアメリカ海軍当局は、そんな危険は冒せないと二の足を踏んでいた。

ところがドゥーリトル中佐の建策は、その海軍の空母から陸軍の中型爆撃機を発進させようというのである。そうすれば、日本の沿岸攻撃機群の足のとどかない五百浬沖から発進して、東京を空襲することが出来る。勿論、空襲後、空母に帰投して着艦収容などは出来ないから、そのまま支那大陸に飛び去って、蔣介石空軍の基地で燃料補給を受け、更に西に飛んでスペインでもう一度燃料補給の上、大西洋を飛び越えて、アメリカ本土に帰るという、まことに世界一周の片道攻撃という雄渾な構想であった。

この作戦構想は、アメリカ軍首脳部の容るるところとなって、計画準備の一切は、ドゥーリトル中佐に任せられた。

アメリカ海軍は、この作戦のために用いる空母をホーネットと定め、大西洋方面に配備してあったホーネットを、パナマ運河を通って太平洋に回航せしめ、サンフランシスコのアラメダ軍港で入渠《にゅうきょ》して、遠征の準備を完成せしめた。

ドゥーリトル中佐は、このホーネットから発進する中型陸上攻撃機を、B25ノース・アメリカン十六機と決め、その搭乗員を募集した。しかしそのときはまだ、東京空襲という目的は秘せられていて、ただ単に特別任務につく決死隊とだけの発表であった。そしてこの決死隊員は全部志願者だけを採用した。

一九四二年（昭和十七年）二月下旬からドゥーリトル中佐は、これらの決死隊員の訓練を、フロリダ州のイグリン基地で実施した。B25爆撃機を用いて、最短滑走距離の離陸と、超低空爆撃の訓練とであった。

一九四二年（昭和十七年）四月一日（アメリカ日時）、ドゥーリトル麾下《きか》の搭乗員八十名と予備搭乗員及び整備員を加えた百六十名は、イグリン基地からサンフランシスコに移動を命ぜられて、サンフランシスコ在泊中のホーネットに乗り組んだ。そのとき、彼らの搭乗機B25爆撃機十六機は、すでにホーネットの飛行甲板に搭載されていた。

翌四月二日午前十時（サンフランシスコ日時）、ホーネットは、ウィリアム・ハルゼー中将に率いられてサンフランシスコを出港した。港外で重巡ビンセンスと軽巡ナッシュビルと、ほかに若干の駆逐艦とを合同して、西に向った。距岸十浬に達したころ、ハルゼー提督は、全部隊に対し、われわれの目的は、東京空襲と発表した。

この発表で、ドゥーリトル爆撃隊員も、ホーネットの乗員も、また全部隊が湧いた。

人間たちのやることとは、みんなその軌を一にする。昔、明智光秀が、敵は本能寺とやって以来、人間たちは、なんべんこれを繰り返すことか。過ぐる昨年の十一月二十三日、南雲機動部隊が、単冠湾《ひとかつぷ》に勢揃えしたとき、われわれの目的は真珠湾空襲と発表したので、全艦隊はやんやの喝采であった。

ハワイを過ぎるとき、空母エンタープライズと巡洋艦、駆逐艦の若干が合同した。エンタープライズは、索敵及び対空警戒の任務であった。かくてホーネットを旗艦とするハルゼー中将の率いる東京空襲機動部隊は、総勢十六隻となった。空母はホーネットとエンタープライズとの二隻、重巡はノーザムトン、ソートレークシティ、ビンセンスの三隻、軽巡はナッシュビルの一隻、そして駆逐艦八隻と給油船二隻とであった。西に進む。

やがて四月十八日（土）、夜が明けると、日本漁船群を発見した。日本本土の東方七百浬であった。これは日本海軍が用いた漁船哨戒隊であった。軽巡ナッシュビルは、この漁船群を砲撃した。しかし漁船哨戒隊の第二十三日東丸は、撃沈される前に、敵機動部隊発見の警報を発したのであった。

この警報によって、東正面の日本基地航空部隊は、敵機動部隊の来襲を待ち構えたのだが、更に三百浬圏内まで近接するものと予想した。

けれどもハルゼー中将は、日本の漁船群に発見せられたので、東京爆撃の出発時刻を早めることにした。当初の計画では、日本本土の東方五百浬で発進して、東京を夜間に空襲する予定であったが、いまや発進時刻が十時間早められて、日本本土の東方六百五十浬で発進して、東京を昼間に空襲することに変更せられた。ホーネットでは、

「陸軍機発進配置につけ」

との号令が拡声器から流れた。

先頭の一番機ドゥーリトル中佐の指揮官機が始動した。指揮官機の艦上滑走距離は、僅かに四百五十呎《フィート》（百三十五米《メートル》）しかない。イグリン基地で練習した最短滑走距離は七百呎（二百十米）であった。

ホーネットは風に立って、全速力で走る。艦首は波をかぶり、しぶきが飛行甲板に舞い上がる。飛行甲板では、人を吹き飛ばさんばかりの風速であった。

ドゥーリトル指揮官機は、車輪止めをしたまま、発動機を全速回転にした。飛行機は飛びあがらんとして、たけり狂う荒馬のようだ。クイック・レリーズで車輪止めが外れる。飛行機はツーッと艦首の方に走った。そして甲板の前方が下降したとき、機はふんわりと空中に舞い上がった。たちまちあがる歓声であった。見つめていたすべての人は、ホッとしたのである。つづいて二番機が、三番機が、そして四番機が……。こうして十六機は発進した。

彼らは、五百ポンド爆弾三発と、若干の焼夷弾とを搭載していた。そして十三機は東京を、二機は名古屋を、残り一機は神戸を爆撃した。日本基地航空部隊は、時間的に虚を衝かれて、一機も撃墜するに至らなかった。

ドゥーリトル爆撃隊は、空襲のあと、支那大陸に飛び去った。中継基地は蔣介石空軍の溧水《りすい》飛行場であった。けれども彼らの出発が早められたので、発進地点から溧水までは、二千二百浬もあって、航続力は一杯であった。それで爆撃隊は発進後、待ち合わせる時間を節約して、編隊を組むことなく、各機はそれぞれ単独で行動した。

かてて加えて支那大陸は、悪天候であった。従って溧水に到達したものは一機もいなかった。みんな燃料不足で、中国の各地に不時着して大破してしまった。ただ一機だけ、どうしたことか、シベリア沿海州に不時着したのがいた。その後、この不時着機の引き渡しについて、米ソ間に悶着を起したという。

　日本本土の防空は、海軍の策源地を除いて、すべて陸軍の担任であった。東部軍司令部は、四月十八日午後二時、左の通り発表した。

「午後零時三十分ごろ、敵機北西方より京浜地方に来襲せるも、我が空地部隊の反撃を受け、逐次退散中なり。現在までに判明せる敵機撃墜数は九機にして、我が方の損害は軽微なる模様。皇室は安泰に亘《わた》らせらる」

　しかし、この戦果発表は、どこで間違ったのか知らないが、九機撃墜は法螺《ほら》で、撃墜された敵機は一機もなかった。それを国民は知っていた。そして、

「撃墜したのは九機でなくて、くうきだろう」

などと、野次っていた。しかし、我が方の損害については発表通りで、蚊に食われたほどでもなかったらしい。当時、陸軍報道部が、被害発表に当って、

「東京空襲の指揮官の名は、ドゥ・リトルと言うとるが、実際は、ドゥ・ナッシングであった」

とジョークをぶった。私はこれを伝え聞いて、このジョーキング、陸軍にしては上出来だと思った。

　ところが、この双発の陸上爆撃機がどこから発進して来たのかが問題であった。日本ではまだ誰も空母から発進したとは考え及ばぬことであり、しかもミッドウェーやアリューシャンからでは航続力が及ばない。

私がこの東京空襲を知ったのは、印度洋作戦からの帰途、フィリッピンと台湾との中間の東支那海を通っていたときであった。この日早朝、南雲機動部隊は、第二十三日東丸の警報によって、日本本土の東方七百浬附近に、空母二隻を基幹とする敵機動艦隊が、本土に向って近接中であることを知った。そこで好敵御座んなれとばかり、これを撃滅するため、東に向って全速力で駆け出した。しかし会敵するまで二千浬以上もあるのであった。かくて走っている最中、午後になって、東京が空襲されたとの報が入った。敵機は少数の双発陸上攻撃機だという。私は首をかしげて、この陸上攻撃機、どこからやって来やがったのだろうかと思った。

翌日、赤城の敵信班はアメリカのラジオをキャッチして、ルーズベルト大統領が、東京爆撃隊はシャングリラから発進したと放送しているという。私は太平洋にシャングリラなんて島はなかったと思うのだけれど、私は生来、馬鹿正直なたちでもあるので、太平洋の海図をひろげて、丹念にさがしてみたが、もとよりあろう筈がない。

後日知ったことだが、シャングリラというのは、作家ヒルトンの大衆小説「失われた地平線」の中に出てくる神秘なチベット奥地の都の名である。この小説は映画化されて、アメリカ国民の人気を呼んだところから、ルーズベルト大統領は、東京爆撃隊はシャングリラから発進したなどとジョーキングして、アメリカ国民を喜こばせたが、私は一杯食わされたのであった。

三日目であった。支那本土に不時着した東京爆撃隊の搭乗員で、我が方に捕えられたのが出た。それらを訊問した結果、彼らは空母ホーネットから発進したことが判った。

この報に接したとき、私は、陸上機を空母から発進させるなどと、われわれの意表に出て、東京を空襲した指揮官ドゥーリトル中佐を高く評価した。まことに敵ながらあっぱれだと思ったのである。

アメリカ側も、もとより、この東京空襲を高く評価した。戦後のモリソン博士著「太平洋の旭日」には、開戦以来、東京が爆撃されたという報道ほどアメリカ国民に大きな満足を与えたものはなかったと言っている。ドゥーリトル中佐の指揮下に、東京爆撃に加わったテッド・ロウソン大尉は、帰国後「東京上空三十秒」と題する本を著わした。この本は、よく読まれてベストセラーとなり、映画化されて大評判であったという。

こうして、ドゥーリトル東京爆撃隊十六機の搭乗員八十名の中で、ソ連領に不時着した一機の五名と、支那大陸に不時着して日本側の捕虜となった二機の八名（あとの二名は不時着のとき死亡）を除き、爾余の十三機六十四名（一名不時着のとき死亡）は、重慶政府に迎えられ、英雄としてアメリカ本国に送還された。やがてドゥーリトル中佐は、二階級進級して准将に昇進した。

ミッドウェー作戦の構想

ドゥーリトルの東京空襲は、当初から神経戦的なもので、実害を予期しているのではなかった。従って実際の被害も、蚊に食われたほどでもなかったのだが、これが図らずも戦略的に変な方向に尾を曳《ひ》いたのであった。

それはいたく山本大将の矜持《きょうじ》を傷つけたのであった。山本大将は、自分が連合艦隊司令長官である限り、天皇のいます東京には絶対に空襲を蒙《こうむ》らせないとの矜持を持っていた。その矜持がいま片道攻撃といったような外道《げどう》によって、傷つけられたのであった。そこで山本大将は、再びこのような片道攻撃などによる東京空襲が反覆されないために、ミッドウェーとアリューシャンのアッツ、キスカとを占領して、これらを基地とする航空日施哨戒によって、敵企図の発見捕捉に備えようと決意した。しかしこれは、私に言わせれば、航空素人の考え方であって、航空日施哨戒などと言っても、気象状況もあり、そんなに確算のあるものでなかった。

もっとも今日でも、山本大将はそうでなかったとの反論もある。しかし私の見るところ、そうでなかったの反論よりも、そうであった方が、爾後の経過の筋が通るのである。

そのころ大本営では、第二段作戦として、米豪遮断作戦を構想していた。この作戦構想は、フィジー、サモア、ニューカレドニアを占領確保して、米豪を遮断し、豪州をひあがらせてしまおうというのである。私は、この方が第二段作戦として、ミッドウェー、アッツ、キスカの攻略よりも本筋と見ていた。しかし、この作戦を成功させる鍵は、マッカーサーが落ち延びて作戦準備中と見られるシドニーからキャンベラに亘る一帯の航空兵力を撃滅することである。これは相当に手《て》強《ごわ》いと予想されるので、これに一泡吹かせるために、私はもう勇み足であった。

ところでハワイ作戦の成功で、一段と重きを加えた山本大将の作戦構想に、軍令部は押し切られて、米豪遮断作戦はあとまわしにして、ミッドウェー作戦に同意した。かくてミッドウェー作戦は、ミッドウェーを叩くことによって、真珠湾に残存のアメリカ太平洋艦隊の空母三隻を基幹とする機動部隊を誘い出してこれを撃滅しようとの意図もあって、連合艦隊の決戦兵力の全力を繰り出すことになった。

南雲機動部隊が、東京空襲のハルゼー機動部隊の追撃をあきらめて、四月二十二日に広島湾に入泊した。そして四月二十八日から二日間に亘り、第一段作戦の研究会が、旗艦大和で開かれた。その席上で、第二航空戦隊司令官山口多聞少将は、第一段作戦中の体験から、空母群を基幹とする機動艦隊こそ艦隊の決戦主力であると前提し、だから速やかに、現編制の戦艦部隊を基幹とする第一艦隊を主力部隊とし、巡洋艦部隊を基幹とする第二艦隊を前進部隊とする艦隊決戦方式を更《あらた》めて、空母群を基幹として、戦艦群、巡洋艦群、駆逐艦群を、その護衛警戒に配分して、第一、第二、第三艦隊と新しく呼称する三個の機動艦隊を編制すべきであると説いた。

これには私も、わが意を得たりと、思わず手を叩いたので、艦隊の研究会で拍手する奴があるかとばかり、司会していた宇垣参謀長に睨《にら》まれた。

当時、日本海軍はぼつぼつながら、小型旧式の鳳翔を別にして、正規空母として、赤城、加賀、蒼龍、飛龍、翔鶴、瑞鶴、龍驤《りゆうじよう》の七隻を保有し、特設空母〔改装型の空母〕としては、瑞《ずい》鳳《ほう》、翔鳳、大鷹《たいよう》の三隻があった。当時はまだ、建造中のマンモス戦艦を、正規空母として、大鳳や信濃に改造する動きはなかったけれど、大型商船を特設空母に改装して、隼鷹《じゆんよう》、飛鷹、冲鷹、龍鳳の四隻を、十七年中に就役させる予定で、工事を急がせていた。

特設空母と言っても、浮かべる飛行場であって、空母自体が戦闘するのでなく、そこから飛び立つ飛行機隊が艦隊の決戦主力なのである。従って、防禦における空母の脆弱《ぜいじやく》性は、これを取り巻く戦艦群や巡洋艦群が挺身して守るのである。

かく観ずれば、当時日本海軍において、空母を基幹とする三個の機動艦隊を編制するのに事欠かなかったのである。しかし、いつの世にも保守はスローモーである。こんどのミッドウェー作戦には採用せられなかった。

また空母の脆弱性は、無線兵装にあった。空母の背中は、飛行甲板である。その周辺に高い無線マストなどは禁物である。かくも空母の無線機能は貧弱だから、南雲機動部隊のように、赤城を旗艦とする場合、最高指揮官の指揮中枢としては不充分であった。

この点に不安を抱いた南雲部隊の草鹿参謀長は、ミッドウェーに出撃する前に、連合艦隊司令部を訪ね、宇垣参謀長に申し入れたことは、

「赤城は空母の特性として、無線兵装が貧弱だから、敵信傍受は大和のようにはゆかない。従って大和でキャッチした敵信情報で、敵機動部隊の動静諜知《ちょうち》となるものは、即刻赤城に知らせて貰いたい」

しかし、これは無理な相談であった。海戦では無線電波の輻射が封ぜられるからである。ここにおいて問題は、艦隊の最高指揮官である山本大将が、大和に座乗のまま、南雲機動部隊の陣頭に立って、これを指揮することなのである。これは当時における私の持論であった。しかし日本海軍は、私の持論を採用しなかったが、太平洋戦争中期以後のアメリカ機動艦隊は、その通り実行した。第三艦隊のハルゼー長官といい、第五艦隊のスプルアンス長官といい、みんな戦艦に座乗して、空母群を基幹とする機動艦隊の指揮を執ったのである。

しかるところ、ミッドウェー作戦における部隊編制は、旧態のままの戦列で、山本大将は旗艦大和に座乗して、直率の戦艦部隊を依然として主力部隊と呼び、全兵力の後方三百浬にあって、全作戦を支援すると誇称した。しかし、爾後の作戦経過から見て、山本大将の直率する主力部隊と称する戦艦部隊が、全作戦の支援に任じたか、どうか。この辺に、私の山本大将に対する第二の凡将論が湧くのである。

解説――山本五十六は名将か凡将か

人間の運命とはまことにはかりがたいものである。

昭和十七年（一九四二年）四月十八日、ドゥーリトル爆撃隊による東京空襲は、その後の日本の戦局を、そして淵田の運命をも左右する衝撃的な事件となった。

淵田自身、自叙伝のなかではまだふれていないが、ノース・アメリカンB25爆撃機の十六番機の搭乗員のなかに、ジェイコブ・ディシェイザーという三十歳の爆撃手がいた。戦後、淵田の運命をかえることになる人物である。これは第六部で、淵田がその劇的な物語を詳しく綴っているので、ここでは内容についてはふれない。

ドゥーリトル陸軍中佐ひきいる爆撃隊による東京、横浜、横須賀、名古屋、神戸への空襲は、日本側にとり物的被害は比較的少なかった。しかし、アメリカの意表をついた作戦行動は、緒戦の勝利に酔っていた日本の陸海軍と国民に大きな衝撃をあたえた。しかも空母に陸軍の爆撃機を積んでの空襲であり、日本軍は米軍機を一機も撃墜できず、敵の奇襲をやすやすと許してしまった。陸海軍の面目は、まるつぶれである。

ところがすでに開戦前からいみじくもこの不安を予言していた人物がいる。連合艦隊司令長官の山本五十六大将であった。

〈万一敵機東京大阪を急襲し一朝にして此の両都府を焼尽するが如き場合は勿論、左程の損害なしとするも国論（衆愚の）は果たして海軍に対し何といふべきか〉

昭和十六年十月の海軍大臣嶋田繁太郎《しげたろう》にあてた手紙のなかで、日本への空襲が国民世論に及ぼす心理的影響の大きさを指摘していたのである（『戦史叢書　ハワイ作戦』）。

昭和十七年四月十八日の『大本営機密日誌』（種村佐孝）は、

〈この日絶好の快晴、午後零時三十分頃、突如帝都は空襲を受けた。勝った勝ったの国民も、はじめて敵機を目の前に見て、戦争を実感したようだった〉

と記す。空母艦載機からの帝都東京への空襲は、四方を海に囲まれた日本の国防上の弱点を、いみじくもさらけだすことになった。

これはルーズベルト大統領によるアメリカ国民の士気の鼓舞と、真珠湾奇襲攻撃への報復という政治的意味合いをもっていたが、戦術的には空母機動部隊による航空兵力の重要性を示すものであった。

日本海軍によるハワイ奇襲作戦とマレー沖海戦の戦訓があるにもかかわらず、太平洋戦争において航空決戦の重要性を認識したのは、それを創始した日本海軍ではなく、むしろアメリカのほうだったのである。いちはやくアメリカ海軍を空母主力の大機動部隊の編制へと戦術の転換に目覚めさせることになった。

これまで世界の海戦史上いかなる国も、真珠湾奇襲作戦における南雲中将の第一航空艦隊ほどの空母艦隊を集結させたことはなかった。第一部解説でふれたように空母六隻による大航空艦隊編制の戦術思想は、日本海軍の独創によるものであった。

しかし、これは真珠湾を空襲するうえでの偶発的なもので、確固とした作戦思想に目覚めてのことではなかった。海軍上層部は相変わらず大艦巨砲の艦隊決戦で、日本海海戦の夢を追っていたのである。「柱島艦隊」、「大和ホテル」などと陰口をたたかれながらも、大和、武蔵という戦艦温存の夢想からさめることはなかった。

海軍が、戦艦部隊を主力から支援兵力にはっきりと格下げしたのは、ときすでに遅く昭和十九年（一九四四年）六月、マリアナ沖海戦のころからである。その三ヵ月前の三月一日、戦艦基幹の第一艦隊を解隊して、航空中心の第一機動艦隊（小沢治三郎中将）に編制替えを行った。戦艦群は、主力部隊から前衛部隊にやっとうつされたのである。

淵田は、ハワイ作戦の成功後、「南雲機動部隊が内地に帰還したとき、この世界最強の機動艦隊を、中央当局と連合艦隊司令部とで、これを解いて弱体化した措置こそ、太平洋戦争が失われる第一歩を踏み出したものと私は見る」と書く。アメリカへの備えに対して、折角の空母主力の第一航空艦隊の解隊などもってのほかだというのだ。

こうした淵田らの考え方に対して防衛庁公刊戦史『戦史叢書　ハワイ作戦』は、

〈現実に山本長官に与えられた航空兵力は、あまりにも小さく、従って根底に航空主兵の思想があっても、実際の場合には現有兵力に合った作戦を計画せざるを得ないのである〉

と、山本の悩みを指摘している。

山本は、開戦前年、戦争への気運が増すなかで、当時の生産力では考えられないような陸上攻撃機、零戦（零式艦上戦闘機。一九四〇年に制式採用されたばかりの戦闘機）各千機の迅速な整備を中央に公式に要求した。

もちろんこの数字は実現されてはいないが、おそらくこの要求はわが国の航空兵力の質、量や航空機の生産力をはじめ、アメリカの国力、生産力まで熟知している山本ならではの、中央に対する揺さぶりだった。いまのような寡少兵力でも戦争をするのかと、対米戦争にはむしろ消極的立場だった山本が、覚悟のほどをつきつけたものであったろう。

淵田は、昭和十七年（一九四二年）一月、自らが参加したラバウル攻略作戦で、山本連合艦隊司令長官が、南雲中将の第一航空艦隊の主力空母群（赤城・加賀）を南方作戦へ投入したことについても、「私の尊敬する山本大将ではあったが、山本五十六凡将論が私の胸に出始めたのであった」と、その作戦にはじめて疑問を投げかけている。

だが、軍令部の反対をおしきってハワイ作戦の実施を強硬に主張した山本連合艦隊にとっては、ハワイ作戦の後には、今次作戦の主目的である南方資源地域制圧の南方作戦へ目配りをしなければならない事情もあった。

このあとも山本五十六がとった作戦への批判がいくつか自叙伝のなかで述べられている。これも大局的判断から軍を動かすものと、前戦の実戦部隊にあって現実に戦うものとの認識の差が生じさせたものであろう。

淵田は、自らが出撃した昭和十七年六月のミッドウェー作戦についても手厳しく批判している。

ここでミッドウェー作戦の目的をもう一度整理してみると、アメリカ軍の根拠地であるミッドウェー島を攻略することによって真珠湾で討ちもらした米空母を誘出してこれを撃滅する。攻略後はできれば次にハワイ攻略作戦の足場を築く。あわせてアリューシャン作戦を行いアッツ、キスカ島などの要地を攻略して日本の国防圏を遥か五千キロ先まで拡大するという壮大なものであった。背景には、米空母による本土空襲の脅威をのぞきたいとする山本の強い意志と短期決戦をもとめる積極戦略があったとされる。

今日、通説では、インド洋作戦もミッドウェー作戦も山本連合艦隊司令長官の強い意見具申によって、積極的な攻勢をめざしたとされている。

だが、ミッドウェー作戦についてはそもそも山本は賛成していなかったという興味深い説が、阿川弘之の『新版　山本五十六』のなかで紹介されている。

連合艦隊水雷参謀の有馬高泰が、山本の死後に、同輩に語ったという話である。

〈長官は、ミッドウェーは、ほんとうは反対だったんだ。これだけは覚えといてくれ、千早〔正隆〕君。自分たちが苦心して作りあげたミッドウェー作戦案を、長官自身の意思だと言い張ったのは、参謀たちだった〉

真珠湾のときには幕僚たちの反対意見をしりぞけて、あれほど強硬に自分の考えを押し通した山本が、ほんとうにミッドウェー作戦に不賛成だったのなら、なぜはっきりそれを言わなかったのか。あるいはこのエピソードは、ミッドウェー敗戦の責任から山本をかばい、有馬が幕僚の一員として、自らそれを引きうけようとしたのだろうか、という。結局、山本はミッドウェー海戦失敗後、作戦についての弁解は一切せず、戦後、有馬参謀も亡くなっており、真相の追究はこれ以上できていない。

では、ミッドウェー作戦の立案の過程では、ハワイ作戦でみせたような山本の強い決意と指導力を示す痕跡は、どのあたりにもとめればよいのだろうか。

『戦史叢書　ミッドウェー海戦』によれば、〈連合艦隊では山本長官の承認を得て、渡邊安次参謀がミッドウェー作戦、佐々木参謀がFS作戦〔米・オーストラリア遮断作戦〕の主務となり研究を行った〉という。つづいて〈〔ミッドウェー作戦案の〕幕僚の最終検討は三月三十一日に終わり、四月一日三和義勇参謀は、この計画案を山本長官に説明した〉と参謀による作戦立案の経過を記している。

ここでは、作戦案の計画主務者が渡邊参謀であることを記しているが、この立案には、ハワイ作戦のときにも携わり、奇抜な発想の持ち主で知られた山本側近の黒島亀人首席参謀がかかわっていることも忘れてはならない。

連合艦隊では、四月三日に渡邊参謀が上京して大本営海軍部〔軍令部〕の福留繁第一部長〔作戦〕らに作戦案の詳細について説明した。

ところが当初、軍令部は連合艦隊のこの作戦案について強硬に反対した。同書によれば、〈作戦案は、実施が危険であるばかりではなく、米空母の誘出にも疑問があり、かつ攻略後の〔ミッドウェー島の〕保持が困難である〉と、兵站《へいたん》補給の点からも異議をとなえた。交渉は暗礁に乗り上げた。そこで最後に渡邊参謀が〈山本長官は、この案が通らなければ、辞任すると言っている〉という脅し文句も使ったとされる。

結局、紆余曲折の末、連合艦隊の作戦案は、上層部への根回しが功を奏して永野修身軍令部総長も採択を決意した。最初の強硬な反対も組織における山本の存在感と人間関係から、「情」が「理」を制してうやむやのうちに大事が決まっていくという日本型の決定パターンである。陸軍でも、のちにインパール作戦で同じような例が繰り返され、多くの犠牲者を生んだ。

四月十五日、大本営海軍部（軍令部）が進めていたフィジー・サモアの米・豪遮断作戦とともにミッドウェー・アリューシャン作戦も上奏裁可された。そこに四月十八日のドゥーリトル爆撃隊による日本本土への急襲である。まさしく山本五十六の不安が現実のものとなったのである。

当初、あれほど強く反対していた海軍中央もミッドウェー・アリューシャン作戦の実施に積極的に乗り出した。つづいてこの作戦に気乗り薄であった陸軍も、海軍作戦に同調して兵力の派遣を決定したのである。

のちにミッドウェー敗北後、急遽ガダルカナルにまわされて悲惨な運命をたどる歩兵第二十八連隊（北海道・旭川）の一木支隊（一木清直大佐）兵力約二千名などである。

連合艦隊首席参謀の黒島は、のちの回想で〈ミッドウェー作戦を計画し強力に推進した首席参謀として、この失敗はどうしてもあきらめきれないものだった〉と、いう。

空母四隻を失った第一機動艦隊の参謀たちを旗艦大和によびつけた黒島は、このとき彼らをブッタ切ってやろうというような心境でいたというが、山本から〈おこってはいかんと言われた。山本長官にも私の気持ちが察せられたのかも知れない〉との証言を残している（『戦史叢書　ミッドウェー海戦』）。これは大惨敗の戦場にあって全軍を指揮する立場の山本五十六が、すべての責めを己に科した瞬間ともいえよう。

こうしてドゥーリトル隊による東京初空襲の脅威は、日本の作戦計画にも大きな影響をあたえた。太平洋戦争の行方にかかわる運命の歯車を、大きくまわしたのである。

淵田はさらにもうひとつ「山本大将凡将論」を述べている。ミッドウェー作戦における連合艦隊の主力部隊の布陣についてである。

太平洋戦争の中ごろから、アメリカ機動艦隊では、司令官たちが、戦艦に座乗して艦隊の陣頭指揮をとった。だが、連合艦隊の山本司令長官は、なぜミッドウェー作戦では、全兵力の後方三百浬（約五百五十キロ）にあって全作戦を支援すると誇称したのか、作戦経過からみてほとんど支援の役目をはたしていないじゃないか、という批判である。

もともと日本海軍には、連合艦隊の司令長官は、日本海海戦の東郷平八郎元帥のように主力艦隊の陣頭にたって、戦闘指揮をとるべきであるという根強い伝統があった。

しかし、太平洋戦争のころには、航空機や潜水艦などの発達で作戦区域は立体的となり、司令長官の職責は、艦船はもとより広い地域に展開する基地航空部隊や陸戦部隊などにもおよび、その作戦地域の範囲と権限は、日露戦争のころとは比べようもないほど大きくなっていたのである。

むしろ、連合艦隊司令長官は、通信設備の優れた陸上で戦局全般を見渡しながら後方の大所高所から指揮したほうが、戦況判断と指令もうまくいくという考え方が浮上してきた。本土決戦が予想された戦争の終末には、よく知られているように連合艦隊司令部が、神奈川・日吉台の慶応義塾大学のキャンパス内に移されたのは、その結果であった。当初、ハワイ作戦では、山本長官は、電波の送受信が良好な瀬戸内海の柱島錨地に碇泊した旗艦にいて、呉通信隊のアンテナを経由して作戦指揮をとった（『日本海軍の歴史』野村實）。

現に、アメリカでは、太平洋艦隊司令長官のニミッツ大将も、終始ハワイにいて作戦指揮をとったのである。

ミッドウェー作戦で、連合艦隊司令長官が出撃したのは、山本自身の矜持からだったといわれる。連合艦隊決戦兵力の総力をあげて乾坤一擲《けんこんいってき》の戦いにのぞむ覚悟と士気を示すためであった。アメリカとの短期決戦で勝負をつけたいとする山本の戦略にも合致する。だが、山本の出撃は、結果として連合艦隊の旗艦が無線封止を余儀なくされたことで、作戦指導の適切さにおいて戦術的にはマイナスとなった。その上、山本の旗艦大和の護衛のため多くの艦船も空しく遊兵化したのである。

ただし、ミッドウェーでの航空決戦の失敗後、残存艦船はどうにか戦場を離脱することができた。これは山本長官が後方で適切な状況判断を下して指揮をとったからであった。

第四部　帝国の落日

海軍総隊航空参謀。昭和20年初夏

盲腸手術

一九四二年（昭和十七年）五月二十七日、この日は第三十七回海軍記念日であった。顧みれば、日本海海戦で東郷大将が旗艦三笠にZ旗を掲げて、ロシア、バルチック艦隊を撃滅してから既に三十七年の歳月が流れた。

星霜は移る。この日、南雲機動部隊は、先陣を承わって、ミッドウェーに向け広島湾を出撃した。いま旗艦赤城は、クダコ水道〔愛媛県〕を抜けて広島湾から伊予灘に出ようとしている。時は午前九時過ぎであった。五月の朝明けの太陽は、雲間から青い海に、さんさんと降りそそいで、さざなみ一つない海面を、赤城は滑るように進んでゆく。豊後《ぶんご》水道に向っているのである。

私は、艦橋下の発着艦指揮所の折椅子に腰かけて、微風に頬をなぶらせながら、移りゆくあたりの景色を眺めていた。

この日、南雲機動部隊の全陣容は、先頭から言って、木村進少将の率いる第十戦隊の旗艦の軽巡長良《ながら》一隻と、大型駆逐艦十二隻（野分《のわき》、嵐、萩風、舞風、風雲、夕雲、巻雲、秋雲、浦風、磯風、谷風、浜風）で、次は阿部弘毅《ひろあき》少将の率いる第八戦隊の重巡二隻（利根、筑摩）で、続いて第三戦隊第二小隊の高速戦艦二隻（榛名、霧島）、そのあとに主隊の南雲忠一中将直率の第一航空戦隊の空母二隻（赤城、加賀）と、山口多聞《たもん》少将の率いる第二航空戦隊の空母二隻（飛龍、蒼龍）、そしてそのあとに、補給部隊の給油船八隻〔極東丸、神国丸、東邦丸、日本丸、国洋丸、日朗丸、第二共栄丸、豊光丸〕が随伴した。総勢三十三隻であった。

これが狭水道通過のため、単縦陣で航行するのだから、延々とつづく長蛇の陣列で、観艦式そのままの壮観であった。

左舷前方に由利島〔愛媛県〕が見えて来た。こんもりとした緑の小島である。由利島に重なり合って、青島が霞んで見える。今日はミストが深いので、四国の沿岸はぼんやりとして定かでない。

フロート二つばきの水上機が三機、艦隊の上空を飛んでいく。呉海軍航空隊の所属機である。艦隊の出撃に備えて、豊後水道の対潜警戒任務に就くのであろう。

右舷に屋代島〔山口県〕がくっきりと見えて来た。山の背までよく耕された幾段もの麦畠は、すでに黄ばみ夏の訪れを告げている。やがて、大水無瀬島《おおみなせ》、小水無瀬島《こみなせ》が現われて来た。この二つのまん丸い小島は、夢みるように平和にねむっている。

私は、前に現われ後に遠ざかる瀬戸内海の風物を飽かず眺めていた。この島、あの岬、私にはなつかしい。二十年前、江田島の海軍兵学校に入校して、冬休暇ともなれば、このあたりを帆走巡航して、なじみ深いのであった。

折柄、艦橋から源田参謀が降りて来て、私を見つけると、

「貴様、鹿児島基地では、御不例《ごふれい》だったたっていうじゃないか」

と私に問《たず》ねた。

「ウン、しょっちゅう腹がしくしく痛むので、弱っていたんだ」

「軍医長はなんと言っている」

「昨日、帰還したばかりで、出撃準備でゴタゴタしているので、まだみてもらってないのだが、基地ではうちの軍医中尉が、鹿児島の陸軍病院に依託してくれてね、診察を受けたよ」

「陸軍病院ではなんといった」

「レントゲンで腹をのぞいて、幽門閉塞症とか、むずかしいことを言いよった。そして、禁酒の宣言だから、腐っていたのだ」

「それで基地では、酒を呑まずに、おとなしくしていたわけだな」

「まあ、その辺だったよ」

と、私は笑った。しかし、源田参謀は真剣に、

「いま貴様に倒れられたら、うちの機動部隊は、あがったりだから、気をつけて呉れよ」

「分ってるよ。ところで、こんどの作戦の準備は忙しかったろうな」

「いやもう足が地につかなかったよ。なにしろ第一段作戦の後始末とこんがらがってね。じっくりと、この作戦を検討するひまもなかった。草鹿参謀長なんか、ハワイ作戦の戦死搭乗員の二階級進級問題で折衝にかけまわるだけで、手いっぱいだったようだ」

「それなんだよ、別に功名争いじゃないがね、飛行機隊では腐っているんだ。特殊潜航艇は九人だからというので、さっさと二階級進級させて、軍神とまで祭り上げているが、空中攻撃隊の方は、五十五人とあって数が多数過ぎるというのでは、納まらないよ。二階級進級は、戦果よりも寡少価値かというわけでね」

「それだよ、まったく中央当局の措置には、草鹿参謀長も手を焼いていたんだ。全艦隊作戦の核心である飛行機隊の士気振作のために、一生懸命だったたんだ。それがやっと、こんどの出撃前に

発令を見たわけだが、主作戦部隊の参謀長を次期作戦の研究に専念させなかったのは大きなマイナスだ」

「ウーム」

と、私はうなりながら、問ねた。

「それでこの作戦の見通しは」

「連合艦隊司令部の計画を丸呑みにして、出かけるのだが、頼むぜ」

そして源田参謀は、なにか思い出したようにそそくさと、ラッタルを上がって作戦室に消えて行った。

その晩であった。艦隊は豊後水道の掃海水路を抜けていた。私は私室のベッドに横たわっていたが、腹がひっくり返るほどに痛み出した。ベルを押して従兵を呼び、軍医長を呼ばせる。やがて軍医長が来た。しばらく診察して、盲腸炎だという。そして耳から採血して、一応診察室に戻って行ったが、こんどは、艦隊軍医長を伴なってやって来た。そして盲腸の切開手術をやるという。

これには私は弱った。伝え聞いた艦隊司令部も弱ったらしい。空中攻撃隊の総指揮官が、手術して動けないとあっては、作戦にひびが入るからである。しかし手術をしなければ助からないという。しかも、うちの軍医長は外科の名手であって、赤城は艦隊の手術担任艦であった。彼はすでにメスを振り上げている。私は観念した。そしてこの晩、私は航行中の赤城艦上で手術を受け、艦内水線下の戦時病室に収容された。

ミッドウェー海戦の敗退

ミッドウェー作戦は敗退に終った。

寡を以て衆に勝つことをモットーとしていた日本海軍が、衆を以て寡に敗れたのであった。敗因は、驕慢《きょうまん》であった。アメリカ側では、この海戦を情報の勝利と言っている。こちらの企図がつつ抜けに洩れて、裏をかかれたのであった。日本は上下ともに、第一段作戦の勝利に驕《おご》って、アメリカ海軍を侮どっていた。そのところに驕る平家久しからずがあったわけである。

六月四日午前三時（ミッドウェー地方時）、東京の作戦時刻で六月五日午前零時、私は赤城の戦時病室のベッドで眼をさましていた。この日ミッドウェー作戦が始まるのである。私は手術してから一週間を経過して、昨日手術の糸を抜いたばかりだが、元気を回復していた。けれども、軍医長はまだ退室を許さない。

飛行甲板からは、飛行機の試運転を始めた爆音が伝わってくる。私はもうたまらない。空中攻撃隊総指揮官ともあろうものが、盲腸なんぞを患って、この重要戦機に陣頭に立てないとはシェームである。私は、こっそりと、病室を抜け出した。もとより軍医長の許可を得ているわけでない。しかしもはや戦闘中で、各防水隔壁は閉ざされて、僅かにマンホールを開いて出るしかない。これが相当に力がいる。そして出たら閉めて置かなければならない。これもまた力がいる。こうして、水線下の病室から十いくつものマンホールを開けたり閉めたりして、やっと上甲板にたどりついたときは、私はもうすっかり伸びていた。しかし、これから二十米《メートル》上の飛行甲板まで、まだラッタルをよじ登らなければならない。やっと飛行甲板によじ登ったとき、私は、クラクラと眼の前が暗くなって、脳貧血で倒れかかった。

飛行甲板にいた搭乗員たちは、びっくりして、隊長、隊長と呼ばわりながら、私を助け起して、発着艦指揮所の下の飛行甲板の片隅に、落下傘の袋を枕にして私を寝かせて呉れた。私は寝ころびながら、手を振って搭乗員たちに、

「しっかりやって来い、頼むぞ」

と、激励した。この激励を与えたいために、私は無理して、戦時病室から飛行甲板に上ったのである。

日出三十分前の午前四時三十分、第一波空中攻撃隊は、ミッドウェー基地攻撃に発進した。発進地点は、ミッドウェーの北西方二百四十浬《カイリ》であった。赤城、加賀、飛龍、蒼龍の空母四隻から発進した戦爆連合百八機であった。内訳は、水平爆撃隊三十六機（飛龍、蒼龍の九七式艦攻各十八機）、降下爆撃隊三十六機（赤城、加賀の九九式艦爆各十八機）、制空隊三十六機（赤城、加賀、飛龍、蒼龍の零戦各九機）であった。

いつもなら、私が総指揮官で引張《ひっぱ》って行くのだけれど、盲腸手術で動けないから、飛龍飛行隊長友永丈市大尉が総指揮官を継承して出かけて行った。任務は、ミッドウェー基地の敵航空兵力の撃滅であった。

日出は午前五時（ミッドウェー地方時）であった。第一波の攻撃隊が発進したあと、第二波攻撃隊が飛行甲板に揚げられて待機した。敵艦隊の出現に備えて、対艦船攻撃兵装であった。即ち、村田重治少佐の率いる雷撃隊三十六機（赤城、加賀の九七式艦攻各十八機）、江草隆繁少

佐の率いる降下爆撃隊三十六機（蒼龍、飛龍の九九式艦爆各十八機）、板谷茂少佐の率いる制空隊三十六機（赤城、加賀、飛龍、蒼龍の零戦各九機）で、南雲機動部隊ベストワンの編成であった。私は、これなら敵のタスクフォースとかいう奴、早く出て呉れた方が、早く片付いて助かると思った。これは慢心からではなくて、部下部隊の腕っ節に対する確信であった。

ただ気がかりなのは、索敵であった。

この日の索敵は、日出三十分前に発進する一段索敵で、南雲部隊の東方から南方に亘って、ミッドウェーをはさむ三百浬の扇形捜索であった。索敵線は七本で構成されて、索敵機は、榛名の水偵一機、利根、筑摩の水偵各二機、赤城、加賀の艦攻各一機であった。

一段索敵というのは、夜が明けてから発進するので、途上隈《くま》なく索敵して行けるのであるが、三百浬哨戒圏の前端に達するまでに二時間あまりもかかる。従って、夜が明けたらすぐに、三百浬圏内の敵情を捕捉したいとなると間に合わない。そこで二段索敵というのを用いるのであった。

二段索敵というのは、第一段索敵機を夜中に発進させて、三百浬圏の前端に達したころ夜が明けるようにする。すると夜明けとともに、そこいらあたり一面の索敵が可能である。しかし、三百浬の前端に到達するまでの途上は、夜中であって暗いから索敵は出来ない。当時はまだレーダーを装備していなかったので、すべて肉眼にたよるのだから仕方がなかった。そこで夜明けとともに、第二段索敵機を発進させて、第一段索敵機の未捜索面を索敵させる。かくて索敵機は二倍要るけれど、夜明け後一時間以内に、哨戒圏内の敵の全貌を偵知出来るのであった。

しかる処、南雲部隊司令部では、連合艦隊司令部と同じく、ミッドウェーを叩いたら、真珠湾の米機動部隊をおびき出せて、これを撃滅出来るとの情況判断に支配されていた。これが甘かったので、この日の索敵に慎重を欠いた。

ところが事実は、米機動部隊は、すでにミッドウェー海域に出張《でば》って、待ち構えていたのであった。もともとアメリカ側では、ミッドウェーの作戦企画の当初から知っていたというのである。日本の連合艦隊司令部は、ミッドウェー作戦をMI作戦と呼称して、アメリカ側に教えているみたいな恰好であった。従って、アメリカ太平洋艦隊司令部では、真剣に対応策を講じていたのであった。

その一例を挙ぐれば、五月八日の珊瑚海海戦で大破したヨークタウンを、南洋の一島嶼《とうしょ》で防水の応急処置を施して、あと万難を排して、これを真珠湾軍港に曳航《えいこう》し、昼夜兼行の突貫工事で修復して、ミッドウェー海戦に間に合わせたのであった。これに反してこちらは、翔鶴、瑞鶴は飛行甲板は刎《は》ね上げられて、発着機能は封ぜられたけれど、自力で呉軍港まで回航出来たほどの損傷の程度であったのである。それをのんびりと修理していたので、ミッドウェー海戦に間に合っていない。心構えにしてからが、それほどの開きがあったのである。これを私は、上下を通じての驕慢であったと言っているのである。

この日、南雲部隊が万全の構えで、二段索敵を実施していたとしたら、夜明けの一時間以内に、哨戒圏内に敵機動部隊を発見出来たのであった。さすれば、対艦船攻撃兵装で待機していた第二波攻撃隊を発進させて、これを撃滅出来たのであって、ミッドウェーは我が方の大勝利に帰していたのであった。今更言っても詮ないことながら、この索敵の不備の故に、ミッドウェー作戦は食い違ってしまったのであった。

友永大尉の率いる第一波空中攻撃隊は、発進後二時間にしてミッドウェーに到着した。途中、米海兵隊の旧式戦闘機バッファロー二十六機の襲撃を受けたが、こちらの制空隊零戦三十六機の敢闘によって、これを蹴散らして進んだ。

かくて友永大尉は、ミッドウェーに近接すると全軍に突撃を下令して、ミッドウェー基地飛行場を爆撃した。しかし飛行場には敵の飛行機は一機もいなかった。米側は、すでに前日来南雲機動部隊の所在を偵知していた。それで、この日の払暁に空襲を蒙《こう》むることを予期して、所在の全機は、その時刻に空中に退避していたのであった。

友永大尉としては、第一波空中攻撃隊の総指揮官として、地上に敵機の所在も確認せずに全弾を飛行場に投下したのは、あまりにも無策であった。彼の任務は、敵航空兵力の撃滅であって、飛行場に穴をあけることではないのである。

この友永大尉という人は、勇敢なパイロットであって、支那事変で実戦は体験しているけれど、このたびのミッドウェー出撃前に飛龍飛行隊長に補職されて来たので、洋上作戦には体験に乏しかった。

ここのところは、地上に飛行機を発見しなければ、洋上の孤島のことであるから、空中に退避していると判断して、やり過ごし、ひとまわりして来た後、敵機の復帰したころを見計らって一網かけるといった工夫があってよいのであった。

ここに友永大尉は、爆撃後、敵航空兵力の撃滅を仕損じたことに気がついて、

「反覆攻撃の要あり」

と、打電した。この報告は、第一波攻撃隊の成果が不充分なのだから、それはそれで尤《もっと》もなの

だけれど、結果論的に言って、この電報は我が方のミッドウェー作戦をつまずかせる端緒となったのであった。

この反覆攻撃の要ありとの報告に、南雲部隊司令部はどよめいた。それは第二艦隊司令長官近藤信竹中将の率いる攻略部隊がミッドウェーに近接する前に、敵の基地航空兵力を撃滅しなければならないからである。ここに南雲機動部隊は、ミッドウェー基地攻略の支援に縛られて、機動部隊としての本来の機動作戦を掣肘《せいちゅう》される形となった。

かくて南雲司令長官は、敵機動部隊の出現に備えて待機中の第二波攻撃隊を、ミッドウェー基地の反覆攻撃に転用しようと決意した。けれども、第二波攻撃隊は対艦船攻撃兵装で待機中なのである。魚雷を抱いたままでは、基地攻撃は出来ない。そこで南雲部隊司令部は、第二波攻撃隊に対し、陸用爆弾への転換を発令した。

これはいかんと、私は思った。けれども、病衣で寝そべっている私に、これを抑止する発言の力はなかった。赤城では、飛行甲板上待機中の雷撃機をエレベーターで格納庫に卸し、魚雷を陸用爆弾に取りかえる作業でてんやわんやであった。

そのころ夜が明けて一時間を過ぎていた。敵機の来襲であった。雷撃隊である。しかし私の見ていたところ、彼の雷撃法は拙劣で、高度百米、照準距離千五百米附近で発射するのはよいとして、全部が単機雷撃だから悉《ことごと》く回避されてしまう。赤城に向って発射された魚雷が、こちらの巧みな回避で、私の寝そべっている左舷側すれすれに走り去った。私はヒヤッとして眺めていたのだが、結局は私をヒヤッとさせただけのことで、敵の魚雷は一本も命中しなかった。ところが逆に、こちらの上空直衛戦闘機隊と、第二波攻撃隊として待機中の制空隊の全機が発進して、敵機に食い下がる。敵の雷撃機はどれもこれも、こちらの零戦二機乃至《ないし》三機に食いつかれて、こちらの艦船部隊の対空砲火は一時打ち方控えの恰好であった。射撃すれば、味方の戦闘機に被害を及ぼす危険があるからであった。かくて、こちらの零戦隊は敵来襲機の全機を撃墜した。これが艦隊全乗員の眼前で演出されたのだから、水しぶきを上げて敵機が海上に墜落するたびに、やんやの拍手喝采であった。

当初、私の見ていたところでは、この来襲雷撃隊はミッドウェー基地からの陸上機のようであった。後日の米側情報によると、まさにその通りで、ミッドウェー基地所在の米海兵隊の雷爆撃機五十一機が南雲部隊攻撃に発進したのだが、帰還したのはたった九機であったと発表している。けれどもまた、別の米情報では、四十一機の雷撃隊が米機動部隊の三空母から発進して、南雲部隊の攻撃に向ったが、そのうちの三十五機が撃墜されて、発射魚雷は一発も命中しなかったと発表している。いずれにしても、百機に近い来襲機であったが、南雲部隊司令部では、この来襲雷撃機の中に、敵空母から発進して来たのがあるとは、まだ気付いていなかった。

この日、南雲機動部隊を待ち構えていた米艦隊は、ニミッツ米太平洋艦隊司令長官の派遣した二つのタスクフォース（機動部隊）であった。即ち、スプルアンス提督の率いる第十六タスクフォースの空母エンタープライズとホーネットの二隻（搭載機数合計百五十八機）と、重巡五、軽巡一、駆逐艦十一、及びフレッチャー提督の率いる第十七タスクフォースの空母ヨークタウンの一隻（搭載機数七十五機）と、軽巡二、駆逐艦六であった。

時刻は刻々と進む。第二波攻撃隊の陸用爆弾への転換はほぼ終った。早くミッドウェー基地への反覆攻撃に発進させなければ、飛行甲板が塞《ふさ》がっているので、在空戦闘機の収容も出来ないし、折柄帰投して来た第一波空中攻撃隊の収容も出来ない。

かくて南雲部隊司令部が、第二波攻撃隊をミッドウェー基地の反覆攻撃に発進させようとしていた矢先に、利根の第四号索敵機からの入電であった。

「敵らしきもの十隻見ゆ。ミッドウェーよりの方位十度二百四十浬針路百五十度速力二十節《ノット》〇四二八」

この発信時刻の〇四二八というのは、東京作戦時刻で、ミッドウェー地方時の午前七時二十八分である。なぜこんなに敵発見が遅れたかというと、今朝日出三十分前に利根が索敵機を発進させる際、射出機の故障で発進が三十分遅れて、午前五時（地方時）の日出とともに発進したのであった。しかも、利根四号索敵機は索敵線の往航で敵を発見しないで、復航の途上で発見したのであった。

しかる処、利根四号索敵機の敵発見報告の戦務は拙劣であった。しかし、実際の情況として、索敵機が索敵線上を捜索して行くと、先ず敵らしきものが見えて来るのである。けれどもここで、「敵らしきもの見ゆ」などとあやふやな報告を打電している間《ま》に、全速力で突き込んで行けば、水上艦艇と違って、飛行機のスピードだから、三分とたたないうちに敵の全貌が判明するのである。そこでその敵情の中で、上級司令部がなにをいちばんに知りたがっているのかと言えば、敵空母の存在である。このことは、当時の航空機搭乗員の常識であったのである。

だが利根四号索敵機は、この常識に従わないで、「敵らしきもの十隻見ゆ」との敵発見第一電を打った。これを受けた南雲部隊司令部は色めき立った。敵艦隊の発見らしいのである。そこでミッドウェー基地反覆攻撃に備えていた第二波攻撃隊の発進を控えた。けれども、敵らしきもの十隻では、処置の仕様がない。南雲部隊司令部では気を揉んで、次の入電を待っていたが、なかなかに入って来ない。たまりかねた司令部では、利根四号索敵機に宛てて、

「敵の艦種知らせ」

と発信した。これに対して、利根四号索敵機は、

「敵は巡洋艦五隻、駆逐艦五隻〇五〇九」

と返電して来た。これが南雲部隊司令部で接受したのは、午前八時半（地方時）に近かった。この遅延は通信費消時もさることながら、敵発見の第一電が優先的に扱われるので、次の入電が遅滞するのである。だから「敵らしきもの見ゆ」などと、へまな報告を敵発見の第一電として打ってはならないのであった。

しかし、この巡洋艦五隻、駆逐艦五隻との返電に、南雲部隊司令部はホッとした。なあんだ敵の哨戒艦艇かというわけであった。そんなもの、あとで片付ければいい。ところが、それから三十分もたったころ、利根四号機からの入電であった。

「敵は後方に空母らしきもの一隻を伴う〇五二〇」

この電報を、南雲部隊司令部で接受したのが午前九時（地方時）に近かった。この電報も空母らしきものなどと、怪しげな偵察報告であったけれど、南雲部隊司令部では敵空母と判断した。すわ、敵機動部隊の出現であった。速やかに、これを撃滅しなければならない。古来、兵は拙速を尚《たっと》ぶのである。私は思った。ミッドウェー基地反覆攻撃に備えていた第二波攻撃隊を直ちに発進させなければならない。兵装は陸用爆弾であった。けれども陸用爆弾だって、敵空母の飛行甲

板をぶち破って、その発着機能を封ずるだけの威力はあるのであった。あとの始末は、そのあとでゆっくりやればよいのである。

私はやきもきしていた。けれども南雲部隊司令部は、拙速よりも巧緻に惰した。特に南雲長官は、制空隊を伴わない攻撃隊を出すに忍びなかった。これを私たちははだかと呼んでいたのだが、戦闘機隊を伴わないで、はだかで来襲した敵雷撃機隊百機近くが、こちらの零戦隊にたかられて、全機撃墜されるという惨状を、いま眼前に見たばかりであった。かくて南雲長官は、第二波攻撃隊を戦闘機隊の掩護《えんご》なしに、敵空母の攻撃に指向する気にはなれない。しかし制空隊をつけてやろうにも、戦闘機は全部、敵来襲機攻撃のために、空中に飛び出しているので、これを収容してからでなくてはならない。

ここにおいて南雲長官は、在空戦闘機の収容を発令した。もとより急速着艦で収容するのであるが、それにしても三十分以上はかかる。しかも飛行甲板をクリアーにしなければならないから、飛行甲板にならんでいる第二波攻撃隊を格納庫に収めなければならない。そこで格納庫に卸した第二波攻撃隊の兵装を、戦闘機を収容している間に、対艦船攻撃に転換しろと発令された。艦内はまたてんやわんやである。いま取り換えたばかりの陸用爆弾を卸して、またもとの航空魚雷を装備するのである。しかし整備員や兵器員は、労働組合ではないのだから、一人もブツブツ言うものはなく、一生懸命、汗水たらして作業に励んだ。かくて作業は捗《はか》どって、制空隊の戦闘機と第二波攻撃隊の雷撃機は飛行甲板に揚げられた。いよいよ敵空母攻撃に発進するところである。赤城は風に立った。全速力である。

「発艦始めッ」

先頭の戦闘機の一番機が発艦した。あと五分間で全機の発艦を終了する。ここがミッドウェー海戦運命の五分間と呼ばれるところである。このとき敵降下爆撃隊の来襲であった。見張員が叫んだ。

「敵機来襲ッ」

私は、飛行甲板に寝そべりながら、見上げると、敵降下爆撃隊の九機編隊が断雲の間から急降下に入って来た。こちらの対空砲火が耳もつんざくばかりに撃つけれどもあたらない。敵の一番機がガーッと音をたてて引き起した。瞬間フワリと黒いものが落ちてくる。爆弾である。ところで私のような飛行機乗りのくろうとになると、敵の落した爆弾があたるかあたらないかの見当もつく。いまの一番機の爆弾はあたらないと見た。案の定、この爆弾は赤城の右舷側の海中に落ちて爆煙をあげた。けれども、つづく二番機は、それを見てその分を修正する。二番機がガーッと引き起して、またフワリと爆弾を落して行ったが、私はこの爆弾もよほど近いけれどあたらないと見た。その通りで、この二番機の爆弾は赤城の右舷すれすれに落ちて、高射砲台や発着艦作業員のポケットを脅かしたに過ぎなかった。

けれども次は敵の三番機である。その分も修正する。ガーッと引き起して、フワリと落ちた爆弾は私のへそを狙ってくる。これはいかんと、私は頭をかかえてうつ伏せになった。ドーンと爆弾は私の至近距離の飛行甲板の中央に命中した。その爆風で私は吹き飛ばされて、艦橋前端の飛行甲板に叩きつけられた。起き上がろうにも起きられない。両足の骨折であった。骨折部位は跟《こん》骨《こつ》［踵《かかと》の骨］というのであるが、右足の方は単純骨折で、折れてはいるがまだつながっていた。

しかし左足の方は、複雑骨折で三つに離れている。しかもくるぶしは捻挫で、もう立てない。
敵の爆弾は、赤城を沈めるほどの威力はなかったのだけれど、火を付けたのであった。発進しようとしていたこちらの飛行機が燃え上がった。みんな魚雷を抱えている。それが陸続と爆発する。赤城はゆり動かされる。まったくの自殺行為であった。私はその焔《ほのお》の中にひっくり返っていたのだが、応急員の兵隊が私を焔の中から背負い出して呉れて、錨甲板に下して呉れた。そこで簀《す》巻《ま》きにされて、短艇で長良に送られた。長良は、南雲部隊麾《き》下《か》の第一水雷戦隊司令官大森仙太郎少将の旗艦であったが、南雲部隊旗艦赤城の機能喪失に及んで、南雲長官は将旗を長良に移揚した。そして敵艦隊撃滅のために、夜戦を試みたのであるが、敵との距離は二百浬もある。水上艦艇では容易でない。

　この敵降下爆撃隊は、スプルアンス少将の第十六タスクフォースの空母エンタープライズとホーネットから発進した降下爆撃隊七十機だと言われている。そして先ず蒼龍、次いで赤城、続いて加賀を仕止めたと言っている。飛龍は敵の爆撃を巧みにかわして生き残った。飛龍を旗艦とする第二航空戦隊司令官山口多聞少将の指揮下に、南雲部隊残余の飛行機隊はよく戦った。特に友永大尉の如きは、三度目の爆撃行で敵空母ヨークタウンに体当りして、その機能を封殺した。ヨークタウンは沈没に瀕して、乗員の総員退去を行い、随伴駆逐艦に移していたが、このときこちらのイ号一六八潜水艦がこれを発見して襲撃し、ヨークタウンを救助中の駆逐艦もろとも撃沈した。

　しかし、勇戦奮闘した飛龍も、午後になって敵降下爆撃機十数機の集中攻撃によって、機能を喪失した。かくて飛龍は放棄するよりほかなかったのであるが、山口多聞司令官は、これを敵に渡すに忍びないので、随伴駆逐艦の魚雷によって自沈するに決し、全乗員を駆逐艦に移乗せしめ、自分と艦長の加来《かく》〔止男《とめお》〕大佐とは艦に残って、艦とともに運命をともにした。痛惜の至りであった。特に山口多聞少将を、早く連合艦隊司令長官に仰ぎたいと願っていた私にとっては、これは全くがっかりであった。

かくてミッドウェー海戦は日本側の敗退で終った。かくてまた、この敗退によって太平洋戦争の戦勢は逆転したのでもあった。しかし、この作戦の経過において、一番みっともなかったのは、南雲長官の戦闘指導の失敗よりも、山本連合艦隊司令長官の全般作戦指導の凡将振りであった。彼は戦艦大和に座乗して、大和、長門、陸奥、伊勢、日向《ひゅうが》、扶桑、山城の七隻の戦艦群を率い、これを主力部隊と称して、南雲部隊の後方三百浬に占位しながら、全作戦の支援に任ずると誇称していた。

けれども、南雲部隊空母四隻が潰《つい》えると、生き残った敵空母二隻に追われて、山本大将の主力部隊は、全作戦の支援どころか、あわれにも身をもって、すたこらと逃げ帰るほかなかったのであった。

こうして、ミッドウェー海戦は敗退に終った。そして、この敗戦をターニング・ポイント（転機）として、太平洋戦争の戦勢は逆転した。けれども私は、この敗戦によって、大艦巨砲組の日本海軍上層部を眼ざめさせたと思った。ならば以禍為福である。しかも赤城、加賀、蒼龍では、第二波攻撃隊の発進直前にやられたので、飛行機は燃えたけれど、搭乗員は生き残った。これら練達の搭乗員が生き残っている限り、なんの空母四隻の喪失ぐらい、戦勢の挽回は可能であると、私は意気を衰えさせていなかった。

「い」号作戦

ミッドウェーの快勝に気をよくしたアメリカ軍は、対日進攻のきざしをガダルカナルに見せて来た。一九四二年(昭和十七年)八月七日の早朝、大輸送船団をもって、ガダルカナルとツラギとに上陸、これらを占領したのであった。

日本連合艦隊司令部は、大東亜共栄圏の不敗の態勢に、くさびが入ったとあって、これが防禦に懸命であった。

私は横須賀病院を退院して、十月末に、横須賀航空隊教官に補せられたが、越えて十二月二十日に海軍大学校教官に転補した。しかるところ、教官にはなったが、学生たちは全部、前線に出払っているので、教える学生がいないのである。そこで当局は私に、戦訓調査会幹事というのを仰せつけた。これは私として願ったりだから、熱心に戦訓と取り組んだ。ところでなにせ、前線からの戦闘詳報や戦時日誌というものは、半年近くもかかってとどくのである。そこで私は、戦訓は前線において直ちに求むべきものと思って、横須賀航空隊の一式陸攻を出して貰って、ラバウルに飛んだ。私は松葉杖によりすがりながら、胸に鉛筆と手帖とをぶら下げて、各航空基地をめぐり歩いた。基地の連中はみんな、私を知っている。戦訓調査だと言っても、みんな勤務評点でも採られるのかと首をすくめて、真実を吐かない。これには私も弱った。

しかし、ときはまさに「い」号作戦のまっ最中であった。

「い」号作戦というのは、半年に亘って死闘をつづけるガダルカナルの攻防をめぐっての航空決戦であった。山本大将は旗艦大和から将旗をラバウルに移揚して、前線にあっての戦闘指導であった。かくて、日本海軍の全航空兵力を注ぎこんで、航空決戦を意図していたのだが、相手はアメリカ陸軍航空兵力であって、次第に航空消耗戦の様相を呈して来た。そうなると、問題は補充である。しかるところ、こちらは補充が不如意とある。ここにおいて、山本大将は背に腹はかえられないとばかり、第三艦隊の空母搭乗員全力を陸上に転用して、この航空消耗戦ですっかり、すり切ってしまったのであった。

　このあたりにまた、私の山本大将に対する第三の凡将論が生まれるのであった。

　そのころ、アメリカの対日進攻路線が、マッカーサー・ラインとニミッツ・ラインの二本立てであることを、日本側ではまだ気がついていなかった。ガダルカナルは、マッカーサー・ラインのはしりであって、やがてニミッツ・ラインが、空母十隻からなる機動艦隊を基幹として、ギルバートからマーシャルを通じてマリアナに来攻するであろうとの見通しは立っていなかった。それだから、第三艦隊の空母搭乗員を陸上に転用したりして、「い」号作戦で失なってしまったのであるが、これは当然、第三艦隊を保全して、ニミッツ・ラインのアメリカ機動艦隊に備えねばならなかったのである。

　しかし遂に、「い」号作戦の補充は尽きた。ここにおいて、大本営は、ガダルカナルの陸戦も利あらず、遂にガダルカナル放棄に決した。かくて山本大将は、「い」号作戦を取り止めて、残存の航空兵力を、再建のためにマリアナの線に下げた。当時これを転進と称したが、実は退却であった。

　ラバウル前線各地の地上部隊では、急に空が寂しくなった。昨日までは、まがりなりにも、日本機が米軍機と渡り合っていたのだが、今日からは空は米軍機の独り舞台である。わが地上部隊の士気は阻喪する。この士気振作のために、山本大将は前線の地上部隊を激励してまわろうと思い立った。

そこで山本大将は、宇垣参謀長を伴ない、一式陸攻二機で、零戦六機の護衛に守られて、先ずブーゲンビル島に向った。時は一九四三年（昭和十八年）四月十八日で、ラバウル出発は午前六時であった。当日の目的は、前線視察とともに、九ヶ月に亘るガダルカナル攻防戦で緊密に協同した陸軍の第十七軍軍司令官今村均大将を訪問することであった。そして事はすべて機密に運ばれていたのであったが、ショートランドの基地指揮官は、これを平素の長官巡視とでも心得て、指揮下部隊に対して、山本長官が行かれるから出迎えの儀礼などに粗《そ》そうがないようにとの配慮から、長官の到着予定を、機密程度の低い航空略語暗号で通報した。

ところで、これはすぐに真珠湾のアメリカ太平洋艦隊司令部の諜報班で解読した。そこでまたすぐに、アメリカ太平洋艦隊司令部は、ガダルカナルのヘンダーソン基地に通報して、山本大将をブーゲンビルに待ち構えさせたのであった。この指揮官はミッチェル中佐で、P38の双胴戦闘機十六機を率いて、ブーゲンビル島の南端岬上空で待ち構えた。

午前七時四十分であった。山本長官搭乗の一式陸攻第一番機を襲ったのは、ランファイアー大尉の編隊で、場所はブーゲンビル島の南端モイラ岬の奥地の密林に撃墜したので山本大将は戦死した。そして随行の連合艦隊航空甲参謀樋端久利雄《といばなくりお》中佐も、長官とともに殉じた。第二番機も撃たれたけれど、附近の海面に着水して、搭乗の宇垣参謀長は軽傷程度で助かったが、随行していた連合艦隊航空乙参謀の室井捨次《むろいすてじ》中佐は戦死した。この両参謀はどちらも、海軍大学校甲種学生首席の恩賜の軍刀組で、私の辱知《じょくち》であった。

山本大将戦死にからまるアメリカ側の邀撃《ようげき》配備の話は、後年、ランファイアー大尉が来日したとき、私が直接彼から聞いたのであるが、山本大将戦死当時、私は戦争の最中に、外戦部隊全軍の首将が戦死するなんてことは、古来の戦例に徴して、これは敗戦以外のなにものでもない。私はもはや、戦訓調査などに取り組むのに厭気《いやけ》がさして来た。

捷一号作戦

捷《しょう》一号作戦というのは、米軍のフィリッピン攻略に対する防衛作戦であった。米軍がレイテ湾に上陸して来たので、米側ではレイテ湾海戦と呼んでいる。しかし、世界を震撼《しんかん》させたのは、エンガノ沖海戦と呼ばれるデコイ（囮《おとり》）作戦であった。

この囮作戦の構想は、連合艦隊参謀として、私が着想したのだけれど、決して連合艦隊司令部として押しつけたのではないので、私が呉軍港在泊中第三艦隊旗艦瑞鶴に小沢治三郎司令長官を訪ねて、この作戦構想を話したところ、小沢長官は大賛成で、

「よし、俺が自発的に連合艦隊に建策するから、お前は黙ってろ」

とのことで、小沢司令長官の建策に基づいて、豊田連合艦隊司令長官が決裁したのであった。

当時、連合艦隊司令部では、情況判断に基づいて、米軍のフィリッピン攻略は、レイテ湾上陸から始まるだろうと見ていたのであった。ところが敵のレイテ湾上陸に先立って、ダバオ根拠地隊司令部から敵の上陸部隊がダバオに来襲したとの警報が飛んだ。連合艦隊司令部ではあわて

た。そこで「捷一号作戦発動」を下令しようとしたのだが、私は、どうもおかしいと思ったから待って貰った。そのわけは、合理的な米軍に、ものの分る奴もいるのだから、フィリッピン攻略の初動を、局地的なミンダナオ島に指向するようなことはあるまいと見たからであった。そして事実は、その通りであって、しばらくの時が過ぎて、それは虚報だと判った。戦いが落ち目になると、川の水鳥の飛び立つ音にも驚いて、すわ敵襲とあわてた平家の戦訓が繰り返えされるのであった。

しかしながら、ダバオ根拠地隊司令部が虚報を発したのは、必らずしも水鳥の羽音にあわてたのではないので、当時、米機動艦隊の空中攻撃隊によって、フィリッピン全域に対する空襲が頻繁に行われ、ダバオに対しても猛烈な空襲を見たからであった。

そのことは、一九四四年（昭和十九年）十月十日から始まった米機動艦隊の二週間に亘る来襲であった。十月十日、十七隻の空母群と、これを護衛する戦艦五隻、巡洋艦十四隻、及び駆逐艦五十八隻からなる強大な高速機動艦隊が、沖縄方面に来襲して、その空中攻撃隊は、沖縄及び琉球諸島を荒しまわり、所在の日本艦船、航空基地及び軍事施設を爆撃した。この部隊は、ハルゼー海軍大将の率いるアメリカ第三艦隊であって、空母部隊指揮官は、ミッチャー海軍中将であった。

続いて、この機動艦隊は、十月十二日から台湾及びルソンを叩いた。五日間に亘る連続空襲であった。これと渡り合うべきこちらの機動艦隊は、小沢治三郎中将の率いる第三艦隊なのであるが、その第三艦隊は、「あ」号作戦〔マリアナ海域における米艦隊との決戦〕に敗れて、もはや名ばかりの存在であった。

即ち十月一日現在、小沢中将の直率する第三航空戦隊は瑞鶴、千代田、千歳、瑞鳳《ずいほう》の空母四隻と、その搭載飛行機隊の第六五三航空隊と、松田千秋海軍少将の率いる第四航空戦隊とであった。

この第四航空戦隊は、戦艦の日向、伊勢と、軽空母の隼鷹《じゅんよう》、龍鳳と搭載飛行機隊の第六三四航空隊とから成っていた。戦艦日向、伊勢は、後甲板を改造して、応急用の飛行機若干を搭載出来るのであったが、とても飛行機の発着を許す飛行甲板ではなかった。軽空母の隼鷹と龍鳳とは、そのころ赤トンボのシンガポール輸送に当っていた。赤トンボの輸送とは、当時すでに南方生命線は敵潜の脅威に曝《さら》されて、油が入って来ない。

従って霞ケ浦練習航空隊の初歩練習機、所謂《いわゆる》赤トンボ部隊は、ガソリン不足で充分に飛ばせられないから、これをガソリンの豊富なシンガポールの飛行場に移そうというのであった。そこで隼鷹、龍鳳が、その輸送に用いられていた。

以上の外に、改編の第一航空戦隊（司令官古村啓蔵少将）の天城、雲龍の正規空母二隻と搭載飛行機隊の第六〇一航空隊とが第三艦隊に編入されていたが、天城と雲龍とは八月に竣工したばかりで、まだ飛行機も搭乗員も揃っていなかった。この外に第三艦隊には、警戒部隊として、第十戦隊が、旗艦の軽巡矢矧《やはぎ》と駆逐隊四隊とを以て配属されていた。

上述の通り、こちらの機動艦隊である第三艦隊には、八隻を数える空母が残存していたのであるが搭載する飛行機も搭乗員も無いのであった。また、たとえ工面して捻出《ねんしゅつ》したとしても、発着艦訓練のひまもないのである。米側が、その時を稼がせないのであった。日本側は、真珠湾以来、彼に二ケ年もの時を稼がせて、このように強大な機動艦隊の創建を許したのであるが、いまや、彼はこちらに一ケ月の時も稼がせないのであった。

空母搭乗員の行動能力の基礎である発着艦が不安では、空母に飛行機を搭載しても仕様がない。さりとて残存空母群を軍港に集結して、むざむざ敵の空襲で撃沈されてもつまらないから、これらを附近内海の小島の間に錨泊させて、カモフラージュのために、飛行甲板に松の木でも植えとけとの恰好の悪さであった。

けれども敵機部隊の傍若無人《ぼうじゃくぶじん》な振舞に対して、手を拱《こまね》いているわけにもゆかないので、連合艦隊では、内外地所在の基地航空兵力の全力を挙げて、これを猛反撃したのであったけれど、とても歯が立たないのであった。当時、日本側ではこれを台湾沖航空戦と呼称した。

台湾の諸基地には、福留繁中将の率いる基地機動航空部隊の第二航空艦隊が練成中であった。またルソンのクラーク・フィールドには、大西瀧治郎中将の率いる基地機動航空部隊である再建の第一航空艦隊が移駐していた。しかし、これらの基地機動航空部隊搭乗員の大部は、急速養成の赤トンボを終えたばかりで、練度は浅く、期待出来る戦力には遠かったが、みんな勇躍して反攻に出撃したのであった。

また内地からは、久野修三大佐の率いるT部隊も相呼応して出撃した。T部隊とはタイフーン(台風)部隊の略で、神風の台風が助けて呉れた場合、こちらだけが飛べて、敵がひるんでいるところを撃滅しようという構想で、当時、大本営の源田作戦参謀の着想になる精鋭部隊であった。しかし、いずれの基地航空兵力の戦果もあまりパッとしなかった。

私は連合艦隊航空主務参謀として、これらの戦果報告をチェックしながら、控え目に、大本営に送っていたのであったが、俄然、台湾沖航空戦大勝利の大本営発表が軍艦マーチ入りの騒ぎで、連合艦隊司令部の頭を飛び越えて放送されたのに、私は驚いたのであった。そして、そんな誇張な戦果発表の情報を、誰が流しているのかといぶかった。
ところで、この台湾沖航空戦に、陸軍航空兵力が参加していたのであった。しかもなぜ、このような洋上の航空戦に陸軍航空兵力が参加していたかとの事情については、また私が一番よく知っていたのである。それは、私が第一航空艦隊の首席参謀であったとき、大本営の命令で、陸軍第一航空軍に属する大型機の二個飛行戦隊に、雷撃術を伝授せよとのことで、折柄、鹿屋《かのや》航空基地で訓練中の第一航空艦隊麾下の中攻隊龍《りゅう》部隊でこれを実施したのであった。その後、間もなく私は連合艦隊参謀に転じたので、その後の成果を見とどけなかったのであるが、今回の台湾沖航空戦に、この陸軍の二個飛行戦隊が魚雷を携えて出撃したのであった。しかも夜襲をかけにというのである。

洋上で、自由に走りまわる敵艦隊に対する夜間雷撃というものは、十数年来そのことについて百戦錬磨の私なんかでも、苦手中の苦手であったので、況《いわ》んや洋上戦闘には、ずぶの素人の陸軍機搭乗員にとって、魚雷を発射することは習得したのだけれど、いきなり夜間雷撃というのは無理であった。しかし彼らは、それをやってのけたのだから、まことにあっぱれであった。けれども、残念ながら戦果は皆無であったのである。

しかるところ、更に残念ながら、彼らはその戦果を誤認した。例えば、雷撃発射中の僚機が一機、敵に撃墜されて海面に墜落し、燃え上がった。それを見た搭乗員たちは、いま自分の発射した魚雷が敵艦に命中したと誤認して、「敵空母一隻撃沈」と打電報告する。一緒に出かけて行った他の十数機もみんなそのように打電するのだから、それらの報告を接受した陸軍司令部では、それを集計して、敵空母十数隻を撃沈したと判断した。

いまだ曾《かつ》て、陸軍航空兵力が洋上の海戦に参加協力したためしはない。それが今回、見事に参加したのだから、画期的事実であった。しかもそれが、敵機動艦隊を全滅させるほどの戦果を挙げたというのだから、陸軍部内の喜びようは一方《ひとかた》でなかったことは想像に難《かた》くない。

そこで早速、PRが任務の大本営陸軍報道部は、大々的に尾鰭《おひれ》をつけて、これを国民に放送した。当時、大本営報道部は、陸軍部とか、海軍部とかの区別を廃していたので、これらの誇大放送は、すべて軍艦マーチ入りで放送されたのであった。このラジオ放送を連合艦隊司令部で聞きながら、私は苦り切っていたのであるが、そんなに敵空母十数隻も撃沈したのなら、敵機動艦隊は全滅している筈なのに、彼は南下して、フィリッピン諸島全域に亘って、猛空襲を頻発させているのであった。

私は、これを米軍のフィリッピン攻略に備える前哨戦と見ていた。事実はその通りで、ハルゼー大将の率いる敵機動艦隊は、一ヶ月以上にも上る連続行動で、沖縄、台湾、フィリッピン全域に亘る、こちらの所在航空兵力や艦船を掃蕩《そうとう》していたのであった。

しかも台湾沖航空戦で、失われた空母は一隻もいなかったのであるが、ただ軽巡一隻が損傷を受けて、航行不能に陥り、救助を求めて、ワアワアと悲鳴をあげていたのを、こちらの敵信班が傍受して、敵に多大の損害を与えたとの裏付にしたのであった。まことに台湾沖航空戦の大勝報は、大本営発表法螺《ほら》吹きの最高でしかなかった。

かくて連合艦隊司令部では、台湾沖航空戦の捷報にもかかわらず、米軍のレイテ湾上陸は必至と見て、連合艦隊残存兵力の総力を結集して、これに備えたのであった。しかし敵主力の機動艦隊と決戦して、これを撃滅する力はないので、せめて来襲する敵輸送船団を撃滅して、敵のフィリッピン攻略の初動において、三十万程度の出血を強要しようと狙った。当時私は、敵はフィリッピン攻略に約百隻の輸送船団を動員するものと見ていた。

一隻に三千人は乗っていると見て、合計三十万である。この兵力を輸送船もろとも撃沈して、三十万の出血を強要しようというのだから、むごいようだけれど、これが戦《いく》さなのであった。

戦後、戦史愛好家たちの間では、この捷一号作戦を、史上空前の海戦とか、太平洋戦争最後の艦隊決戦などと呼んでいるが、史上空前の海戦というのは、捷一号作戦の構想上、その通りでもいいけれど、太平洋戦争最後の艦隊決戦などというのは当っていない。

太平洋戦争における主力の艦隊決戦は、すでに「あ」号作戦で終ったのであって、捷一号作戦は出血作戦に転移していたのであった。出血作戦というのは、正確には出血強要作戦というべきで、敵に大量の出血を強要して和平工作の端緒を摑《つか》もうとするのであった。

私は、外戦部隊最高司令部の連合艦隊航空主務参謀として、この太平洋戦争は航空作戦であったから、その扇のかなめを握っている存在として、もはや、この太平洋戦争に勝てないことは、分かり過ぎるほど分かっていたのであった。敵を知り、己を知らば、百戦殆《あや》ふからずというが、いまや私は敵を知り己を知り過ぎているので、この一戦が殆ういのであった。

しかし当時、必勝の信念で沸き立たせている艦隊内で、それを言うことは、タブー（禁句）であったから、腹に据えていたのだけれど、このままの推移で行けば、無条件降伏に陥ることは必至と見ていた。そこで、なんとか有条件で和平を結ぶために、ここで一番敵に多大の出血を強要して、この条件を呑むなら、このあたりで戦いを終るが、呑まないというなら、更に二倍、三倍の出血覚悟でやって来いと、すごもうというのである。

私は、真珠湾の体験から、アメリカ国民の泣きどころは、人員の喪失だと見ていた。艦船や飛行機の損失ぐらいは、それがなんぼ大きくても、彼らはまた造ればいいと考えるのだけれど、人員の喪失は、それがなんぼ小さくても、また作ればいいというわけにはゆかない。その泣きどころに乗じようというのが、こちらの狙いであって、フィリッピン攻略の初動において、敵兵三十万の人員喪失をやってのけようとしたのであった。

然《しか》るところ、こちらには、幸いなことに、水上部隊が、リンガ泊地で健在であった。健在と言えば、聞えはよいけれども、事実は戦争中、遊兵的存在であったから健在なのであって、あまり讃《ほ》められるすじではなかったのである。ここにリンガ泊地というのは、シンガポールの対岸にあって、セレベスの油が豊富であった。遊兵的存在の水上部隊が、内地に在って、南方から運んで来た油を食わせていたのでは仕様がない。既述したように南方生命線は敵潜の脅威に曝《さら》されて、内地に運び込んだ油一滴は、血の一滴に値する貴重なものであった。そこでこれらの油を食う水上部隊を、油の豊富なリンガ泊地に追いやったのであった。

このような次第で、リンガ泊地に追いやられていた水上部隊は、巨大戦艦大和、武蔵を先頭とする戦艦部隊と、重巡愛宕《あたご》を旗艦とする第二艦隊司令長官栗田健男中将の率いる重巡部隊と、それらを警戒する水雷戦隊の軽巡や駆逐艦群であった。

連合艦隊航空主務参謀の私は、これを、敵輸送船団撃滅のための恰好の兵力だと見たのであった。そのようなことから、連合艦隊司令部では、これらリンガ泊地の水上部隊を打って、一丸として、軍隊区分命令によって、これを第一遊撃部隊と呼称し、栗田第二艦隊司令長官に指揮せしめた。世に、これを栗田艦隊と呼ぶ所以《ゆえん》である。かくて、連合艦隊命令によって、捷一号作戦における栗田艦隊の作戦目標は、レイテ湾に突入して敵輸送船団を撃滅せよというのであった。

けれども敵輸送船団は、裸で来るのではないので、空母十七隻を数えるハルゼー機動艦隊の掩護の下《もと》に来るのであった。従って、こちらの裸の栗田艦隊が、このハルゼー機動艦隊と正面して、その空中攻撃隊にたかられたのでは、全滅は免れない。そこでハルゼー機動艦隊を撃滅することはかなわないけれど、ここは一番その攻撃を外すために、この機動艦隊を北方に吊り上げて、そのすきに栗田艦隊をレイテに突入させようと、知慧を絞ったのであった。これが囮作戦の構想であった。けれどもハルゼー機動艦隊を吊り上げるには、餌《えさ》を示さなければならない。その餌に、こちらの小沢機動艦隊を当てようとしたのである。これまた随分乱暴な話だけれど、もうすでにデスパレート（絶望的）な破局に近い戦況であったから、すべて特攻的性格を帯びて来たのであった。

かくて連合艦隊司令部では、栗田艦隊に対して、捷一号作戦における栗田艦隊の作戦目標は、レイテ沖に突入して、敵輸送船団の撃滅であることを命令した。

ところが当時、栗田艦隊では、これを不満としたというのである。私は連合艦隊航空主務参謀で、水上部隊に関する主務は三上〔作夫〕作戦参謀がやっていたので、当時私はその不満を耳にしなかったのであるが、戦後、栗田長官の参謀長であった小柳冨次少将の著述した「栗田艦隊」という本には、次の通り記《しる》している。

先ず冒頭に、従来の海上権力史論の所説を述べ、海上における艦隊戦闘は、彼我主力間の艦隊決戦であるべきを強調し、第一次世界大戦における英独艦隊のジュットランド海戦まで引用して、主力艦隊決戦は、彼我の大砲と魚雷とで決まるのだとの時代錯誤を述べている。そして栗田艦隊に対する敵輸送船団撃滅という作戦目標は、これが果して兵術上の原則から見て妥当かどうかと批判したあと、次の通りの所見である。

「いま仮りに当面の輸送船団撃滅に成功し得たとしても、敵機動艦隊の現存する限り、敵は何回でも上陸作戦をやり直すことが出来る。即ち概観すれば、敵進攻の全行程をいくらか遅らせることになるが、敵の進攻意図を撃砕することにはならない。輸送船団などほうって置いても、敵機動艦隊を撃滅すれば、抜本的に敵の進攻を断念せしめ、延《ひ》いては戦局収拾の要因ともなり得るのである。即ち前者は一時的弥縫《びほう》策に過ぎないが、後者は根本的解決策である。かかる観点からすれば、連合艦隊の作戦計画は本末を転倒しているというのが栗田艦隊全般の空気であった」

以上の所説は、まさしく兵術上の原則論であって、連合艦隊司令部でも百も承知であった。しかし、いま、こちらには、敵機動艦隊を撃滅する戦力がないのである。連合艦隊司令部としては、本末を転倒しようにも、もはや本《もと》が失われていて、末だけが残っているので、この末を有効に使おうとするのであった。

しかし栗田艦隊というのは、従前の主力部隊であった戦艦群と、前進部隊であった重巡部隊とから成っていた。これらは従前の艦隊決戦における主力であったので、いまだにその夢から醒《さ》めていない。従って、まだ、艦隊の主力決戦は、大砲と魚雷とでやるものだとの意気に燃えて、自分たちを、末だとは思っていない。だから、いま、栗田艦隊の作戦目標を、敵輸送船団の撃滅などと与えられると、栗田艦隊のプライドを傷つけるものだと、怒るのであった。

けれどもすでに作戦様相は一変して、戦艦だの、重巡だのと、言っている時代は過ぎたのであった。主力決戦などと言ってるけれど、これら水上部隊の歯の立つ敵機動艦隊ではないのである。敵機動艦隊の矢面《やおもて》に立って、その空中攻撃隊にたかられたのでは、水上部隊なんて、沈むために浮かんでいる存在であることを、私はよく知っていた。私自身が、第一段作戦中にやって来た事実だからであった。

かくて、戦後になって、私が「栗田艦隊」を読んだことによって、なぜ、捷一号作戦が囮作戦の犠牲による成果にもかかわらず、なんの戦果も上げずに敗退に終ったかの原因が、ここに伏在するのを知ったのであった。

それはさて置き、十月十七日、連合艦隊司令部では、情況の逼迫《ひっぱく》に伴なって、リンガ泊地にある栗田艦隊に対して、急速ボルネオ・ブルネー湾に進出を令した。

リンガ泊地にあった栗田艦隊は、栗田本隊と西村支隊とに分かれていた。栗田本隊は、第一戦隊の大和、武蔵、長門と、第三戦隊の金剛、榛名の戦艦五隻を基幹とし、第二艦隊の愛宕、高雄、鳥海《ちょうかい》、摩耶《まや》、妙高、羽黒、熊野、鈴谷《すずや》、利根、筑摩の重巡十隻と、これらの警戒部隊である軽巡能代と矢矧を含む駆逐隊五隊から成っていた。

また、西村祥治海軍中将の率いる西村支隊は、山城、扶桑の戦艦二隻と、重巡の最上一隻と、駆逐艦四隻から成っていた。

栗田艦隊は、連合艦隊の命令によって、十月十八日午前一時、隠密裡にリンガ泊地を出撃した。出撃に当って栗田長官の麾下一般に対する訓示は次の通りであったと伝えられる。

「リンガにおける訓練は三ヶ月に満たなかったが、隊員一同の熱心なる努力と、豊富な燃料とに恵まれ、平時艦隊の一年にまさる成果を挙げ、これ以上を望めぬレベルまで練度は向上した。当艦隊は連合艦隊命令に基づき、総力をあげて、レイテ湾内に突撃するのであるが、いやしくも敵主力十艦隊撃滅の好機あれば、これと乾坤一擲の決戦を断行する所存である。不幸にして味方の航空戦力は甚だ微弱で、決して楽な戦さではない。しかし、この一戦こそ祖国の存亡を決する最終戦であることを銘記し、堅忍持久各々最善を尽して、力戦奮闘されたい」

まことに立派な訓示であるけれども、この訓示から窺《うかが》われることは、当時栗田長官には、レイテ湾に突入して、敵輸送船団を撃滅する熱意よりも、途中、敵主力機動艦隊と会敵して、乾坤一擲の決戦をやりたい熱意の方が旺盛であったようである。

しかるところ十月十七日、敵輸送船団の先遣隊らしいものがレイテ湾に入泊して、レイテ上陸の準備工作を進める気配が見えたので、連合艦隊では十八日、「捷一号作戦警戒」を発令した。越えて十九日にも敵輸送船団の一部がレイテ湾に入泊したので、連合艦隊では二十日、「捷一号作戦発動」を令した。

後日の米側情報によると、この十月二十日に、マッカーサーは、その幕僚たちとともに、レイテに上陸したと伝えている。しかしそれは、輸送船団の先遣隊とともに上陸したのであって、クルーガー陸軍中将の率いる輸送船団の本隊は、キンケイド海軍中将の率いる第七艦隊の直接護衛空母群に守られて、十月二十五日黎明、レイテ湾に入泊する算が大であった。そこで連合艦隊では、十月二十一日栗田艦隊に対して、十月二十五日黎明に、レイテ湾に突入するよう電命した。

かくて、栗田艦隊は、十月二十日正午、ブルネー湾に入泊した。けれども当日、補給隊の入泊が遅れたので、翌二十一日、その入泊を待って、補給を実施した。ところで、この日、連合艦隊から、十月二十五日黎明を期してレイテ湾に突入せよとの電命を接受した。かくて、翌十月二十二日午前八時、栗田艦隊はブルネー湾を出撃した。栗田本隊は、旗艦愛宕に座乗する栗田中将指揮の下に、パラワン海峡を北上した。パラワン海峡というのは、パラワン島の西側にあって、長さ約三百浬、巾は三十乃至五十浬で、敵潜水艦の潜伏に好適であった。その危険な海峡を、栗田本隊は低速十六節で航行したのである。

なぜ、もっと高速の二十四節あたりで突破しなかったのかというと、全作戦に対する燃料の顧《こ》慮《りょ》からだという。私は、過ぐる「あ」号作戦以来、船乗りの将校たちが、燃料、燃料と騒ぐのを苦々しく思っていた。

もとより燃料がなければ艦船は行動力を失うのだけれど、作戦目的達成のための行動力である。いまや破局に近い、せっぱつまった作戦行動なのだから、作戦目的達成のために、燃料を使い果たし、作戦目的を達成し得たら、帰りの燃料がなければ、漂流して、補給隊の来着を待てばいいので、その間に危急な事態が起った場合は、自沈したってかまわないじゃないかというのが私の意見であった。しかしもとより、このような乱暴な意見は、船乗りたちの間では通用しない。従って、燃料の顧慮上、作戦行動は多大の掣肘を受けていたのであった。

果然、翌十月二十三日午前六時、待ち伏せていた敵潜三隻からの魚雷攻撃であった。旗艦愛宕は魚雷四本の命中によって沈没した。二番艦高雄は、魚雷二本の命中によって、航行不能に陥り、ブルネーに曳航された。つづいて間もなく摩耶も魚雷四本の命中によって沈没した。かくて、栗田本隊は、早くも、この重巡三隻の被害によって、出鼻を挫《くじ》かれたのであった。

けれども、栗田長官及び小柳参謀長以下幕僚たちの第二艦隊司令部職員は、駆逐艦岸波《きしなみ》に収容せられて、後刻《ごこく》大和に移乗して、栗田中将の将旗を大和に移揚した。大和は第一戦隊の旗艦であったから、第一戦隊司令官宇垣纏《まとめ》少将の将旗が揚っていた。かくて、ここに二本の将旗が並び立ったわけである。やがて栗田本隊は、大和を先頭に進撃をつづけ、翌十月二十四日、シブヤン海に進入した。そして、この日の早朝から、敵機動艦隊の空中攻撃隊にたかられ始めたのであった。午前八時頃から少数の偵察機が現われ始めたが、午前十時二十五分、雷爆撃の三十機が殺到して来た。

この第一波の攻撃で、武蔵は後部に魚雷二本の命中を受けて落伍した。

正午過ぎ、敵の第二波雷爆撃の三十機は、落伍している武蔵に攻撃を集中して、魚雷四本、爆弾四発を命中せしめた。ここにおいて、警戒部隊は、これをブルネーに曳航しようと試みたが、なかなかに捗《はか》どらない。

そのうち、午後一時三十分、敵の第三波約八十機の来襲で、約三十分間に亘って、栗田本隊は叩かれて、重巡妙高は落伍した。

午後二時二十五分、敵の第四波二十五機の来襲であった。そして、午後三時十五分には、敵の第五波百機以上が来襲し、栗田本隊の諸艦に対して、十数発の爆弾が命中し、第一戦隊の長門も落伍した。

この空襲で武蔵は、全く航行不能に陥り、ただ漂流するばかりであった。

たまりかねた栗田本隊では、北方部隊と呼ばれていた小沢機動艦隊や、台湾とルソンとの基地航空部隊に対して、電報を打って、敵機動艦隊に対す攻撃成果を知らせよなどと悲鳴を上げながら反転した。孤立無援の武蔵を収容したかったのだろうけれど、ブルネーに引き返したい気配も

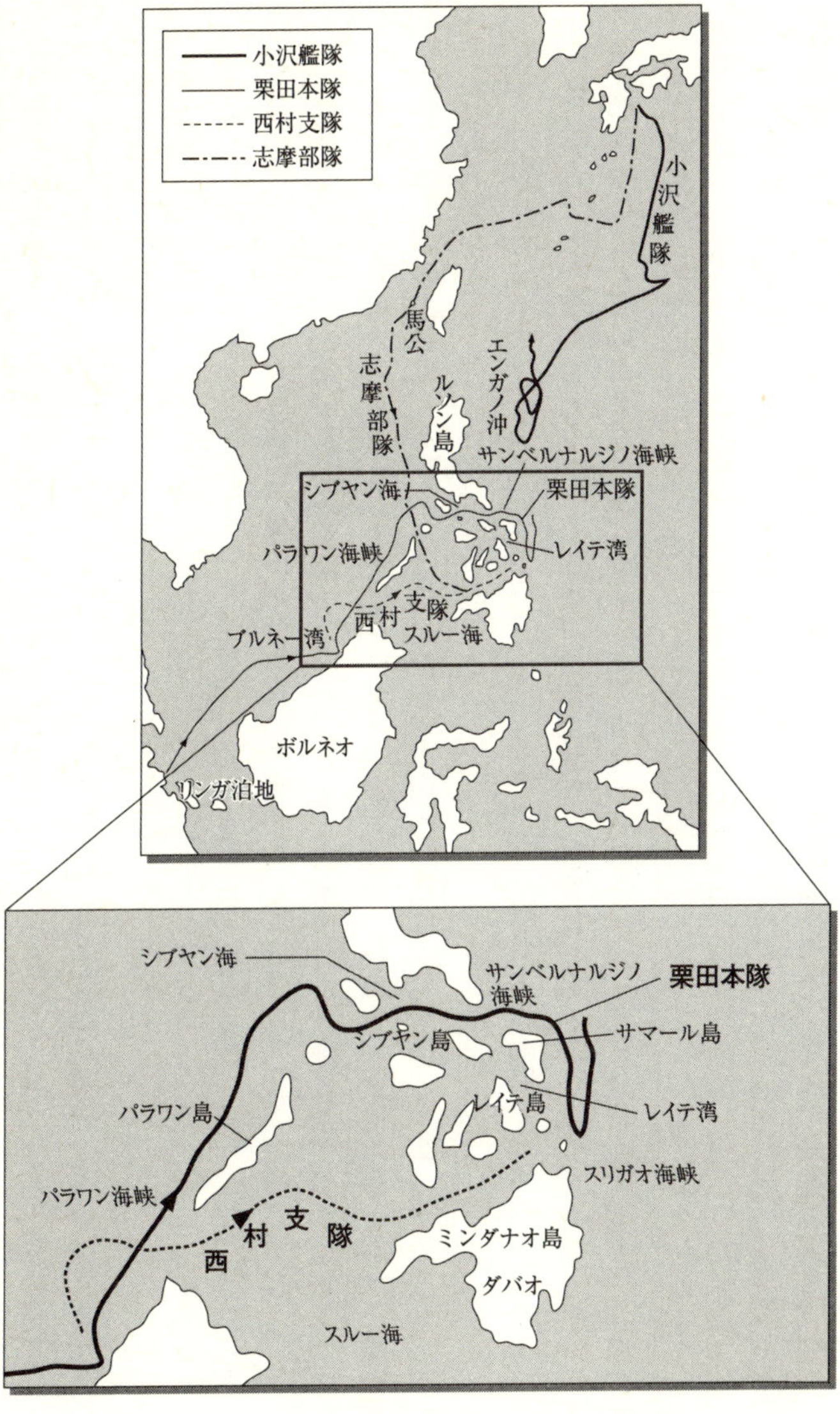

小沢艦隊
栗田本隊
西村支隊
志摩部隊
小沢艦隊
馬公
志摩部隊
ルソン島
エンガノ沖
サンベルナルジノ海峡
シブヤン海
栗田本隊
パラワン海峡
レイテ湾
西村支隊
ブルネー湾
スルー海
ボルネオ
リンガ泊地
シブヤン海
サンベルナルジノ海峡
栗田本隊
シブヤン島
サマール島
パラワン島
レイテ島
レイテ湾
スリガオ海峡
パラワン海峡
西村支隊
ミンダナオ島
ダバオ
スルー海

示した。

連合艦隊司令部で、この情況を見守っていた私は、これはいかんと思った。すると私の傍《かたわ》らに座っていた水上作戦主務の三上作戦参謀は、サラサラと電報起案用紙に電命を書いて私に示した。見ると、

「天佑を確信し、全軍突撃せよ一五三〇」

とある。私はニッコリしてうなずいた。すぐにこの電命は、神《かみ》〔重徳〕首席参謀、高田〔利《とし》種《たね》〕参謀副長、草鹿参謀長を経て、豊田司令長官の決裁するところとなって、発信された。

この電命を受け取った栗田本隊司令部では、しぶしぶではあったろうけれど、引き返してサンベルナルジノ海峡に向った。しかし不思議なことに、第五波の空襲以来、栗田本隊に対する敵機動艦隊空中攻撃隊の来襲は、バッタリ途絶えたと、小柳参謀長は記している。栗田本隊司令部では、これが天佑かと思ったという。

しかし、これは、小沢艦隊の囮作戦が利いたのであった。けれども当時、連合艦隊司令部では、囮作戦などと一言も言わなかったので、栗田本隊司令部では諒解していなかったらしいのである。囮作戦などと言い出したのは、戦後アメリカ側からであって、爾後世界中にデコイ作戦の名で拡《ひろ》まったのである。


小沢艦隊は十月二十日、瀬戸内海を出撃した。小沢中将の率いたのは、正規空母の旗艦瑞鶴と、軽空母の千代田、千歳、瑞鳳との空母合計四隻で、その他に伊勢、日向の戦艦二隻と大淀、多摩、五十鈴《いすず》の軽巡三隻と駆逐艦六隻とであった。

しかし、この小沢艦隊は、すでに台湾沖航空戦に残存の搭載飛行機隊を参加せしめて損耗し、現情は僅かに瑞鶴に二十機程度の索敵機を搭載しているに過ぎない空船《からぶね》ばかりであった。戦後、戦史愛好家たちの間では、小沢艦隊は、このとき、百機以上の攻撃機でハルゼー機動艦隊の攻撃に向わせたなどと言っているが、そのような少数機で歯の立つ相手ではなかったのである。かくて小沢艦隊は、二十機の索敵機を発進して、前路の索敵に任ぜしめ、任務達成後は、台湾やルソンの航空基地に帰投せしめた。こうして小沢艦隊は南下をつづけた。飛行機は搭載していないのだけれど、見た目には堂々たる機動艦隊であった。

この小沢艦隊の南下を発見したハルゼー機動艦隊では、まさか飛行機を搭載していない空船の機動戦隊だとは知る筈がない。好敵御座んなれとばかり、サンベルナルジノ沖より急遽北上して小沢艦隊に向った。かくて十月二十五日早朝からエンガノ沖海戦が始まったのであった。

ハルゼー機動艦隊十七隻の空母から発進した総計一千機に近い空中攻撃隊は、小沢艦隊に殺到して、旗艦瑞鶴を始め、千代田、千歳、瑞鳳の空母四隻を撃沈した。また警戒に当っていた軽巡の多摩も沈没した。しかし各艦の乗員は、警戒駆逐艦に収容せられたが、千代田艦長の城英一郎大佐は戦死した。

しかるところ、ハルゼー大将は、この日本機動艦隊の末路を、艦隊乗員に見せてやりたいとでも思ったのか、必要以上に北上した。世にこれをハルゼーの暴走と呼んでいる。この暴走に対して、レイテにあったマッカーサーは、ハルゼー機動艦隊を呼び戻すために、ハルゼー、ハルゼーと無線を打って、悲鳴を上げていた。後日の「マッカーサー回想記」によると、この日は、余《よ》の人生にとって最悪の日であったと記している。このようなわけで、このすきに栗田本隊のレイテ突入、敵輸送船団の撃滅の道は開けたのであった。

一方、栗田本隊は、十月二十五日午前一時、ようやくにしてサンベルナルジノ海峡を通過し、サマール島東岸に沿って南下した。残存兵力は、合計二十三隻で、速力二十節で航行した。けれども、パラワン海峡で敵潜に襲撃されたり、シブヤン海で敵機の来襲に遭って、ゴタゴタしていたので、レイテ湾突入は二十五日黎明の予定が、六時間も遅れて、午前十一時と予定せざるを得なくなった。

そこで栗田本隊司令部では、その旨を西村支隊に通報したのであったが、西村支隊は消息を絶っていた。その間、取り残されていた武蔵は、百方応急措置を講じられたけれど、遂にシブヤン海に沈没した。時刻は十月二十四日の午後七時三十五分であったと伝えられる。

艦長の猪口敏平大佐は、午後七時二十分、総員に退去を命じて、警戒駆逐艦に収容せしめ、自分は艦橋に居残って、艦と運命を共にした。猪口大佐は日本砲術界で至宝と呼ばれた権威であって、大艦巨砲組であった。従って武蔵と運命をともにしたのは、本望であったかも知れないが、ここに排水量七万二千トン、十八吋《インチ》巨砲九門の不沈艦とうたわれた世界最大のマンモス戦艦も、機動艦隊空中攻撃隊の前には、あえなく沈んだ。生存者の話によると、魚雷合計二十本以上が命中したと言っていた。

また一方、西村祥治中将の率いる西村支隊は、十月二十二日、栗田本隊につづいてブルネー湾を出撃し、スルー海を経てスリガオ海峡を通過し、二十五日黎明、レイテ湾突入の栗田本隊と合同する予定で行動していた。ブルネー湾からレイテ湾まで西村支隊のコースでは八百浬で、栗田本隊のコースでは千二百浬であった。スルー海を航行中の西村支隊に対しても、敵機動艦隊空中攻撃隊の少数機による空襲は頻《しき》りに行われたが、こちらの被害はなかった。

やがて、十月二十五日黎明、スリガオ海峡を突破しようとしたところで、西村支隊は全く消息を絶ってしまった。後日の米側情報によると、オルデンドルフ海軍中将の率いるアメリカ水上部隊の戦艦、巡洋艦、駆逐艦、魚雷艇は、スリガオ海峡の島影に隠れて待ち構えていたのであった。そして西村支隊が現われると、いきなり電探射撃を集中し、また魚雷艇は蝟集《いしゅう》して、瞬時にして西村支隊の戦艦山城、扶桑を撃沈したと報じている。つづいて、すさまじく活躍した重巡最上も、駆逐艦四隻も失われてしまったのであった。

かくて、栗田本隊は、サマール島東岸に沿ってレイテに向け突撃中、日出一時間後の午前六時四十五分、突如、南東方の水平線に数本のマストを認めたのであった。そこで増速して近接すると、やがて飛行甲板が見えて、飛行機も乗っている。旗艦大和の艦橋では、栗田司令長官を始め宇垣司令官も、全員一同こおどりして喜こんだと、小柳参謀長は記している。そして、これは敵主力の機動艦隊に会敵したと思ったというのであった。早速《さっそく》、追いかけた。そして彼我の距離三十二キロにおいて、午前六時五十八分、大和の十八吋巨砲は火を吹いたのであった。建造以来、初めて敵に向って主砲を発砲したのである。

連合艦隊司令部にあって、この情況を見守っていた私は、また、これはいかんと思った。敵主力のハルゼー機動艦隊は、すでに小沢艦隊によって北方に吊り上げてあるのだから、これはキンケイド海軍中将の率いる第七艦隊の護衛空母群だと思った。後日の米側情報によっても、まさにその通りで、クルーガー陸軍中将の率いて来た輸送船団本隊を直接護衛して来たキンケイド艦隊は、輸送船団の無事レイテ湾入泊を見とどけて、別動していたのであった。

だからこそ、こんな護衛空母群なんかに引っかかっていないで、早くレイテ湾に突入しなければ、敵輸送船団は揚陸を終るではないか。敵兵揚陸後の輸送船の空船を沈めたところで仕様がないので、目標は敵兵の撃滅なのであった。私は苦り切っていた。

しかしそのとき私は、栗田長官の敵の主力艦隊と会敵したなら乾坤一擲の決戦をやる意図であることを知っていなかった。そこで、これは敵艦隊を見たら、とびつきたい海軍将校の本能だと思ったのであった。ちょうど猟犬が兎を見たら、とびつきたいその本能である。ところで、この海軍将校の通有性の本能は、この情況を見守る連合艦隊司令部にも漲《みなぎ》っていた。大和から砲撃を受けたキンケイド艦隊は、悲鳴を上げて、平文《ひらぶん》〔暗号化していない普通の電文〕のままの無線で、ハルゼー艦隊に助けを求めながら北東に逃げる。豊田長官にしてからが、満面に笑《えみ》をたたえて、聞き入っているのだから、栗田本隊の行動を修正する電命などを発する雰囲気ではなかった。

敵は、煙幕を展張して遁走する。栗田本隊は、これを追撃するのだが、スコール（陣雨）が頻繁にふって敵影を遮蔽《しゃへい》した。かくてこの戦闘は三時間に亘ってつづけられたのであった。そしてこちらの戦果は、栗田本隊司令部の報告によれば、敵空母一隻撃沈、他の空母一隻大破、駆逐艦一隻撃沈というのであったが、後日の米側情報によれば、護衛空母二隻（セントロー、ギアンビアヘイ）と、駆逐艦二隻が沈没した。しかも後者の護衛空母は神風特攻機の体当りで撃沈されたと言っているから、大和の十八吋巨砲で沈んだのは、僅かに護衛空母一隻と駆逐艦二隻に過ぎなかったわけである。そしてこのころから、急遽南下して来たハルゼー機動艦隊の空中攻撃隊は、栗田本隊にたかり始めた。

かくて栗田長官は、午前十時三十分、レイテ湾突入を断念して、ブルネー湾に引き返した。しかし敵の空中攻撃隊の追撃によって、その帰途、重巡筑摩、鳥海は撃沈され、重巡利根、羽黒は航行不能で落伍した。

かくて、栗田艦隊が、上級司令部の連合艦隊命令通り、レイテ湾に突入して、敵輸送船団を撃滅する熱意に欠けていたが故に、捷一号作戦は、折角の囮作戦の犠牲による成果にもかかわらず、敗退に終ったのであった。こうして、捷一号作戦を以て、連合艦隊の有機的組織は全滅し、あとは敵に出血を強要する特攻作戦に転移して行ったのであった。

勝負度胸

大東亜戦争開戦以来、私の見ているところ、日本の提督たちは、勝負度胸に乏しい。言うなれば、しつこさがないのである。南雲提督は真珠湾で反覆攻撃をやらなかったし、三川提督は、ソロモンの夜戦で、もうひとつ突きこめば敵を全滅出来るのに、さっさと引き揚げている始末であった。

爾来、太平洋の各戦域において、日本の提督たちには、もうひとつという勝負度胸がないのであった。そしてこんどは、レイテ沖海戦における栗田提督である。私は歯がゆくって仕方ない。

人は年を重ねると、経験が豊かになる。しかし、豊かな経験というものを吟味してみると、もとより有益な経験も積み重ねているけれど、無益というより寧《むし》ろ有害な経験も相当に積み重ねてくる。特に戦争といったようなアブノーマルな事態では、この有害な経験が禍《わざわい》となってくるのであった。

「敵を知り己れを知らば百戦殆ふからず」とは、孫子の兵法だけれど、今日、敵を知るということは容易なことではない。戦闘場面で、敵情不明というのは、あたり前のことである。そこで敵情を明らかにしてからなどとしていたのでは戦機を逸する。兵は巧緻に惰するよりは、拙速を尊ぶというのは、ここのところであって、年をとると、どうしても石橋を叩いて巧緻に惰する。

私は、真珠湾奇襲を仰せつかって訓練中、奇襲についての戦例を研究していた。その中に、桶狭間の戦いがあった。織田信長、今川義元の攻勢の前に、清洲城にあって一さし舞った。

「人生わずか五十年、下天《げてん》のうちにくらぶれば、夢、まぼろしの如くなれ。ひとたび生を受けて滅《めっ》せぬもののあるべきか」

彼は舞い終って、大手門に馬をひかせ、「者どもつづけ」とばかり、単騎で飛び出した。やがて者どもは、あとにつづいて折柄の台風に乗じて、今川義元を斃《たお》した。

戦前、海軍士官の倶楽部であった横須賀水交社に、日本海軍の先輩上村彦之丞《かみむらひこのじょう》提督の揮毫《きごう》がかけられてあった。曰く「水流先を争わず」と。これが日本海軍人事のモットーであった。とかくハンモック・ナンバー（海軍兵学校の卒業順位）というのが、ものを言っていたのであった。しかし私は、開戦以来の太平洋戦争の経過を顧みて、日本海軍の上層部は皆老いて、外に出ては凡将振りを発揮するし、内にいては因循姑息《いんじゅんこそく》でエポック・メーキングの作戦様想の変化について行けない。これはどうでも、日本海軍は人事においてたしかに十年の若返りを必要とすると思った。

当時、海軍大臣兼軍令部総長という海軍において、全権力を握っていたのが島田繁太郎大将であった。

私は当時、多分に気違いであったらしい。海軍省に押しかけて行った。そして、副官や参謀たちの制止するのを押し切って、海軍大臣室に侵入して、縷々《るる》と海軍大臣に日本海軍十年の若返りを説いた。すると大臣は、

「日本海軍が十年若返えると、君は差し当り連合艦隊司令長官だね」

と言った。そこで私は、

「そのつもりで居ります」

と横着なことを言ったものだから、

「バカッ」

と一喝されて、この議は採用に至らなかった。

しかし、当時すでに破局に近い戦況であったから、もはや日本海軍十年の若返りをしても、間に合わなかったのである。

被爆翌日の広島

以下、述べる挿話は、私ひとりがいい子になって、広島で被爆して死んで行った人たちは、神の恩寵《おんちょう》から外されていたのかと、ひがむ人も出るので、私はあまり話したことはないのであるが、私自身にとっては、満ち溢れる神のめぐみであって、結局、この事実が後日、私をキリスト信仰へと導いて行ったのである。

実は、私は八月六日の前日五日まで、広島市に滞在していたのであった。用件は、私は海軍総

隊（昭和二十年四月設置。連合艦隊壊滅後の全海軍を指揮する）の航空参謀で、兼職として南方総軍参謀でもあったので、広島の第二総軍司令部にはちょくちょく出向いていた。

本土決戦について、九州防衛の協同作戦の打合せや、図上演習などは、もう済んでいたのであるが、今回は奇しくも、眼にあまるB29の跳梁《ちょうりょう》をなんとか制圧出来ないものかという、航空総軍案の「制号作戦」なるものの打ち合せで、航空総軍の作戦参謀が主宰した。当時、海軍総隊としては、「剣作戦」というのを準備中で、これはマリアナ諸島のサイパン、テニアン、グアムのB29の基地に、陸戦隊を強行着陸させて、亀の甲爆弾と呼んだ特別に工夫考案された爆弾でB29を一機一機爆破しようとの特攻作戦であったが、これにも陸軍兵力が協力しようとの打ち合せであった。

会議は三日ほどで、五日の昼前に終った。私はやれやれと腰を伸ばしながら、今晩も広島に滞在するつもりで、宿舎の大和旅館に戻った。旅館は細工町にあった。宿舎に戻って、先ずは昼寝と横になっていると、室内電話のベルが鳴る。受話器をとってみると、東京近郊日吉台にある海軍総隊司令部からで、矢野志加三《しかぞう》参謀長の声である。

「航空参謀、広島の用件が済んだら、帰りに大和基地に立ち寄って貰えないか。久安《ひさやす》〔房吉〕参謀副長が航空総軍との通信施設で、あなたの助言がいるそうだ。工事関係者が明早朝に集まるから、今晩中に来てほしいそうだ」

私は、「承知しました」と返事はしたものの、やれやれ厄介なことを言って来たものだと思った。本土決戦に備えて、海軍総隊司令部は大和基地に移ろうとして、天理市外の竹之内という部落のみかん山の下に通信施設などの防空壕を掘っている。その作業を監督するために、久安参謀副長が現地に出張しているのであった。また航空総軍司令部は八尾基地に移るとかいうので、両司令部間の連絡を密接にするための通信施設は必要だけれど、直通電話の一本も布《し》けばよいので、別に航空参謀サマの助言を必要とするほどのことでない。もう一晩、広島で泊ろうと思っている矢先に、しょうもない用事を言いつかるもんだと、ぶつくさ言いながら、それでも早速に車を岩国基地に走らせ、置いてあった連絡機で、私は大和基地に飛んで、その夜は、久安参謀副長の泊っていた竹之内部落のお百姓さんの家に一緒に泊めて貰った。

翌早朝は、工事関係者との打合せを済ませて、午前十一時頃、少し早いお昼を戴いていると、また矢野参謀長からの電話である。話を聞いて、びっくり仰天した。今朝八時十五分頃に、広島に原子爆弾らしいものが落ちて、全市は潰滅したという。中央から至急暫定の調査隊が派遣されるから、航空参謀は岩国に引返し、この調査隊に合流せよというのであった。それで、私は、その日の午後、大和基地から岩国基地へ連絡機を飛ばして、その晩は岩国基地に泊り、翌七日午前、東京から岩国基地に到着した調査団に合流して、原爆投下第二日目の広島に入った。調査団の目的は、それが原子爆弾であることを確認し、被害の概況を速やかに大本営に報告するという任務であった。

従って調査団のメムバーといえば、中央各部局のおえら方ばかりで、技術関係者と言っても、火薬や毒瓦斯《ガス》あたりの専門家で、原爆については何も知っちゃいない。それで一行は放射能なんかドント・ケアーで、何のプロテクションも施さないままに、どかどかと瓦礫《がれき》の街へ入って行った。私もその一人であった。あとでこの調査団の一行の多くは、原爆症で死んだ。私にはなんの影響も出なかったので、矢野参謀長などは、航空参謀はほんとうに調査団に加わっていたのかと疑ったほどである。

　市街は、見渡す限り荒涼として、涯《はて》しない瓦礫と、燃えさしの堆積で、くすぶっていた。土蔵や、鉄骨建がところどころに破れて残っていた。あたりは、煙と埃《ほこり》とで薄暗い。時折、大粒の雨が降って来て、つむじ風が舞った。

　いたる処に、屍体が散乱していた。焼け焦げた布を体にまとっているのもいたけれど、多くは裸体で、やけただれた皮膚をまる出しに、仰向いたり、うつ伏せたりしていた。皮膚は紫色の水ぶくれで、ぼろのように破れてたれ下がっていた。河岸には折重なって死んでいた。一様に太鼓腹で、眼窩《がんか》はつぶれ、髪は焼かれて丸坊主、顔はぶくぶくに膨れ上がっている。焼けただれた肉の異臭はすでにあたりに漲っていた。沢山の人々は、ひどいやけどで、呻《うめ》きころがりながら、しきりと水を求めている。水がなにより欲しいらしい。救援隊はまだ廻って来ない。息もたえだえの生存者が、うめきながら川の中につかっている。

　原子爆弾の兇悪無残さについては、すでに多くの事実が語り悉《つく》されている。しかし実際に見たのでなければ、その痛ましさ、むごたらしさは、想像にも及ばない。

　一人の少年は、自分も焼けただれていたが、しきりと水をほしがる幼い妹のために、けなげにも、破れ茶碗を拾って、川から一杯の水を運んで来た。妹は差し出された茶碗を受けとろうとするが、どの指もはれ上っているので曲らない。兄はその妹の上下ともにむくみただれた唇に、水を流し込んでやった。妹はゴクリゴクリとうまそうに飲んだ。その両眼のまぶたもふくれ上って、もうおぼろにしか見えない目で、兄をみつめ、頭を縦に振って、「有難う、有難う」をした。そして、「兄チャン、仇《かたき》をとって……」とかすかに言い残して死んで行った。

今日、思い出すたびに、胸がうずく。

多くの人々は、何が起ったのかも分らずに、一瞬のうちに死んで行った。しかし、この幼い少女は、あれから一昼夜半あまり、兄に助けられて生きていた。そしておぼろげながら、何が起ったのかを知った。仇を取って貰わねばならぬ敵がいるのだ。畜生!

このような痛ましい被爆者に対して、応急救護の手当のしようもなかった。医療機関は一切合財、失われてしまったのである。彼らを死から救うどころか、安楽に死なせてやることすら及びもつかぬ残虐を、原子爆弾はもたらしたのであった。

私たち調査団の一行は、救援隊ではないのだから、この惨状を尻目に、二粁《キロメートル》半に亘る被害地域をかけまわった。市街はすっかり破壊されているけれども、石碑なんかがあちこちに残っていた。その表面にピカッと来たときの投影線が焼きついている。それらを測定して爆心と炸裂の高度を算定した。炸裂高度は地上五百米、爆心は細工町であった。

私は沈痛な面持ちで、細工町の焼跡を眺めていた。一昨日まで私の宿舎にしていた大和旅館は消え去って影もない。一昨夜もう一晩泊っていたとしたら、昨日の午前八時十五分は朝飯をとっていた時刻になる。思うて体が震えた。一昨日の午後、ぶつくさ言いながら、大和基地へと広島を去ったのであったが、ぶつくさいうどころでなかったのだ。何という幸運であっただろうか。しかしこれを幸運として受けとめるには、あまりにも運がよ過ぎるのであった。私はこのとき、厳粛に神を仰いでいた。これは神の摂理で生かされたのだと。これが私のイエス・キリストへの信仰の始まりであった。

調査は翌八日にも及んだ。八日の昼頃、容易ならぬニュースがもたらされた。まだ不発の原子爆弾一箇が落ちているというのである。場所は、広島市の北方安佐郡亀山村の山中である。私は案内されて出かけた。村人たちは恐れて、みんな逃げ散っている。案内の村人もあまり近寄りたがらない。私は一応遠くから双眼鏡で眺めてみた。落下傘附であまり大きくはないが胴体が半分ばかり、地中にめり込んでいる。原子爆弾というほどのものでないらしいが、或いは爆発するかも知れない。

しかし、海軍総隊参謀の面目にかけて、逃げ出すわけにもいかないから、私は特攻隊のつもりで、勇を鼓して、ひとりで棒切れを持って進んで行った。そして先ず棒切れでつついて、爆発しないのを見届けてから、胴体に手をかけて引張り上げた。胴体は、直径約十五糎《センチメートル》、長さ約八十糎であった。胴体の中は無線通信機そっくりで、電池室があったり、真空管室があったり、これは原爆と同時に投下された落下傘附観測用通信機材と判断された。

同じものがあちこちで合計三個発見されている。

翌九日、原爆が長崎に落ちたとの報が入ったので、調査団は広島の調査を打ち切って、長崎に向った。

余談であるが、広島ピース・センターの原爆慰霊碑には、次の文句が刻まれてある。

「安らかに眠って下さい　過ちは繰返しませぬから」

しかし誰がこれを約束するのか。誰しもが、なにか釈然としない感じである。原爆などという兇悪無残な兵器で、バラバラにちぎられて死んで行った、これらの人たちに、一体安らかに眠って呉れなんて、そんな簡単な慰めで片付けられるのか。それは、詩人の気休めでしかない。人類の英智に訴えるのだというのかも知れない。だが人類の聡明英智と言ったところで、知れたものである。

今日更にきびしい核拡散の世界情勢の中で、一体誰が、再び過ちを繰り返しませんと誓えるのか。まことにヒロシマという言葉は、人類に未来への希望を失わせる。戦後、ジョン・ハーシーの著書「ヒロシマ」によって、ノーモア・ヒロシマの合言葉は世界の反響を呼んだ。けれども世界の指導的地位にあって、文明国家を誇るアメリカ合衆国が、戦争ならなにをしてもいいんだという恥知らずの野蛮な前例を、世界の全人類にさきがけて示したことは、合衆国にとって永久に拭《ぬぐ》われない汚点の精神的敗北であった。

しかしそれはとも角、多くの人々は、この慰霊碑の前に立っては、素直になんとしてでも、もう二度と再びこのようなことが繰り返されないために平和を維持しなければならないと思う。すると慰霊碑の側あたりにたむろして、「平和を守る会」などと赤いたすきをかけた威勢のいい闘士たちが署名を求める。そして平和を闘いとろうという。

けれども平和は、人間の力などで闘いとれるものではないのである。平和は上から与えられるものなのである。そうした信仰に立つとき、この慰霊碑の碑文は、祈りであって、被爆者に語りかけているのではなく、神さまにお願いしているのである。つまり、この非業に斃れた人たちの霊を神さまにゆだね、私たち人間をして再び過ちを犯さないように導いて下さいとお願いしているのである。神さまとはイエス・キリストである。その他に神さまなんていない。

茲《ここ》にこの慰霊碑の前に立って、この碑文を実行するために、あなたは、なにをなすべきか。答えは一つ、「あなたは、イエス・キリストを信じなさい」。

私は、八月六日原爆投下直後の広島に派遣されて、三日間被害調査に従事していたが、八月九日再び原爆が長崎に投下されたというので、即日命に依り、岩国基地から大村基地に飛び、大村基地の車で長崎に赴いた。翌八月十日は一日中、長崎の被害調査に従事して、概略が分ったので、翌十一日に大村基地に戻り、そして即日、大分基地に飛んだ。大分基地には、本土決戦に備えて、第五航空艦隊司令部が鹿屋基地から移っていた。

第五航空艦隊参謀長横井俊之少将は、私と辱知の快男児で、私が横須賀練習航空隊の高等科学生であったときの兵学教官であった。爾来、親交を重ねていた。横井参謀長は、私を顧りみて言った。

「淵田総隊参謀、ソ連の火事場泥棒には我慢がならないが、君はどうかね。対ソ宣戦が発令されたら、一番に浦塩〔ウラジオストック〕を空襲して、一泡吹かせたらどんなものだろう。対米航空作戦では、こちらの戦力はもう底をついているが、かき集めたらソ連に一泡吹かせるぐらいの戦力はまだあるよ」

私は賛成であった。ソ連の卑劣さに、私も我慢がならない。なんなら、その空中攻撃隊の指揮を私にやらせて貰いたい。私は早速、日吉台の総隊司令部に電話して、参謀長矢野志加三少将に出て貰った。

「参謀長、私は長崎からまわって、ただいま、大分基地に来て居ります。こちらの横井参謀長と話し合っているのですが、対ソ宣戦発令の場合、浦塩を空襲したらというのですが、この作戦構想を進めてよろしいか」

　すると矢野参謀長は、沈痛な口調で、

「航空参謀、積極作戦はもう中止して、急いで総隊司令部に戻りなさい」

　私は参謀長の命令だから、すぐに大分基地から、厚木基地に飛んで、十一日の夜に、日吉台の海軍総隊司令部に帰った。幕僚室に入ると、首席参謀の山岡三子夫《みねお》大佐は私を見るなり、黙って両手を上に挙げて、眼顔で知らせた。私は事態を了解した。降伏かと、残念であった。しかし私には、もうそれしかないことがよく分っていた。私は海軍作戦の最高司令部の総隊参謀であり、作戦の枢機を握る航空参謀であった。しかるところ、航空戦力において、もはや日本はアメリカに対して歯が立たないのであり、戦争の継続など思いも及ばぬことであることを私は知っていた。しかも、原子爆弾による広島と長崎との惨状を親しくこの眼で見て来たばかりであった。私は言葉もなく私の机に戻った。

　私の机の隣りは、陸軍参謀の机であった。陸軍参謀とは、参謀本部から連絡のために、海軍総隊司令部に派遣されて来ているのであった。私と仲の良かった陸軍参謀瀬島〔龍三〕中佐が、七月に、近衛特使の随員の含みで、関東軍参謀に転勤したあと、陸軍参謀に吉田少佐が着任していた。威勢のいい人だったけれど、日が浅いので、私とはまだなじまなかった。

　その吉田陸軍参謀が私に話しかけて言った。

「淵田航空参謀、実は陸軍ではクーデターを計画しています。阿南《あなみ》陸相を首班とする軍事内閣を立てて、徹底抗戦です。海軍も同調して呉れませんか」

私は、そのとき、何を今更徹底抗戦かと思った。あの苦しかった対米航空決戦に、日本陸軍航空はなにを寄与したかと思うからであった。そこで私ははっきりと、

「お断わりします」

と、答えた。吉田陸軍参謀は、この腰抜けめと言わんばかりに、私を睨《にら》みつけて、肩をいからしながら、海軍総隊司令部を去って行った。そして再び戻って来なかった。

阿南陸相は、すでにして、陸軍省と参謀本部との中堅将校たちによって、降伏を拒否して戦争を継続する軍事政権樹立のクーデターの動きを知っていた。そこで、阿南陸相は十四日、第二回御前会議で無条件降伏受諾に決したあと、陸軍最高首脳の五者会談を召集した。

集まったのは、陸相阿南惟幾《これちか》大将、参謀総長梅津美治郎《よしじろう》大将、教育総監土肥原賢二大将、第一総軍司令官杉山元《はじめ》大将、第二総軍司令官畑俊六大将の五人であった。畑大将は天皇に呼ばれて、広島から上京していた。航空総軍司令官川辺正三《かわべまさかず》大将は列席しなかったが、あとで承わることにしてあった。この五者会談で決定したことは、陸軍全体に、御前会議の決定に従わせようというのであった。

そこでこの決定に基づいて、即日、陸軍省と参謀本部との合同省内会議を召集して、降伏は天皇の意志であることを伝えた。そして両者の連名で、全軍に、この旨の通牒が発せられた。こうして、軍事政権樹立を企てる首謀者たちが、全陸軍を動員するクーデター計画は、一応挫折した。

海軍では、十四日の午後四時三十分、米内《よない》〔光政〕海相が、省内会議で御前会議の決定を伝えた。そして、海軍全体に徹底させるために、各部隊の参謀長を召集した。

解説——天皇が危惧した陸海軍の対立

昭和十七年（一九四二年）六月、ミッドウェー作戦の失敗にはじまり、翌十八年二月のガダルカナル島からの撤退、つまり「い」号作戦の壊滅によって、太平洋戦争には一大転機が訪れた。以後、日本が戦局の攻勢にたつことはなかった。

戦後、アメリカは日本の敗因を以下のように分析している。一、国力判断の誤り。二、作戦第一、情報軽視。三、兵站《へいたん》・補給の軽視。四、組織の不統一（陸海軍の対立）。五、精神主義の誇張。六、膨張主義。

要は国力の差は論外として、戦局の全体を通じてアメリカの論理的な思考や兵力の運用、それにきわめて柔軟で科学的、合理的な戦法に敗れたといえよう。

ここではとくに四の「組織の不統一」について取り上げたい。

十年ほど前、ガダルカナル、ラバウル、パプア・ニューギニアなど太平洋戦争の激戦地を、公刊戦史『戦史叢書』の編纂に携わられた旧陸軍出身の森松俊夫氏に連れられてめぐったことがある。飛行機の窓からは、ソロモン海が群青色の輝きをみせていた。季節はちょうどガダルカナル戦がはじまったのと同じ八月であった。

かつてラバウルからの零戦が飛びかった積乱雲が立ちのぼる空は、山本五十六も淵田も飛んだ空である。

このとき、何よりも驚いたのは、日本からの距離の遠さである。ソロモン諸島のガダルカナルは直線距離にして六千キロ、ニューブリテン島のラバウルからでも一千キロである。海軍主導ではじまったガダルカナル戦の当初、島の名や位置を、陸軍では大本営の作戦参謀でさえ知らなかったほどであった。このときアメリカ軍は、徹底的に補給線の長さを衝《つ》いてきた。いきおい日本軍は航空機や艦船の消耗戦を強いられた。

ラバウルで見た光景で笑えない話がある。旧日本軍が掘った防空壕の前にきたときである。島には陸軍と海軍が多くの防空壕を掘ったが、いまもそのままに放置されていた。

「陸軍と海軍とでは、穴の掘り方がちがうのですよ」

と、同行の森松俊夫氏が教えてくださった。なるほど海軍が掘った防空壕は、奥まで一本縦に深く坑道を掘り、万一爆風を受けたときの防禦策として、横に枝となる坑道を掘って爆風の拡散を図っていた。それに対して陸軍のものは、奥まで縦に一直線である。

とかく陸海軍の対立が、ちぐはぐな戦法や戦力にまで影響を与えた事実からすると、たかが防空壕とはいえ、南の島に旧日本軍の組織の特性をあらわす思わぬ歴史の遺物が残されていたことには、考えさせられるものがあった。


さて、淵田は、「捷一号作戦」の章で、昭和十九年（一九四四年）十月十二日から十六日まで行われた台湾沖航空戦で、敵空母十数隻を撃沈したという大誤報にふれている。

この誤報の原因について、私は以前、元大本営陸軍部の情報参謀であった堀栄三氏から直接に話を聞いたことがある。太平洋戦争と情報戦について語ってもらう目的で訪ねたそのとき、堀氏は奈良県吉野村の村長をしておられた。

堀氏は、台湾沖航空戦の最中に、たまたまフィリピンの第十四方面軍への出張を命じられた。完成したばかりの情報文書「敵軍戦法早わかり」を第一線部隊に普及するためであった。

昭和十九年十月十二日、宮崎県にある陸軍新田原《にゅうたばる》飛行場に着いて南方行きの乗り継ぎ便を待っていたときである。台湾沖で米第三十八機動部隊と日本海軍との航空戦がはじまり、新田原で足止めをくらったのである。この間を利用して堀氏は、実戦中の操縦士たちからその報告を聞くことが、航空戦の戦法研究に役立つと思い立ち、大本営参謀の肩書をフルに使って海軍航空隊の出撃基地である鹿児島県の鹿屋《かのや》へ飛行機を飛ばさせた。

堀氏はその間の事情を著書『大本営参謀の情報戦記』にも詳しく書いている。そのなかに次のような短い文章がある。

台湾沖から帰還してくる海軍の操縦士たちに接するうち、その戦果報告に疑問を抱いた堀参謀は、ピスト（飛行隊指揮所）から出てくる操縦士たちをつかまえては状況をたしかめていた。すると、〈陸軍の飛行服を着た少佐が、ピストから少し離れたところで沈みがちに腰を下ろしていた。陸軍にも俄《にわ》か仕込みの雷撃隊があったのだ〉と、鹿屋の海軍航空隊に陸軍の雷撃隊がいたことを、堀氏はいみじくも記している。

そもそも、海軍の基地になぜ陸軍の飛行隊がいたのか。その理由を自叙伝が明かしている。

淵田は、第一航空艦隊の首席参謀時代に、陸軍の飛行戦隊に雷撃術を伝授するように大本営から命じられ、鹿屋の海軍部隊に訓練を委託した。その陸軍航空部隊が、台湾沖での海軍の航空戦に参加することになったのである。この部隊員こそが、堀氏が鹿屋で見た陸軍航空兵だった。淵田もこう書いている。

「いまだ曾て、陸軍航空兵力が洋上の海戦に参加協力したためしはない。それが今回、見事に参加したのだから、画期的事実であった。しかもそれが、敵機動艦隊を全滅させるほどの戦果を挙げたというのだから、陸軍部内の喜びようは一方でなかったことは想像に難くない」

しかし陸軍雷撃隊は、沈めてもいない敵艦船を撃沈したと報告した。淵田は自叙伝でその誤報の原因として、この陸軍部隊の戦法の未熟さと戦果確認の稚拙さをあげている。だがこのとき大本営海軍部は、陸軍からの誤報をふくめ、台湾沖航空戦の戦果報告が間違いだったと気づいていたが、連合艦隊内部でも一部の参謀をのぞいては、その真相は伏せられていた。淵田は、誤報の事実が海軍から大本営陸軍部に伝えられなかったことについては、何もふれていない。大本営陸軍部（参謀本部）の誤報のみをあげるばかりである。

一方この点について、陸軍部の服部卓四郎作戦課長は、〈いかなる理由によるものか、十六日以後発見された敵の空母に関する諸情報及び戦果調査の結論は、大本営陸軍部に対して通報されなかった。この事実は、大本営陸軍部の其後の作戦指導に大なる影響をおよぼしたのであった〉（『大東亜戦争全史』）と、陸軍がつづくレイテ作戦で誤報にひきずられたことから海軍部の態度を厳しく指弾している。

大本営海軍部は、ミッドウェー作戦で犯した情報の隠蔽による過ちを、ふたたび繰り返したのである。

誤報に気づいた堀参謀は、台湾沖航空戦の戦果について、大本営陸軍部の第二部長（情報）

あてに、「この成果は信用できない。いかに多くても二、三隻、それも航空母艦かどうかも疑問」と、海軍の戦果報告についての疑義を、その日の夕方に緊急電報で知らせたことを記している。しかし、「私の報告は、結局大本営で握りつぶされてしまいました」と、この話は堀氏からも直接聞いた。陸軍部でも報告を握りつぶしたのである。堀参謀はその無念のほどをしみじみと語ってくれた。

ここで興味深いのは、堀も、淵田も戦後書かれた著書では、誤報の原因となったことについて、それぞれ陸軍と海軍、相手方のみをあげている点である。これは故意なのか、たまたま偶然のことだったのか、互いの意識の底に当時の陸軍と海軍の対立の図式の延長をみるようでおもしろい。

昭和十九年十月十八日、台湾沖航空戦の大戦果の報告をうけて、捷一号作戦が発動された。フィリピン方面での陸海軍の主力による決戦の幕が切って落とされたのである。

翌十九日に、参謀総長と軍令部総長は天皇から、「本回の作戦は皇国の興廃を決する重要な戦闘なり、宜しく陸海軍真に一体となり滅敵に邁進せよ」と勅語を賜った。そのなかで「陸海軍真に一体となり」とあえて強調されているところに、天皇のこれまでの陸海軍の対立への危惧と、難局への覚悟をうながす決意のほどがうかがえる。

このとき、日本がフィリピンで敗れれば、南方資源地帯からの補給路は完全に遮断される。たとえ連合艦隊が南方の根拠地に残存したとしても、こんどは日本からの兵器弾薬の補充が得られない。まさに崖っぷちにたたされていたのである。

捷一号作戦の海軍における主な目的は、戦艦大和や武蔵を擁する栗田艦隊をレイテ湾へ突入させ、湾内にいる敵輸送船団への攻撃、できれば上陸中のマッカーサー南西太平洋方面軍司令官ひきいる十七万の陸上部隊の撃滅であった。

このとき連合艦隊が考えた作戦案は、栗田健男司令官の第一遊撃部隊（栗田艦隊）のレイテ湾突入の成功をはかるために、米高速機動部隊をレイテ湾から北方遠くに誘い出す。そのため瑞鶴、千代田などの空母艦隊で構成され、「囮《おとり》」艦隊とよばれた小沢治三郎司令官の第三艦隊を、日本から急行させた。そして、その「囮」艦隊にハルゼー提督の米高速機動部隊はまんまとひっかかったのである。

その間、栗田艦隊はサンベルナルディノ海峡を通って、レイテ湾に向けて南下する。西村祥治中将の第三部隊（西村艦隊）は、南のスリガオ海峡からレイテ湾に入る。そしてこの二つの艦隊の挟み撃ちで荷おろし最中のクルーガー陸軍中将率いるマッカーサーの輸送船団を撃滅するのが、作戦のおもな狙いであった。西村艦隊には第二遊撃部隊（志摩艦隊）も参加した。

この作戦は、いわば連合艦隊による特攻攻撃にも等しかったといってよい。レイテ沖海戦の結果はよく知られている通り、湾内突入を直前にして、いわゆる栗田艦隊の敵前転回もあって戦局の挽回にはつながらず、連合艦隊は壊滅した。

このときの小沢艦隊の「囮」作戦の着想は、自叙伝によれば連合艦隊航空主務参謀の淵田自身であったという。そして、ひとつ重要なことを明かしている。

それは、レイテ作戦の主目的であるレイテ湾内にいる輸送船団撃滅をめざした、その理由である。なぜ輸送船だったのか。

　重複するがもういちど淵田の記述を確かめたい。

「かくて連合艦隊司令部では、台湾沖航空戦の捷報にもかかわらず、米軍のレイテ湾上陸は必至と見て、連合艦隊残存兵力の総力を結集して、これに備えたのであった。しかし敵主力の機動艦隊と決戦して、これを撃滅する力はないので、せめて来襲する敵輸送船団を撃滅して、敵のフィリッピン攻略の初動において、三十万程度の出血を強要しようと狙った。当時私は、敵はフィリッピン攻略に約百隻の輸送船団を動員するものと見ていた。一隻に三千人は乗っているると見て、合計三十万である。この兵力を輸送船もろとも撃沈して、三十万の出血を強要しようというのだから、むごいようだけれど、これが戦さなのであった」（傍線解説者）

　淵田は、この作戦の目的を「出血強要作戦」だとしている。これまで寡聞にして知らない事実だった。アメリカに大量の出血を強いて厭戦《えんせん》の気運を醸成し、和平交渉の端緒をつかもうとした、というのである。

　すでに戦局は、その四ヵ月前の昭和十九年六月、マリアナ沖海戦（「あ」号作戦）のサイパン島攻略をめぐる激戦で、連合艦隊が空母翔鶴、大鳳、飛鷹など三隻、飛行機三百九十五機などを失って惨敗した。すでにこの戦闘で主力艦隊による決戦は事実上終わっていたと、淵田は連合艦隊参謀としての認識を示している。その後のレイテは、特攻攻撃的な作戦だったといっているに等しい。

　とすると、これは終戦間際に陸軍が、終戦を拒否して本土決戦にこだわり、アメリカ軍に出血をもとめて和平の機会をうかがおうとした、いわゆる玉砕戦法と異なるところはないだろう。

終戦時、陸軍参謀次長だった河辺虎四郎は、こういっている。河辺は終戦間際に陸軍のクーデターまで考えていた人物であり、戦争継続をさけび本土決戦を強く望んでいた。

〈私の希望としては、その結果が無条件降伏というような形でなく、もっと有利な歩み寄りにもっていきたかったのでした。そして私はその限界にまで、この戦争を継続していく義務を負わされていると思ったのです〉(『太平洋戦争史 証言記録I』米国戦略爆撃調査団編)。

戦後、連合国軍の質問に対する河辺の答えである。

このときの陸軍と海軍の論理は、ともに終戦を少しでも有利に導こうと、戦力で米軍に圧倒的な差をつけられたなかで、独善的な判断をもって死中に活をもとめようとしたにすぎない。すでにこのとき両軍とも戦争全体の大局を見る余裕を失っていたのである。

レイテ沖海戦で、栗田艦隊が、敵輸送船団を目前にして突然に反転し、勝機を逸した理由については、多くの著書と解釈があるのでここではふれない。

栗田艦隊の作戦参謀、大谷藤之助が戦後、「栗田艦隊作戦参謀の手記」と題して発表した記録のなかには、ある部分うなずかせるものがある。

敵機動部隊の猛攻撃にさらされているなかで、もしレイテ湾に突入してもすでに米輸送船の陸揚げがすんで空船だったらどうするか、という作戦への強い疑念を大谷は指摘する。突入のタイミングのむずかしさの問題である。さらにいう。

〈旧式戦艦や、価値なき輸送船と引換えに、最後のとっておきの精錬な艦隊を潰すよりは、よしや全滅しても、最強の敵機動部隊に体当たりして、砕けた方がどれだけ有意義かしれない。これこそ死花を咲かすというものだ。本望だ〉

これが、当時の栗田長官以下幕僚の心境であったという。大艦巨砲の夢ふたたびである。淵田が自叙伝で述べている連合艦隊のレイテ作戦の真意について、栗田艦隊側で理解していた気配はまったくなかった。

マッカーサー元帥は、連合艦隊のレイテ作戦についてこう回想している。栗田艦隊の反転直前、ハルゼーの米機動部隊は「囮」艦隊の作戦にはまり、味方の援護もなくマッカーサーの部隊は恐怖におののいていた。

〈もし、敵がレイテ湾に入ってきたら、その強力な砲の前に、そのあたりのぜい弱な輸送船団はこっぱみじんに粉砕され、海岸にあるかけがえのない補給物資もうち砕かれてしまう。また陸上の何万という米部隊は孤立し、陸海からの敵の砲火にはさまれて身動きできなくなる。さらに補給強化計画はめちゃめちゃになり、レイテ進攻そのものの成功がおぼつかなくなる〉

（『マッカーサー回想記』）

レイテ作戦は、連合艦隊司令部と栗田艦隊との間に作戦の齟齬《そご》をきたして完敗した。連合艦隊は、ここに潰え去ったのである。

このあとにつづく、昭和二十年二月のフィリピン陥落によって南方資源地帯からの生命線を断たれたことは、日本には致命的な影響を及ぼした。一滴の油もはいってこなくなったのである。

昭和二十年六月八日、御前会議は、次のように戦争目的の変更を行った。

これまでの、「自存自衛」と「大東亜の新秩序建設」が放棄され、「国体護持」（天皇制の保持）と「皇土の保衛」が、今後の戦争の大義とされたのである。

淵田は、自分が九死に一生を得た広島での原爆体験と思いについても詳しく語っている。被爆直後の広島に、ともに入った被害調査団の一行も二次被曝でほとんど亡くなってしまった。こうしてみると戦前の淵田は、真珠湾で生き残り、ミッドウェーでも同じく、こんどは広島でと、三度も死の淵をのぞいたことになる。淵田でなくとも自らの死生観について深く考えるのは自然のなりゆきであろう。

淵田は広島の爆心地にたたずんだとき、このときが戦後の信仰のはじまりであったことを告白している。広島の調査がすむとつづいて長崎の爆心地に入った。そのときの心境をこう書いている。

「この戦争は、もう勝てないと、ひとしく思った。けれども、このような世紀の惨劇も、国民の心を粉砕することはできなかったのである。多くの人々は『参った』とは言わなかった。日本は亡びつつある。この日本と運命をともにすると言ってみんな死んでいった。たしかに原子爆弾は戦争を終結させた。しかし平和をかちとったのではない。恨みは永く、憎しみは残る」

第五部　占領の名の下で

東京裁判の証言に立つ（©共同通信社）

万世の為に太平を開かむ

一九四五年（昭和二十年）八月十五日正午に、重大放送があるとの予告に、日本国中は、路傍でも、家庭でも、職場でも、人々はラヂオの前に吸いよせられていた。

日吉台の海軍総隊司令部では、裏庭に拡声器が用意され、小沢総司令長官始め幕僚及び職員一同、重苦しい気持ちで待った。巷間、伝えるところでは、この重大放送について、全く相反した二つの噂があったという。一つは、陛下が戦争完遂について、しっかりやれと国民を激励なさるのだろうとの見方をしていたというのだが、海軍総隊司令部の一同は、すでに降伏受諾であることを承知していた。

定刻となった。ザァーザァーと雑音がはいってくる。アナウンサーの声が聞えたと思うと、暫《しば》らくして「君が代」が低く流れ出した。やがて、下村〔宏〕情報局総裁が、ただいまから玉音を放送すると告げた。私たちは「気をつけ」の姿勢を正しながらも、うなだれて、耳を傾けた。陛下の声が、とぎれ勝ちに聞えて来た。その声調は、女のように細く、黄色く、抑揚も風変りで、聞きとれにくかったが、私は一語も聞き洩らすまいと心をすまし、耳をそばだてていた。

私は二十五年間、皇軍将校という自覚に立っていた。皇軍とは、天皇の軍隊ということである。その将校であった私の働きが悪かったがために、いま陛下に、このような悲痛な放送を、おさせ申す羽目となった。まことに恐懼《きょうく》に堪えない次第であった。

このような心境で、私は陛下の玉音放送に聞き入っていたのであるが、この詔書の内容は、至れり尽せりで、まことに間然するところがなく、聖慮のほどがよく偲ばれた。特に後段に至って、陛下は一段と声を励まし、

「然レドモ、朕ハ時運ノ趨《おもむ》ク所、堪ヘ難キヲ堪ヘ、忍ビ難キヲ忍ビ、以テ万世ノ為ニ太平ヲ開カムト欲ス」

とおっしゃった。

この「万世の為に太平を開かむ」との御言葉《みことば》は、また一段と私の心を打った。眼がしらがうるむのを覚える。

私は、二十五年間の軍人生活で、「承詔必謹《しょうしょうひっきん》」〔天皇の詔《みことのり》を承って謹んでこれを行うこと〕は習い性となっていた。そしてこのとき心に思い定めたことは、これからの私の残る生涯は、聖意に従って、万世の為に太平を開くことであると決意した。ようし、この一事に、命をかけ、体を張ろう。

それ以来私は、どうしたら、万世のために太平を開くことが出来るのかと、日夜心を砕いていたのであった。

降伏使節のマニラ派遣

一九四五年（昭和二十年）八月十四日夜、日本降伏受諾の報がもたらされると、マニラに進駐

していたマッカーサー司令部から、日本大本営に停戦について申し渡すから、降伏条項実施に必要な諸要求を受理する権限をもつ代表団をマニラに派遣せよと言って来た。そして東京から沖縄の伊江島基地までは日本機で、伊江島基地からマニラまでは米軍機で運ぶ。その場合、日本機は全部、白色に塗装し、胴体両側と、両翼上下に、緑十字のマークを書き入れて来いとのお達示《たつし》であった。

この停戦文書を受け取りに行く降伏使節は、首席代表に、大本営の参謀次長河辺虎四郎中将、随員として、陸軍側から参謀本部の天野少将、山本大佐、松田中佐、南中佐、高倉中佐、海軍側からは軍令部の横山少将、大前大佐、吉田大佐、寺井中佐の合計十名であった。

また、この白色緑十字機の派遣について、大本営から海軍総隊に仕立てるように要請があった。そうなると、これは海軍総隊の航空参謀である私の処理事項であるから、私は早速、横須賀航空隊の飛行長木暮寛大佐を電話で呼び出して、

「マニラのマッカーサー司令部へ、停戦指示文書を受取りに、大本営から代表団十名が派遣されるので、その使用機として、貴様のところの一式陸攻一機を、先方から言って来た通り、全部白色に塗装して、胴体両側と両翼の上下に緑十字を書き入れて仕立てて呉れないか」

と要請した。

けれども当初、木暮飛行長の答えはかんばしくなかった。

「実は俺のところにも、徹底抗戦の造反分子がいるのでね、そんな降伏使節をマニラに送る使用機を仕立てるとなると一騒動が持ち上がるよ」

けれども、私と木暮飛行長とは同期の親しい間柄だから、無理押しにようやく了解をとりつけ

た。当時横須賀航空隊司令は、スマートな松田千秋少将であった。この人は、私が海軍大学校甲種学生のときの兵術教官であったので、爾来親しくしているが、大砲屋であるが航空についてもなかなか分りのよい人であった。

八月十五日正午、横須賀航空隊の総員を集合させて、陛下の終戦詔書の玉音放送を聞かせたあと、直ちに総員に向って、

「ただいま承わった通り、降伏は陛下の御意志である。この上は聖慮に沿い奉って、秩序正しく終戦処理に任じなければならない。もしなお徹底抗戦を続けたいと思う者は、司令である私の首を刎《は》ねてからやってもらいたい」

と達した。まことに見事な指揮掌握であった。それだから白色緑十字機の仕立ても、なんのツラブルもなく、スムーズに運んだ。

白く塗りかえられた平和を象徴する緑十字の一式陸攻は、八月十九日午前七時、木更津基地から飛び立った。当時、厚木航空隊に徹底抗戦の不穏な動きがあって、この白色緑十字機をマニラに派遣させまいと、戦闘機群の哨戒線を伊豆半島の南方に展開して、白色緑十字機を発見次第撃墜すると息まいているとの情報も聞こえていた。

海軍側随員の寺井義守中佐は、航空のエキスパートであったから、白色緑十字機の指揮官席について、そのコースを指導し、木更津基地出発後、百浬《カイリ》あまりもまっすぐに南下させて、やがて針路を沖縄に向け、午後一時に、沖縄本島の西にある伊江島基地に着陸した。

ここで、米軍差し廻わしのC54型輸送機に移乗して、マニラに向った。やがて午後六時、マニラ市郊外のニコラス飛行場に着陸した。

ここで、マッカーサー司令部の情報主任である参謀副長ウイロビー少将の出迎えを受けて、一同は用意のジープに分乗し、MPに護衛されて、マニラ市庁舎のマッカーサー司令部に赴いた。

一行のジープがマニラ市内に入ってゆくと、道路の両側は、マニラ市民の黒山の人だかりであった。みんな鋭どい憎悪の眼付きで一行を睨みつけている。子供たちは石を拾って投げつけた。そしてみんなの腹の底からこみ上げる怒りに満ちた罵声は、「バカヤロ、ザマミロ」の日本語であった。戦禍を身近かに受けた彼らが、今日を知っての復讐の声であった。

その夜、一行はロザリオ・アパートメントと書いてある米軍士官宿舎に泊めて貰った。

翌二十日、マッカーサー司令部で停戦指示の打ち合わせが始まった。停戦指示の打ち合わせは、別に停戦について論議するのではなく、向うの停戦指示について承わり、分らぬところを質問したり、情報を与えるという程度である。マッカーサー司令部の参謀長サザーランド中将が司会し、日米両語で書かれた停戦指示の文書が渡され、サザーランド参謀長が一応の説明をした。それは次の通りであった。

日本進駐予定案

連合軍最高司令官は、八月二十八日、東京湾頭の米国艦隊に於て、日本の降伏式を行う。これに先だって、次の日程で進駐する。

八月二十三日、先遣隊は空路、厚木飛行場に到着。米海軍先遣隊は東京湾に進入。

八月二十五日、米海軍主力部隊は東京湾に進入。

八月二十六日、マッカーサー司令官は厚木に着陸。海軍及び海兵部隊は横須賀に上陸。空挺及び海軍部隊は直ちに降伏調印前に確保すべき特定地区を占領。
八月二十八日、東京湾に於て日本の降伏調印。

これに対して、河辺首席代表は、この日程では無理である。日本側は誠心誠意、連合軍の方針に従って、万全をつくす考えであるが、この進駐日程では、現在の日本国内の情勢からみて無理である。不測の衝突や、摩擦を避けて、平和進駐の態勢を整えるために、最小限十日の余裕を戴きたいと申入れた。しかしサザーランド参謀長は、難色を示し、やっと全体の日程を二日間だけ遅らせることを承認した。

寺井随員は、マッカーサー司令官の着陸予定の厚木飛行場は不穏の動きがあって険悪だから、他の飛行場に変えてくれるよう説得したが、米軍側では東京の東西線以南、東京湾以西で、東京、横浜に近くて、大型機の発着に適当な基地があるなら、必らずしも厚木基地にこだわらないという。しかし、木更津基地や香取基地〔千葉県〕などは、この条件に副《そ》わないし、結局、代りがないから、致し方なく、厚木基地に決めざるを得なかった。

八月二十一日午前で打ち合わせは終った。敗軍の使者の一行は、午後一時、ニコラス飛行場を飛び立ち、午後五時四十五分伊江島基地に着いた。ここで再び待たせてあった白色緑十字機に乗り換えて、午後六時四十分、木更津基地に向けて伊江島基地を飛び立った。けれども途中、天候不良のために、天龍川河口附近に不時着し、東海道線の汽車を拾って、二十二日午後二時大本営に帰りついた。

私は海軍総隊司令部で、白色緑十字機の安否を気づかっていたのであるが、一行が大本営に帰

え り着いたとの報に、胸をなでおろし、早速、軍令部に赴いて、寺井中佐からその経過報告を聞いた。

そしてマニラの市民たちから一斉に、

「バカヤロ、ザマミロ」

の罵声を受けたことを聞いたとき、私は、ドキンとする衝撃を覚えた。それは開戦の日、真珠湾でアリゾナの誘爆轟沈を見たとき、総指揮官機の操縦者松崎大尉の口を衝いて出た言葉であった。

「バカヤロ、ザマミロ」

それはただ一言であったが、四年後のいま終戦となって、それがマニラ市民から、幾千の利子がついて戻って来たのであった。成程、バカヤロ、ザマミロの憎悪こそは、人類相克の悲劇を生んだのであった。人類からこの憎悪を取り去るのでなければ、万世の為に太平を開くことは出来ない。

それはさておき、寺井中佐から連合軍の日本進駐予定として、マッカーサー連合軍最高司令官が、八月二十八日に厚木基地に着陸すると聞いて、私もハタと当惑した。まだ厚木基地の徹底抗戦を叫ぶ造反分子の始末がついてないのであった。

厚木基地抗命事件

厚木基地の第三〇二航空隊司令は小園安名《こぞのやすな》大佐で、鹿児島県出身の熱血男児で、私たちは彼を「安《あん》チャン」と呼んでいた。

第三〇二航空隊で、厚木を基地として、主として横須賀軍港の防空に任じ、横須賀鎮守府司令長官戸塚道太郎中将の指揮下にあった。

小園大佐は、兵学校は五十一期で、私は五十二期であったが、私が二号生のとき、彼と同じ第九分隊に属し、寝室では隣り合って、枕をならべて寝ていた関係上、特別に親しかった。

兵学校卒業後は、ともに航空に志ざし、彼は戦闘機のエキスパートであった。しかし彼の反骨は旺盛で、横須賀航空隊教官であったころは、しばしば会議が開かれるのであったが、会議なんて衆愚の意見が制するというので、彼は一度も会議に出席したことがない。当時、彼は斜め銃というのを独創開発して、試作採用を要請し、これさえあれば日本は安泰だと、独りで悦に入っていたのであるが、横須賀航空隊教官の中にも、横須賀航空廠技術官の中にも、一人の賛成者もなかった。理論的に間違っているというのであった。

しかし彼は、理論なんてとも角、実験的には間違っていないとして、夜間戦闘機の月光に試作品を装備して貰い、ラバウル航空戦で実用実験を兼ねての空中戦闘で、彼の部下には、百機の敵を撃墜したなどと、太鼓を叩くのも出たりしていたが、私は伝え聞いて、若干を撃墜したでもあろうけれど、闇夜に鉄砲、数打ちゃ当るとの譬《たと》えもあって、私は鼻をつまんでいた。

私が連合艦隊航空参謀に補職されたと伝え聞いた彼は、心安いままに連合艦隊司令部に始終やって来ては、なにやかやと難題を吹っかけていた。斜め銃の採用を強硬にせまるかと思えば、当時、空地分離を採用しようとする連合艦隊の方針にたてついて、空地分離絶対反対を口走りながら、あばれ込んで来たこともあって、私はほとほとこの気違いを持てあましていたのであった。

八月十五日正午、陛下の玉音で終戦の詔書が放送された直後、小園司令は、海軍全般に宛てて、次のような無線電報を放送した。

「君側《くんそく》の奸《かん》は、聖明を覆うて、わが大日本帝国を売るの挙に出た。しかし、わが大日本帝国に降伏はない。厚木航空隊は、国体に反する命令には絶対服従しない。厚木航空隊は降伏しない。今後、上司の命令と雖《いえど》も、天皇の命令とは受け取らない。爾後厚木航空隊は横鎮〔横須賀鎮守府〕の指揮下より離脱する。右宣言する」

次いで八月十七日から全国に指揮下の飛行機を飛ばせて、北海道から九州にいたる主要都市にビラを撒布《さんぷ》せしめた。ビラに曰く、

「全国民に告ぐ。奸佞《かんねい》なる重臣の謀略により、わが大日本帝国は、ポツダム宣言を受諾せんとしつつある。一たび、降伏せんか、皇統連綿たるわが帝国は、永遠に地上より抹殺され、国民は永久に他民族に支配さるべし。今にして起て、われに必勝の策あり、厚木海軍航空隊は健在なり。厚木海軍航空隊司令小園安名」

こうして、十八日、十九日と日はたってゆく。厚木基地の第三〇二航空隊は戦闘機を生産会社から空輸したり、破損機を整備したりで、司令以下隊員一丸となって戦闘待機のまま、一触即発の情況であった。

この情況は、海軍上層部を刺戟した。これを鎮圧するために、海軍総隊司令部からは、参謀副長菊池朝三《ともぞう》少将がつかわされた。菊池少将は、曾《かつ》て鳳翔艦長のとき、小園大佐はその鳳翔飛行長であった。私はそのとき、鳳翔の属する第三航空戦隊の航空参謀であった関係から、両者ともに辱知《じょくち》の間柄である。けれども小園司令は、菊池参謀副長の説得を肯《がえ》んじない。菊池参謀副長は、さじを投げたという面持ちで帰って来た。

そこでこんどは、温厚な人格者、第三航空艦隊司令長官の寺岡謹平《きんぺい》中将に説得に赴いて貰ったのであるが、小園司令は、依然として、寺岡中将に会うのを拒否した。厚木基地は機関銃を構えて、寺岡中将の入隊を拒んだのであった。

かくて厚木基地の始末がつかない。横須賀鎮守府司令長官戸塚中将は、海軍総司令長官小沢中将に、意見具申して、横須賀警備隊の戦車群で、厚木基地を討伐したらとの提案がなされた。早く、これを察知した厚木基地では、この戦車群を零戦隊で掃射してやろうと手ぐすねひいて待ち構える。容易ならぬ事態となった。日本人同志が、血を流してなるものかと私は思った。

中央当局では、陛下の御意志を伝えるために、高松宮殿下の御差遣を奏請しようとの議が出た。しかし海軍総隊司令部としては、麾下《きか》部隊のことである。私は、とも角海軍総隊司令部で処置しますから、高松宮殿下の御差遣はまあ待って下さいと、断わって貰ったのだが、さて、と言って、厚木基地鎮圧の名案は浮ばなかった。

時は、すでに八月二十三日である。あと五日でマッカーサーが厚木基地に着陸するというのである。私はせっぱ詰まった。そこで私は、海軍総隊航空参謀という立場と、小園司令に対する年来の親友としての関係から、彼と刺し違えてやろうと決意したのであった。

翌二十四日の早朝、私は、海軍総隊の車で、日吉台から厚木基地に走らせた。厚木基地正門は閉ざされていて、機銃がこちらを向いていた。

「海軍総隊航空参謀」

と、名乗らせたら、正門の衛兵伍長が、「気をつけッ」と号令をかけて正門を開き、衛兵たちが捧げ銃《つつ》の敬礼をするうちに、私の車は隊内に入った。

厚木基地本部玄関に着くと、当直将校が出迎えたので、三〇二空の副長菅原英雄を呼び出して貰った。すぐに副長菅原中佐が出て来た。私と相識の仲である。私は早速にたずねた。

「小園司令はどうしてる」

すると副長の菅原が答えるのに、

「司令は十四日以来、約十日間も不眠不休なので、疲労の極に達している。加えて、ラバウル以来のマラリアが再発したらしく、高熱つづきで、あらぬことを口走り、酒を呑んでは気狂い同然です」

この「気狂い同然だ」との言葉を聞いたとたん、私の胸中にパッと名案が浮んだ。ヨーシ、安ちゃんと刺し違えるどころか、彼を気狂いとして扱ってやろうと決心したのであった。しかし私が表面に立ってやると、隊内の造反分子どもが騒ぐであろうから、裏で糸を引くことにした。そこで菅原副長に指図して、なんとかして小園司令を取り押えろと言った。

小園司令は、司令室のソファーに凭《もた》れて、マラリアの高熱と連日の疲労とで、ぐったりとしていたが、軍刀を跨《また》にはさんでいて、寄らば切りつけんでもない。しかし、もはや刺し違えるほどの相手でもないので、隙を見て、みんなではいり込んで、取り押え、軍医長を呼んで麻酔剤を注射して貰った。そこで意識不明で寝ている彼を救急車で横須賀海軍病院の野比《のび》精神病棟に送り込んだのであった。

そうしておいて、菅原副長に厚木基地の指揮を継承させ、本部前に総員を集合せしめた。かくて菅原副長は、総員集合の前に凛とした態度で宣言した。

「小園司令は、心神喪失のため、横須賀海軍病院に収容された。菅原副長、代って当航空隊及び基地の指揮を継承する。もはや事態ここに至っては、終戦の詔書を体し、無条件降伏のほかはない。ただいまより武装を解除する。全作業員は直ちに全部の飛行機の機銃とプロペラを外せ」

との菅原副長の命令によって、隊員は飛行場へ走った。いまや、自分たちの手で、自分たちの愛機の機銃とプロペラを外そうというのである。まことに悲痛なことであった。すると零戦格納庫から、爆音が聞えて来た。そして一機、二機、三機とすべり出して、編隊も組まずに、てんでに離陸した。全部で六機を数えた。武装解除に憤激した若い搭乗士官たちが脱走して、最寄りの陸軍基地の児玉や狭山の飛行場に逃げたのであった。

かくて、一応厚木基地抗命事件の鎮圧は片付いて、早速、横須賀設営隊の手で、厚木基地は清掃された。やがて八月二十八日、マッカーサーの乗用機バターン号の着陸となったのであった。

あとは後日譚となるが、一九四五年（昭和二十年）十月十七日、横須賀鎮守府軍法会議は、小園大佐に対し、党与抗命罪という罪名で、無期禁錮の実刑を言い渡した。また厚木基地から戦機で脱出した青年将校たちは、いずれも四年乃至《ないし》八年の禁錮の実刑が申し渡された。その後、恩赦や特赦などで、いずれも短期で仮出獄したが、小園司令は七年の服役のあと、一九五二年（昭和二十七年）の暮に、熊本刑務所から仮出獄し、郷里の鹿児島県加世田市の自宅で春子夫人とともにひっそりと暮していた。そして一九六〇年（昭和三十五年）十一月五日、寂しく病没した。

私が彼を心神喪失者として処理しようと決心し、彼を麻酔剤で眠らせて、意識不明の状態で、横須賀海軍病院野比精神病棟に強制入院させた所以《ゆえん》のものは、彼をして党与抗命罪などに問わせたくない底意であった。心神喪失者だからである。

しかるに彼が出獄後、一九五三年（昭和二十八年）夏、文藝春秋に寄稿した「最後の抵抗者」を読むと、彼は野比精神病棟の一室で、意識を回復したとき、自分は気狂いでなく、その後彼は自分は当時正気であったと、繰り返し繰り返し揚言して、受刑に甘んじた。

この文藝春秋に執筆のため、一週間ほどの予定で彼が上京していたとき、私もちょうどアメリカから帰国したばかりで、東京に滞在して、文藝春秋のために、「真珠湾隊長アメリカへ渡る」との寄稿を執筆中であったので、彼と顔を合わせる機会を持ち、旧交をあたためることが出来た。そのとき彼は私に言った。

「淵田、あのとき降伏なんかするのではなかったぞ」

と。まことに彼は世紀の快男児であった。

東京への道は遠かった

一九四五年（昭和二十年）八月二十八日、マッカーサー占領軍最高司令官は、厚木基地に降り立った（二十八日は先遣隊の到着日。マッカーサーは三十日に来日した）。乗用機バターン号から出て来たとき、彼は略装の軍服で、シェード・グラスをかけ、マドロス・パイプを右手にくゆらせながら、かっこいい姿であった。そしてあの名セリフ、「東京への道は遠かった」などとほざきながら、横浜のニューグランド・ホテルに向けて走り去った。

私は、マッカーサー出迎えの日本側代表に交って、厚木基地に彼を迎えて敬礼をしていたが、その小憎らしいヂェスチャーをまのあたりに見て、横づらに往復ビンタをくらわしてやりたい衝動を抑えていた。

こうして先ず横浜のニューグランド・ホテルに占領軍総司令部の看板がかかると、三日目に案の定、私は呼び出されたのであった。

ニューグランド・ホテルに出頭すると、三名の係官が控えていた。みんなニコニコしていて、なかなか愛想がよい。先ず私にそれぞれ自己紹介をした。私は名前なんか、おぼえられなかったが、一人は中佐で、あとの二人は少佐、そして三人とも陸軍であった。彼らはGHQのG2の情報参謀だと言った。

私は彼らのしゃべる英語がよく分らないので、通訳をつけて貰った。通訳はアメリカ生れの日本人二世であった。少尉のマークをつけている。ハンサムな好青年で、国籍はアメリカ市民でも、正真正銘の日本人である。

「先ず御経歴から伺います」

と通訳を始めた。しかし、私はアメリカの軍服を着用している日本人というものに初めてお目にかかるのだから、この野郎とばかりに睨みつける。彼は、気がひけるのか、小声の日本語でささやいた。

「こんな事情に立ちいたりまして、まことにお気の毒です。私、下手な日本語しか出来ませんが、通訳させて戴きます」

この真面目な一言に、私は胸あたたまる思いがした。私は彼を励まして言った。

「ああいいよ。さあ始めろ」

こうして訊問が進められた。

「開戦のときの階級は」

「海軍中佐」

「補職は」

「航空母艦赤城で飛行隊長」

「どんな戦闘に参加しましたか、開戦のときから順序に述べて下さい」

私は弱ったなと思ったが、もう仕方がない。

「真珠湾空襲」

「そのときの配置は」

「空中攻撃隊総指揮官」

俄然、中佐の係官が乗り出すようにして、

「そうですか、あなたでしたか。私はあの日、真珠湾にいました。素晴らしい攻撃振りでしたよ。失礼ながら、われわれは日本人を侮っていましたからね。ジャップにしては出来過ぎると思いました。それで指揮官はドイツ人将校だろうなどと話し合っていたのでしたがね。さあひとつその模様を詳しく聞かせて下さい」

といった按配《あんばい》で、紙や鉛筆を私の前にならべる熱心さであった。

こうして二時間あまりも、真珠湾空襲の話を、質疑応答まじりに取り交わしていたのだが、話が終ったとき、この中佐は、私が説明のために略図を書き散らした紙を取り上げて、私にサインを求め、大事そうにポケットに収めた。

訊問が終って、私が帰ったあと、この中佐は、その紙片を得意がって占領軍の従軍記者たちに示したものらしい。午後になって、それらの新聞記者たちが、どっと私のところに押しかけて来た。

私はそのとき、目黒の元海軍大学校構内にある付属建物の一室を宿舎にしていたのであるが、はいり切れないほど多勢の記者たちとのインタビューで、いろんな質問攻めに遭った。

ところが、この従軍記者たちというのは、終戦となったとき、みんな東京への一番乗りを競ったのだという。目的は、「東京ローズ」と会見の特種争《とくだね》いであったのだという。

「その東京ローズというのは何ですか」

と、こんどは逆にこちらが記者たちに質問する番となった。

「あなたは知りませんでしたか。アメリカ軍の前線では大評判だったんですがね。東京からアメリカ軍の前線に向けて、戦意を喪失させようとする反戦放送でしたけれど、それは性的魅力のある甘ったるい声で、男性をとろけさせるような女性の放送なので、前線将兵の間では、『東京ローズ』と名づけて、大もてでした。そんなわけで、われわれ記者仲間では、その正体をさきにつかもうと、特種の先陣争いとなったのでしたよ」

「ほほう、そんなら、その女性の放送は、士気を崩壊させるどころか、却《かえ》って士気を鼓舞した娯楽放送みたいで、アメリカ政府から勲章ものですね。ところでその女性の名前は分ってるのですか」

「なんでもロスアンゼルス生れの日本人二世で、戸栗ユリとかいう未亡人と聞いています」

私は、このような話を聞きながら、どうせこれは大本営の陸軍情報部あたりの仕業だろうと思ったが、私は飛行将校で前線を駆けまわっていたから、そのような謀略じみたことを、一向に耳にしていなかった。

ところが、いま私とインタビューしている占領軍の従軍記者たちは、その特種の先陣争いに敗れた連中で、その埋め合わせに、真珠湾隊長であった私とのインタビューを特種として米本国新聞に送ろうとの魂胆であった。

ところで、そうした記事が、翌日の占領軍機関紙であるスターズ・アンド・ストライプスに、私の顔写真とともに大きく載った。

するとその日の午後であった。黒人兵三人が、私の宿舎にやって来て、部屋の窓ごしに覗きこみながら、スターズ・アンド・ストライプスに載っている私の写真と、私の顔とを見くらべている。気味が悪いったらありゃしない。

こうして首実検が済んだと見えて、黒人兵たちは、指で私に出て来いと招く。薄気味悪いけれど、さからっては何を仕出かすか分らないので、私はおとなしく部屋から出て行くと、案の定、彼らのやって来たジープに乗れという。私は誘拐されるのかと思ったが、勝手にしやがれと観念して、ジープに乗ると、やがて三十分ほど走って、丸の内の郵船ビルの裏手に着いた。そこで彼らは私を下車させたのであるが、この前後から私は、彼らの態度を通して、彼らに悪意のないことを覚えつつあった。

その郵船ビルは、占領軍進駐の当初、米軍将校たちの宿舎に当てられていたので、この黒人兵たちは、そこのバーで働かされていたのであった。こうして私はビルの裏手から連れ込まれて、エレベーターは用いずに、せまい階段を這うように上がって、彼らの働くバーの楽屋裏に案内された。そして、案に相違の大歓迎であった。

この三人の黒人兵のほかに、バーで夕方の準備に忙しく働いている大勢の黒人兵たちも、みんな私に手を差しのべて、飲みねえ、とばかり、ウイスキーのグラスをつきつける。食いねえ食いねえとばかり、クラッカーをさし出す。

私には、何のためにこのような歓迎を受けるか見当がつかなかったが、だんだんと分って来たことは、彼らのジェスチャーで、

「真珠湾空襲を誰が一番喜こんだと思うか」

との問いかけであった。そしてその答えは、「われわれ黒人だよ」と言うのであった。

私はこのとき初めて身をもって、白と黒との人種的ツラブルの深刻さを味わった。黒人は白人に対して、先天的に、蛇に睨まれた蛙みたいに頭が上がらないものとされて来た。しかし彼らは、白と黒との差別待遇には我慢のならない思いを、いつも泣寝入りさせられて来たのであった。それが真珠湾で小気味よく白人の横づらをなぐり飛ばして呉れた。われわれ黒人は溜飲を下げた。そのお礼にいまサービスするというのである。しかし占領政策で、占領軍兵士の日本人との交歓は禁止されているので、大ぴらに出来ないから、このような楽屋裏で我慢して呉れとの申出であった。

私は、この皮膚の色が違うというだけの宿命的な人種的偏見の悲劇の一こまをここに見て、胸ふさがる思いであった。真珠湾のお礼などと、とんでもない。人種を超える人類愛こそ、万世の為に太平を開く日本の使命である。

顧みれば日本が、大東亜解放という大義名分をかざしたのはよい。しかし、自分こそ最優秀の

天孫民族で、大東亜の盟主であると思い上がったところに、傲慢と人種的優越感とが存在しなかったか。このたびの敗戦は、それを懲らしめる天譴《てんけん》であったと、私は受けとめていた。

降伏調印式

一九四五年（昭和二十年）九月二日、アメリカ海軍の超大型戦艦ミズーリ号で、降伏調印式が行われた。そして第二次世界大戦の戦闘に事実上の終止符を打った。

戦艦ミズーリ号は、長さ八百八十八呎《フイート》、幅百八呎、排水量四万五千トン、十六吋《インチ》主砲三連装三基の九門、五吋副砲二連装十基の二十門、四十粍《ミリ》機銃四連装二十基の八十門といった兵装であった。乗員は将兵三千人、まことに堂々の威容であった。アメリカ海軍が日本の超大型戦艦大和、武蔵に対抗させるために、戦艦ニュージャージーなどとともに、急いで建造したという代物で、一九四四年（昭和十九年）一月二十九日に進水し、その年の六月十一日に就役した。しかし就役したときは、戦艦の時代は過ぎていたので、僅かに降伏調印式場に用いられ花を咲かせたのである。私はその頃、はや昵懇《じっこん》となっているアメリカ太平洋艦隊司令部の航空参謀に、こんな大きなものを、巨費を投じて、降伏調印式場のために造ったのかと、ひやかしたら、彼も飛行将校であったから、曰く、

「これも大和と同様、世界の三バカの一つでした」

と。

これは後日のことだけれども、ミズーリ号は、その後朝鮮戦争で、陸岸に大砲をぶっ放ったり

してたけれど、一九五五年（昭和三十年）二月二十六日、退役して、記念艦としてシャトルの対岸、ブレマートン軍港に保存されている。

このように、ミズーリ号は、戦艦としては、あまり役に立たなかったのだけれど、降伏調印式場としては、まことに豪華なものであった。その式場は、右舷前部のシェルター・デッキに設けられたのであるが、仰げば檣楼《しょうろう》〔帆柱の上にある物見やぐら〕が巍然《ぎぜん》として天空を摩し、横には巨砲十六吋三連装二基六門が無気味にがん首を揃えている。まさに式場の威容は満点で、これは日本側を威圧するというよりも、連合国側の諸国代表を恫喝するに充分であった。

日本側代表は、政府代表として外務大臣の重光葵《しげみつまもる》氏、大本営代表として参謀総長梅津美治郎大将であった。

私は海軍総隊参謀として、日本側準備のためのいろいろな雑役を仰せ付かるのだけれど、随員ではないから、そのシェルター・デッキに上げて貰えないので、一段下の上甲板から、ミズーリ号の乗員たちに交って、眺めていたのであった。

午前九時四分、先ず日本側代表が、重光、梅津の順に署名した。つづいて午前九時八分、連合国最高司令官ダグラス・マッカーサー元帥が、日本国と戦争状態にあった凡《すべ》ての連合国の為に署名した。彼は、このとき一九四二年以来、日本の捕虜であったコレギドール失陥の敗将、米陸軍のジョナセン・M・ウエンライト中将と、シンガポール失陥の敗将、英陸軍のアーサー・パーシバル中将を伴なって、サインに使ったペンを夫々《それぞれ》に与えた。まことに見事な演出であった。

しかし、私は眺めていて変な気がした。開戦当時、フィリッピン守備の首将は、マッカーサー元帥であった。それがコレギドールの失陥寸前にコレギドール要塞と部下将兵を、部将のウエンライト中将に托して、自らは妻子を連れ、腹心の幕僚を伴なって、高速艇でコレギドールを脱出して、濠州に落ちのびた。袂別《べいべつ》の言葉は、「アイシャルリターン」であったのであろう。ウエンライト中将は、そのあとコレギドールを失なって、部下将兵とともに日本軍の捕虜となって四年間を過した。その間に、マッカーサー元帥は、濠州から華やかなマッカーサー・ラインで、フィリッピンに「アイシャルリターン」の約束を果し、やがて厚木基地に進駐したときは、得意のジェスチャーで、「東京への道は遠かった」などと、大向うをうならせたのであった。そしていま、晴れがましい調印式場で、曾ての身代りをつとめた、可愛そうなウエンライト中将に、ペンを与えて、その労苦をねぎらっている。これが彼らの騎士道というものかいな。こんな哀れな騎士道に、わが大和魂の武士道が敗れるなんて、どうも辻褄が合わない。私は降伏調印式を眺めながら、まだひとりで力んでいた。雀百まで踊りは忘れんものらしい。

やがて午前九時十二分、アメリカ太平洋艦隊司令長官チェスター・W・ニミッツ元帥が、アメリカ合衆国代表として署名した。彼は、このとき太平洋の驍将《ぎょうしょう》、アメリカ第三艦隊司令長官ウイリアム・F・ハルゼー大将を同伴していた。私はハルゼー提督の顔を初めて見たのであるが、成程精悍であった。

このあと、中華民国、英国、ソ連、オーストラリア、カナダ、フランス、オランダ、ニュージーランドの順に署名した。しかし私は見ていて、これらの連合諸国代表は、みんな戦勝国のような得意さであったけれど、われわれの負けたのは手前たちにではないのだぞと言ってやりたかった。われわれが太平洋戦争を失なったのは、ただいまそこにいらっしゃるハルゼー提督の機動艦隊に歯が立たなかったばっかりにだ。思うて私はまた口惜しさに、拳を握りしめていた。

降伏文書に署名が終ったあと、マッカーサー元帥は、甲板に設けられたマイクから全世界に向けて放送した。私は聞いていて、よく分らなかったのだけれど、なんでも、ここに第二次世界大戦は終ったということと、余に与えられた任務は、日本が再び世界の脅威とはならないように、軍事的無力化することであるといったようなことをしゃべった。

こうしてマッカーサーのメッセージが終ったところで、降伏調印式は閉じられたのだが、そのときタイミングよく、米海軍機動艦隊の艦上機と、米陸軍の戦略空軍機と合わせて数百機の編隊群がミズーリ号の上空を横切って飛んだ。見事な大デモンストレーションであった。

天皇戦犯問題とニミッツ元帥

降伏調印式が終って数日すると、マンソンという人がアメリカからやって来て、なんでも開戦事情を調べるらしいとのことであった。天皇戦犯問題がチラチラする頃だったから、みんな神経をとがらせた。

するとまもなくマンソンの名で、真珠湾攻撃に関する数十項目に上る質問が発せられた。終戦処理の中央連絡部は、この答申を私に押しつけた。

ところで終戦となって、占領軍が進駐して来るに先だって、日本は中央指令として、国家機密や軍機密に関する書類の焼却を命じたので、各部隊は徹底的に焼き棄てた。悪戦苦闘ではあったが、血で綴った四年間の貴重な戦闘記録であった。だが負けて甲斐なき記録かなといったような感傷も手伝って、メラメラと燃え上がるのを眺めるとスーッとする。連合艦隊司令部でも山岡首席参謀の指示で、倉庫に二棟分の書類を三日間に亘って焼却した。九州あたりの部隊の中には、焼き過ぎて兵舎まで焼いたのがいた。

日本人とは、どうしてこうも偏狭な島国根性だろうかと思う。戦いに敗れては、秘匿しなければならぬような、なんの国家機密も軍機密もあるものか。それは戦勝国側で言うことである。また、勝敗は腕っ節できまったことであって、敗戦国だって開戦のときは、大義名分を正して戦いに入った筈である。ならば戦いに敗れても「われらかく戦えり」と、開戦以来の記録を、頁を揃え、目録をつけて、世界の各国に配布する方が賢明であった。それを焼いてしまったとは、まことに了見の狭いことであった。

了見が狭かったといえば、開戦となって英語追放というのがそれであった。英語は敵性語だから追放するという。学校でも英語は教えるなという。喜んだのは女学生ぐらいで、一般には不便であった。

不便と言えば、海軍でも右にならって、英語を追放した。われわれは飛行機のエンジンを始動するとき、「スイッチ・オフ」で整備員が近寄って、手でプロペラをまわし、「コンタクト」でスイッチを入れて、エンジンを発動させていた。それを全部日本語でやれということになると、整備員たちはウロウロする。

ところが終戦となって占領軍が進駐して来ると、まもなく私は、日本語を達者に話す語学将校というのを発見した。そこで彼らに問《たず》ねた。

「あなたたち、いつから日本語の勉強を始めましたか？」

するとと大概は、戦争が始まってからだという。そこでまた、

「あなたの方は勝てる自信があったので、日本語の勉強を始めたのですか?」
と更に聞くと、そうではなくて、勝っても負けても戦争となれば、相手国の国語が必要となるじゃないかとの返事であった。なるほど、そうであった。負けてみれば、パンちゃんだってイングリッシュを必要としたのだが、学力不足でパンイングリッシュというのを話していた。

さて閑話は休題として、そのマンソンへの答申だが、記録がすっかり焼却されているので、記憶をたどるよりほかに仕様がない。私はあまり記憶力のよい方ではないが、真珠湾のことなら昨日のことのように憶えている。そこで記憶に基づいて、マンソンの数十項目の質問に対し、一々丹念に答申を書いて提出した。するとこの答申書は、占領軍で英語に翻訳して、淵田大佐訊問録などと、あまり光栄ある標題でないが、一小冊子にまとめられ、証言としてマンソン・レポートに加えられた。

だがマンソン氏が私に話すのに、
「キャプテン・フチダ、あなたの証言は、大層私の調査をプロモートして呉れました。感謝します。けれどもね、記憶だけの証言では信頼性というのが薄いのです。あなたの証言を裏付ける記録が欲しいですね」

そのころ、日本の上層部では、戦犯などと天皇に御迷惑がかかってはいけないので、開戦について天皇は、なにも御存知なかったことにしようとの動きがあった。これは天皇を庇《かば》おうとする臣節であった。

それでA級戦犯として訴追され、大船の捕虜収容所跡に仮収容されていた開戦指導者たちも、マンソンの調べに対して、「あれは自分たちがやったことで、天皇はなにも御存知でなかった」との一点張りで通していた。

また同じく中央連絡部でも、大海令といったような開戦指示の文書を要求されても、記録文書はすべて焼却されたとして、記憶に基づく要旨というのを作製し、天皇に累を及ぼしそうな個所はメーキングも辞さなかった。

或る日私は、お濠《ほり》ばたの第一生命ビルに移っていたGHQに呼び出されての帰りに、日比谷公園を通り抜けていた。すると赤い旗を数本たてて、赤い連中がアジっている。聞くともなしに耳に入るのを聞いていると、

「諸君、諸君のお父さんや、良人《おっと》、また息子さんたちは、天皇陛下万歳と唱えて死んで行ったのだぞ。それなのに、その天皇が真珠湾を知らなかったんだとよ。そんなでくみたいな天皇ならも う要らんじゃないか。この際、天皇制を打倒せよ」

なるほど、一応筋の通った言い分である。だから言わんこっちゃない。一国の元首であった天皇が、開戦に踏み切る真珠湾攻撃を御存知なかったなどと真実を歪曲しようとするから、このようにひょうたんから駒が飛び出す仕末になるのだ。事はすべて真実を歪曲してはならない。

ポツダム宣言受諾は、無条件降伏であった。国際法学者の中には、あれはポツダム宣言に書かれてある条件を受諾するという有条件降伏であったなどと主張する人もいるが、学者というのは学があるから、いろんな説を立ててるけれど、ポツダム宣言受諾が有条件であったとしたら、それはたった一つ国体の護持というのであった。しかしこれは決して有条件として彼らが確認したわけではない。ただ暗黙のうちに、その諒解をとりつけたものと受けとめていたので、終戦の詔書

にも「朕ハ茲《ここ》ニ国体ヲ護持シ得テ」と明記されてあった。
私を含む同志のわれわれは、国体の護持が容れられんというのであれば、生きて甲斐ないと思った。かなわぬまでも、ゲリラに転移するつもりであった。そのような場合には、占領軍最高司令官などと高慢ちきなマッカーサー元帥の首などは、とうに刎ねていたかも知れない。

降伏調印式に参列したあと、アメリカ太平洋艦隊司令長官のニミッツ元帥は、暫らく横須賀軍港に滞在していた。

一日、そのニミッツ元帥の名で、私は横須賀に呼び出された。そのころ私は、占領軍のあちらこちらから召喚されるのが例になっていた。名もなき若い情報官までが、虎の威を藉《か》って、私を呼びつけていた。しかしニミッツ元帥とあれば大物である。私は、おそるおそる横須賀鎮守府跡の米海軍総司令部に出頭した。

ところが取り扱いは、なかなかいんぎんで、立派なソファーに腰かけさせて、コーヒーのサービスであった。やがてニミッツ元帥が現われると、ニコニコして、これは自分が個人的に伺いたい事項だけれどと前置きして、一時間ばかり質疑応答が続けられた。私はそのとき、私の当面した限りにおいて、真実を率直に話した。ニミッツ元帥は、大いに満足した表情で感謝しつつ雑談となって、こんどは彼が東郷元帥に私淑しているという一席を話して呉れた。

ニミッツ元帥は、アナポリスの海軍兵学校を卒業して海軍少尉候補生のときに、遠洋航海で東京に寄港した。そのとき彼ら少尉候補生一同は、東郷元帥から講演を承わった。爾来彼は、東郷元帥を渇仰《かつごう》していたのだが、彼が大佐になって、アメリカ、アジア艦隊の旗艦であった巡洋艦オーガスタ号の艦長としてマニラにいたとき、東郷元帥は亡くなった。アメリカは、オーガスタ号を儀礼艦として東京に派遣したので、葬儀当日、当時のニミッツ大佐は、東郷元帥の柩《ひつぎ》に付き添うて歩いたと言った。

こうした話を聞いているうちに、私はニミッツ元帥が好きになった。彼も隔意のない心易さを示して呉れる。ついつい私はつられて、目下マンソン・レポートに協力していることを話し、天皇戦犯問題の解消について、ニミッツ元帥の助言を懇請した。ニミッツ元帥は黙ってうなずいた。

その後、ニミッツ元帥は、GHQに対して、「いま日本が復員といい、武器引き渡しといい、戦犯裁判といい、ポツダム宣言を忠実に履行している所以《ゆえん》のものは、一に天皇が存在なさるからである。その天皇を戦犯扱いするようなことがあっては収拾つかなくなって、占領政策はスムーズにいかなくなるだろう」と進言した。

これは、ニミッツ元帥という大物の有力なアドバイスであった。マッカーサー元帥も了承したとみえて、天皇戦犯問題は消滅した。

殿様百姓

敗戦とともに、日本国民の怨嗟《えんさ》は曾ての軍人に向けられた。職業軍人という言葉が盛んに用いられて、その職業軍人たちが戦いを好んで国を亡ぼしたとの非難であった。そして職業軍人であったものは一切合財《いっさいがっさい》、軍閥の走狗《そうく》であったとして、ここに国敗れて走狗煮らるという景況となった。

職業軍人という言葉がはやるものだから、私は、誰か軍人を職業にしていた奴がいたのかといぶかっていると、お前がその職業軍人であったとの焼印《やきいん》を押されて恐れ入った次第であった。けれども私としては、曾て一度も軍人であることを職業であると意識したことがないというアッパレなものであった。そしてまた軍閥などという大仰《おおぎょう》なものにかかわりをもっていたなどとは、つゆ御存知なかったというオメデタイものであった。

折しも占領軍は占領政策として、日本から軍国主義勢力を一掃するという命題で、追放令というのを制定せしめた。その第一番に、私は海軍正規将校であったという理由で、追放令の第一項にひっかかって追放となった。国民は手を叩いて、これを喜こぶ。全く事大主義の国民であって、占領政策に尾を振るのであった。そこへまた占領軍命令で、軍人恩給停止と来た。まさに泣き面に蜂であった。

私はこのときほど、人の頼み難きを覚えたことはない。世の友は、私を棄て去った。私は過ぐる四年間、愛する祖国と同胞のために、命をかけ体を張って戦場にあった。悪戦苦闘、多くの僚友を失なった中に、私は生き残ったのではあるけれども、曾て一度も戦場に背を向けて逃げまわっていたのではない。いつも「求敵必戦」をモットーとして、敵を見つけては嚙みついていたのであった。従って戦いには敗れたけれど、私は私なりに悔いなく戦ったと心得ている。

いま私を白眼視する事大便乗のアプレゲール〔戦後派〕日本人が憎くてならない。人を憎くむものではないと、頭では分っていたのだけれど、心ではどうにもならないのであった。ただ敗戦という厳粛な事実に対し、やっぱり軍人として働きが悪かったとの責任を感ずるが故に、私は歯を食いしばって耐えていた。

恃《たの》むべきは自力だけであった。私は家族を連れて、郷里奈良県に帰り、畝傍町のほとりに農地を求めて、農業生活に入った。しかし農業といっても僅か三反歩ばかりの水呑み百姓であった。

私を軍閥の走狗として釜に入れたのは占領軍であっても、いま釜の下を焚いて煮ているのは同胞の日本人である。このように混乱する世相を、私もまた白眼視しながら、営々として汗に明け暮れて、生活設計と取り組んでいた。それはちょうど、漂流記のロビンソン・クルーソーの孤島の生活のようであった。飲むべき水の井戸は自分で掘り、住むべき家は自分で建てた。金はないけれど、智慧とひまはあった。

今日でもサムライと呼ばれるのがいる。一般に片仮名でサムライと書く。別に斜陽族の家来のことではない。ときたま座談会あたりの話題にのぼると、大いに哄笑《こうしょう》を博する種族のことである。帰郷しての私は、そのサムライの一人であった。別にサムライを自認していたわけではないが、やることなすこと高踏狷介《こうとうけんかい》で、世相を無視する部類であった。住む家を建てたいが、大工さんに頼む金がない。しかし宇宙の森羅万象を見ていると、一切の生物は、自分の巣は自分の手で作っている。ようし、自分の手で家を建ててやろうと決心した。

一日、所用あって大阪に出向いた。日本橋筋を歩いていると、

「ヤア、しばらく」

と呼びとめるのがいる。私の二期下で戦闘機の八木中佐である。この人は、海軍にいたときから、すでにサムライの種族であった。戦争中からかけ違っていたので、たえて久しい対面であ

る。

「貴様、なにしとるか？」

浪人同志の挨拶というものは、先ず身すぎ世すぎの方便《たつき》を聞くのがエチケットである。

「ちょっと、私の店を見て下さい」

と来た。日本橋筋に店舗を構えているとは豪勢な奴と、半丁ばかりついてゆくと、一つ路地を曲がったところに、小さな店があった。

「食品加工店」と大きな看板がかかっているが、店の中はガランとしていて、なにもない。

「看板だけで、店にはなにもないじゃないか」

「ハイ、半分はやみ屋で、半分はこんにゃくの製造をやっていたのでしたがね、数日前、取引先の百姓と喧嘩して、原料が手に入らないので開店休業中です。あんたの方の田舎に、こんにゃくはありませんか？」

「わしの村に、こんにゃく屋が一軒ある」

「イヤ、こんにゃく玉を作っている百姓ですよ」

「ホウ、こんにゃく玉というのは、百姓が作るものなのか」

といった按配に、このサムライ同志は、たわけたこんにゃく問答をとり交わしていたのだが、事実私はそれまで恥かしながらこんにゃくというものは、その名の植物から作られるものであることを御存知なかったし、いまもってその植物にまだお目にかかっていない。

「こんにゃく玉の植物も知らんようじゃ、あなたは殿様百姓でしょうね。経営規模はどれくらいなんですか？」

「経営などと申し上げるほどの規模でない。僅かに三反歩の水呑み百姓だ」
「それじゃ土いじりが楽しいという筈だ。だが楽しいような百姓では食えないですよ」
「ウン、その通り、まさに食えないよ。なんとか智慧を貸せ」
「そうですね、それだけの面積があれば、養鶏はどうでしょう。生んだ卵は、この店にならべましょう」

それがよいということになって、鶏舎なんぞは、俺が作るよと、気が早い。帰途、日本橋筋で、大工道具の古市が立っていたので、なるべく安そうなのを、のこぎり、のみ、かんな、かなづち、などと買いこんで、ついでに目についた金網もかついで、阿倍野橋へと戻ってくると、古本屋に「儲かる養鶏法」というのが見つかったので、これだと悦に入りながら、それをポケットに入れて帰った。

ところで材木だが、買う金はないので、女房の実家の山に眼をつけた。実家は山持ちだから、ちっとぐらいは呉れるだろう。一番近い処はと問うと、高取山だという。それでも私の畠からは三里はたっぷりある。

或る日曜日に、朝早く荷車をひっ張って出かけた。女房が後押しで、中学二年の長男が先曳き、小学五年の長女が荷車に乗って喜こんでいるといった一家総動員で、弁当持ちのピクニックも兼ねるという趣向であった。

ところが荷車などをひっ張るのは初めての経験で、なかなかコツがいる。往きの空車だけで結構のびてしまった。それから山に入って立木を伐る。運び出す。簡単な材料なんだけれど、しろい、うとにとっては、とても一日の作業量ではない。それにピクニックも兼ねている。日が暮れて来る。本日の作業はこれまでと、荷車を附近の農家にあずけて、次はまた来週の日曜日だということにして帰った。ソ連でないから、ノルマなどとやかましいことは言わない。

こうした情景が繰返されて、やっと材料が畠に運び込まれた。次は大工さんの真似である。私には大工さんのような腕はないが、考える智慧とひまとがある。毎日、人影のない畠のまん中で、余念なくコツンコツンとやっていた。楽しいものであった。

やがて上棟となって、小さいながら鶏舎が建った。過ぐる私の半生は、爆撃などと破壊することばかりをやって来たのだが、いまこうして、小さいながらも自分の手で、一つの建物を地球上に建設したのだから、とても楽しくて法悦に浸っていると、うしろに人影がさした。振り返ってみると、附近で野良仕事をしていたお百姓さんである。

「たいしょうは大工さんかね」

「いいや大工でない」

「そうだろう、大工にしてはへぼいが、しろうとにしては器用だね」

とほめて呉れた。私は大佐だったが、田舎に帰ると、みんな大将と呼んで呉れる。

「たいしょう、この建物に住むのかね」

「いいや、これは鶏小屋だ」

「ホホウ、鶏小屋にしては立派だね」

と、ほめそやしながら、このお百姓さんは、人里離れた畠のまん中で、住居もないのに鶏だけを飼うのかと、うさん臭げに私を眺めていたが、

「たいしょうは引揚げだね、百姓は初めてだな」

と言った。私は恐れ入った。成程、専門家が見れば私の百姓ぶりは落第らしい。

「ああそうだよ、ときどき教えて呉れ」

こうして私はなおも野良の一ときをこの朴訥《ぼくとつ》な農夫と雑談にふけっていた。

鶏舎建築で、すっかり大工くみし易しとみた私は、勢いづいて、こんどは自分たちの家族の住む小家や、農作業の納屋や、炊事場、浴室、子供たちの勉強部屋といった工合に、すべて自分の手で建て増していった。しろうとのフゴ大工のことだから、見てくれはお粗末だけれども、充分智慧を働かしてあるので、日当りといい、風通しといい、文句はない。それに三反歩という土地は、農地としては狭いが、宅地としては広過ぎるぐらいで、愛着とともに、私は快適に住んでいた。

こうして土に親しむうちに、不思議と私の心は、植物や、家畜や、天然の現象を通して、生命の神秘や宇宙の神秘とともに、これらを創られた創造の神の存在を、深く信ずるようになった。そして恃むべきは自力だけだなどと考えていた自分の不遜さを恥じた。世の友は、すべて私を棄て去ったけれど、ひとり創造の神だけは、私についていて下さって、変らぬ恩寵《おんちょう》をもって私をはぐくみ、その恵みの下に私は生かされていることをしみじみと覚えた。

一般世人は、そんなこと、なんの変哲もない尋常茶飯の事象だと考え易い。また、こうした事象のすべてを太陽のおかげだと信ずるお百姓さんたちは、毎日太陽を拝んではいるが、その太陽をもお創り下さった創造主に思いを致していない。しかし、こうした尋常茶飯の事象を通して、神を懼《おそ》れることを学んだのは、私にとって無上の幸いであった。

過去の私は、神を懼れることを知らないで、いつも人を相手にしていた。私は神棚と仏壇とのある普通の日本の家庭で育った。神棚は天照大神《あまてらすおおみかみ》の神道であり、仏壇は浄土真宗であった。しかし私の生い立ちの環境は、宗教的雰囲気に乏しかった。従って私は、別に宗教的な信仰をもたぬままに成人して、やがて海軍に身を投じ、曾ての戦陣訓といったようなものが、私の信条というよりも寧《むし》ろ信仰に近かった。その私が終戦後、軍閥の走狗として煮らるるに及んで、世捨人のような高踏狷介な生活態度の中に、神への思慕を知り始めたことは光明であった。

聖書に次の言葉がある。

「神を愛する者、すなわち御旨によりて召されたる者の為には、凡てのこと相働きて益となるを我らは知る」(ロマ書八・二八)

しかしこのとき、私はまだイエス・キリストを知らなかった。

寅年の一年児

私が終戦のとき、私自身のことについて、一番驚いたことは、生き残ったという事実であった。私は前でも述べたように、祖国への忠誠に燃えて、命をかけ体を張って、戦場を往来していた。生き残ろうと思って、逃げ腰であったことは一度もなかったと確信している。私は戦争とは、死であると観念していた。しかし、死ぬだけが能ではない。生きて働くのでなければ、戦勝は得られない。従って死に急いではならないが、さりとて死におくれてもならない。そこがむずかしいところで、結局は生きるとか、死ぬとかいうことを、二つに見ていたのでは、戦場での振舞は当を得ないのである。どうしても生死不二、生死一如の境地に達するのでなければならない。私は将校として、ふだんから、こうした境地に達したいものと、修練に志し、鎌倉の円覚寺に、しばしば坐り込んだこともあった。

当時私は、一つの運命観を持っていた。それは寅年の一年児という迷信であった。私は明治三十五年十二月三日に生れている。明治三十五年は寅年であった。

私の生れた地方では、故老たちの迷信だけれど、寅年に生れたものは、運勢が強いとされていた。特に寅年の一年児というものは特別に運勢が強いというのである。寅年の一年児とは、寅年のうちに宿って、寅年のうちに生れ出たものをいうのであって、十二月三日に生れた私は、それに該当する。

しかし私は生れて以来、そのような迷信を意に介していたわけではない。私が、そのようなことを聞き知ったのは、妻を娶《めと》ってからのことであった。私は飛行機乗りであったので、三十歳になるまで妻を娶らなかった。それは当時の飛行機はよく墜落して、殉職者は厖大な数に達した。私のクラスメートの飛行機乗りも、つぎつぎと墜落して、海軍葬儀のときの若い未亡人の切髪姿が私の胸をしめつけた。それで私もいずれは同じ運命にあるのだから、未亡人を作らないために、結婚はしないでおこうと我慢していたのであった。

ところが三十歳になったとき、どうした風の吹きまわしか結婚することになった。けれども皮肉なことに、妻を娶ったのち、支那事変に出征することになった。あわてたのは、妻よりも妻の母であった。

妻の母は、可愛い婿の出征のために、千人針を持たしてやろうと躍起であった。支那事変の当時は、千人針というのがはやった。白い布に赤い糸で、千人の女性にひと針ずつ縫って貰って、そのぞうきんのようなものを、腹に巻いて出征すると、たまがあたらないという迷信であった。

妻の母も一生懸命に、その千人針を作るために、方々の女性に頼みまわっていた最中へ、訣別のために私は妻を連れて、妻の実家へ里帰りした。そして千人針のことなど話しているうちに、お母さんは私に問ねる、

「ところで、あんたの生年月日はいつでしたか？」

「ハイ、明治三十五年の十二月三日です」

「そやったら、あんたは寅年の一年児やおまへんか」

こうしたわけで、私はそのとき初めて、寅年の一年児なる言葉を耳にしたのであった。そしてこのとき、このお母さんは、

「あんたのような寅年の一年児は、強い運勢が身についていなさるさかい、こんな千人針など持っていかはらんでも大丈夫だす」

と言って、折角作りかけていた千人針をポイと屑かごにほうり込んでしまった。

私は別に千人針とか、寅年の一年児とかいう迷信を信じたわけではないが、このお母さんの曾呂利新左ヱ門にも似た頓智には感心した。可愛い婿の出征を励ますために、寅年の一年児などを引合いに出して、千人針を投げ棄てたのである。

こうして私は支那事変に出征し、中支方面作戦の第十三航空隊飛行隊長として参戦した。そのうち日数がたつにつれて、私はなかなか運がよいのである。私にはたまがあたらない。度重なる運の強さに、どうやらこれは寅年の一年児のせいかなと思ってみたりしていた。

そのうち事態は大東亜戦争へと発展して、私は開戦劈頭《へきとう》の真珠湾奇襲の空中攻撃隊の総指揮官を仰せつかった。そこで鹿児島基地にあって、余念なく真珠湾攻撃の訓練に精進していたのであるが、寝ても覚めても心にかかるのは奇襲であった。真珠湾攻撃は、奇襲に成功するのでなければ、成算はおぼつかないのであった。

しかし奇襲に成功するか否かは、一に敵の出かたにかかるのであって、こちらが人力をつくし得るのは、絶対に企図を秘匿するというだけのことであって、結局、あと奇襲の成功は、天佑を待つという神だのみでしかなかった。

このような情勢の中に、いよいよ真珠湾奇襲の南雲機動艦隊は、千島列島択捉《えとろふ》島の単冠《ひとかつぷ》湾に集結した。もう機密が洩れる心配がないので、全艦隊員に、敵は真珠湾と明かした上で、このハワイ作戦に用いる航空機用略語暗号書というのを飛行隊に配って来た。

私も一冊受け取って、パラパラとめくりながら、予備的に勉強していたのであるが、「我奇襲に成功せり」というのを打てたらいいなあと思って、その信文に対する略語暗号を見ると、「トラ連送」とある。私はニッコリした。トラとは縁起が最高だからである。

「みんな集まれ」

と、私は飛行隊員を呼んだ。そして、

「みんなは真珠湾の奇襲成功について、それぞれに案じとるだろうが、隊長の信ずるところでは、真珠湾の奇襲成功は疑いなしだ」

とやった。隊員たちは、

「どうしてですか」

とつめよる。私は、

「トラトラトラだからだ」

と言い放った。

隊員たちは事情が呑みこめんので、うちの隊長さんはあまり思いつめて、気が変になったのじゃないかと思う奴もいて、そうっと進み寄って私の手を握り、手の甲をつねりよった。そして私に問ねる、

「隊長、痛いですか?」

「痛いよ」

と答えると、それなら正気らしいとの打診であった。

かくて真珠湾における実際の結果は、奇襲に成功して、「トラトラトラ」を打電したのであった。そしてこの「トラトラトラ」は三千浬《カイリ》も隔たっていた広島の連合艦隊旗艦長門で直接に受信したというのである。後日、これを聞いて私は、千里往くトラ、千里を帰ったのだと思った。

こうして、寅年の一年児は、大東亜戦争においても武運めでたかった。戦場における幸運もついてまわった。開戦劈頭の真珠湾でも、高射砲弾の破片によって左舷側の胴体に大きな穴があいて、操縦索の一本が危うく切断されそうになって、僅か一本のストランドだけで保たれていたのであった。それでも戦闘指導と戦果偵察とのため、真珠湾上空に三時間もとどまって、無事任務を達成して、母艦に帰りついたとき、この総指揮官機を点検した整備の先任下士官は、顔色を変えて讃歎した、この状態で、三時間もよく飛んでいたですねえと。

戦犯裁判

やがて、ポツダム宣言に基づいて、戦犯裁判なるものが始まった。この戦犯裁判を「野蛮人の首祭り」と評した人がいた。その評し方のうまさに、私はうなったことである。

昔、蛮族というのがいたとき、酋族間で争いが起って戦う。やがて勝敗がきまると、勝った方が、負けた方の首を携えて帰り、屋根などにならべて、首祭りをやり、憎しみを晴らしたと伝えられる。太平洋戦争後の戦犯裁判というのは、ちょうどそれと同じような野蛮人の首祭りであった。

国際法に戦犯裁判などの拠《よ》るべき法規はない。ただ戦犯裁判の法的根拠は、日本に関しては、ポツダム宣言の無条件受諾に始まる。ポツダム宣言に曰く、

「吾等は、日本人を民族として奴隷化せんとし、又は国民として滅亡せしめんとするの意図を有するものに非ざるも、吾等の俘虜《ふりょ》を虐待せる者を含む一切の戦争犯罪人に対しては、厳重なる処罰を加えらるべし」

と。

しかし結局に於て、この戦犯裁判というのは、人道などの美名を使ってはいるけれど、勝者の敗者に対する一方的な合法に名をかる復讐でしかなかった。

占領軍がやって来たとき、連合国側のやったことは、すべて正義の名で裏付けされ、日本側のやったことは、すべて邪悪の烙印が押された。そして占領軍は、その威力の下に、報道管制を施

行して、日本の新聞や雑誌、ラジオ放送などのマスコミに、「真相はこうだ」という、開戦のいきさつや、戦争の模様などを、連合国側に都合よくデッチ上げたニュースを流させた。日本のマスコミは、占領軍の威力に押されて、報道の自由も、取材の自由もあったものか、無批判に占領軍に尾を振って、そのデマ放送を流した。

従って当時の日本人は、この占領軍のデマ放送に躍らされて、重々悪いのは日本側で、このような侵略戦争を引き起した当面の責任者である東条首相なんか絞首刑になるのは当り前だと考えた。

けれども、勝者が必らず正義というわけでもないのに、その正義の名において、また人道という美名まで持ち出して、敗者を一方的に罰しようとするのが、この戦犯裁判であった。

しかも、東京市ヶ谷のA級戦犯裁判では、始めから七人ぐらいは絞首刑にしようとのベースでやっているので、裁判の結果刑がきまるのではなくて、この裁判は裁判をやったという恰好をつけるために大騒ぎしているのだと私は見ていた。

このことは、判事団の一人であったインドのパル博士が書いているように、東京裁判の判決は、結論だけで理由も証拠も明確を欠いているというのである。しかも結論そのものは、裁判の前から政治的にきまっていたのであった。

そして他の判事たちは全部有罪にくみしたのだけれど、パル判事だけは無罪を主張し、無罪の単独判決を発表した。その判決の中で、パル判事は、一九二八年（昭和三年）から一九四五年（昭和二十年）までの十八年間の歴史を、二年八ヶ月かかって調べた結果を綴っている。それによると、欧米諸国こそ憎むべきアジア侵略の張本人であるのに、彼らは勝者の力によって、戦犯裁判なるものを設定し、日本が侵略戦争を行ったということを歴史に留めることによって、自分たちのアジア侵略の正当性を誇示すると同時に、日本の過去十八年間の一切を罪悪であると烙印しようとしたのであると言っている。

そしてパル判事は、日本の若い世代の子弟たちに思いを寄せて、

「日本の子弟たちが、日本は犯罪を犯したのだとか、日本は侵略の暴挙を敢《あ》えてしたのだとか、教えられて、ゆがめられた罪悪感を背負って、卑屈頽廃に流れて行くのを、私は平然と見すごすわけに行かない。あやまられた勝者の戦争宣伝の欺瞞《ぎまん》は払拭《ふっしょく》されなければならないし、あやまられた歴史は書き変えられねばならない。日本の子弟たちよ、満州事変から、大東亜戦争勃発に至る真実の歴史を、私の判決文を通して十分に研究して戴きたい」

と呼びかけている。

このように、市ヶ谷裁判〔東京裁判〕なるものは、濠州のウエッブ裁判長の態度にも表われたように、戦争の本当の原因を追及することなく、戦犯の処分さえすれば良いとの態度で、我々の任務は、「日本のやったことを裁判するのであって、連合国側のやった行為を裁くのではない」と宣言して、広島や長崎に原爆を投下したような非道な暴挙に対しても背を向け、その他連合国側の政略や行動についての証拠は全部採用しないで、悉《ことごと》く却下している。

戦争は犯罪ではない。しかし東京裁判では、侵略戦争は犯罪だときめつけた。インドのパル判事は、国際法による純法律論からこれに反対した。

東京裁判において、真珠湾攻撃が戦犯問題の中心になることが予想されていた。果せるかな、検察側は真珠湾はだまし討ちだと強く主張した。そして、開戦の通告なしに、真珠湾を攻撃した

のだから、これは戦争として扱う限りではなく、殺人罪として扱うべきだとした。

そして、この戦犯法廷では、下手人同罪という原則を立てていた。従来は、どこの国でも、受命者には、一切責任はないことになっていたのを、この戦犯裁判では、「不法な命令実行者は免訴されない」と改めたのであった。

真珠湾では、アメリカ軍の将兵約三千人が失われている。これが戦争でないというなら、三千人の殺人罪が成立する。下手人同罪となれば、私は下手人の筆頭である。これでは首がいくつあっても足らない。折角、生き残ったと思っていたのに、やっぱり駄目だったかと、私は首をすくめていた。

そして何遍となく、丸の内の郵船ビルにあった占領軍法務部に召喚されて、なんのかんのと調べられていたのであるが、そのうちにキーナン主席検事というのがアメリカから東京飛行場に着いて新聞記者団とのインタヴューで、

「こんど極東国際軍事裁判で、訴追される人々は、例えば真珠湾を攻撃した人たちではなくて、真珠湾を攻撃させた人々についてである、云々」

と声明したので、それでは私ではないのかと、やっと胸をなでおろした次第であった。

けれども検察陣は、真珠湾攻撃は共同謀議で、三年も四年も前から周到に準備されていたと追及した。そこでその反論として、真珠湾攻撃はどのような突嗟《とっさ》作戦であったかを立証するために、私は弁護人側の証人として市ヶ谷裁判に出廷した。

真珠湾爆撃隊長が出廷するというので、傍聴席は白人で満員だという。私の立証が午後に跨《また》がるので、昼食はウエッブ裁判長と同じ弁当が支給されるという優遇振りであった。

私の立証要旨は、真珠湾攻撃は、検察側の主張するような三年も四年も前から用意周到に準備されたものではなく、せいぜい二ヶ月の短期間に、訓練及び資材の準備を行なったもので、その証拠には、真珠湾で、主力艦の甲板を貫徹させる八百瓩《キログラム》徹甲爆弾などは、そのような爆弾の準備がなかったので、戦艦長門級の十六吋主砲砲弾を削って、尾部に翼を附けたという応急的なものであったし、またその応急的な爆弾を飛行機に搭載しようとしたところ、投下器にうまく合わないのを発見した。ところが時はすでに各航空母艦とも出港間ぎわであったので、工廠の職工たちを、各母艦に乗せて出港し、航海中に修理工事をやらせた。また長崎で調整中の魚雷の準備がもう一日かかるというので、航空母艦加賀の佐世保出港を一日延期して、それらの魚雷を搭載して単冠湾に集合せしめ、やっと間に合ったなどと、芸のこまかいところまで、真実を立証したので風当りが強かろうと予想されていた真珠湾攻撃は、案外平穏に過ぎたようであった。

また開戦通告の遅れた理由についても、それは事務処理の日本側の不手際から起ったことであって、日本側に無通告攻撃の意図はなかったことを諒解させたが、ウエッブ裁判長は、三十分前という余裕の見方は少なかったとブツブツ言っていた。

しかし、東京裁判のA級戦犯に対する判決は、予想通り、東条首相を含む七人に絞首刑を宣告した。

豊田副武大将の弁護

豊田副武海軍大将は、終戦時は軍令部総長であったが、その前は連合艦隊司令長官であった。

その連合艦隊司令長官時代、私は豊田大将の幕僚で、航空甲参謀と呼ばれていた。沖縄攻防戦がたけなわであったころ、神風特攻機の攻撃目標は、もっぱら敵輸送船に指向されていた。敵の上陸を阻止するのがねらいであったからである。こうした折柄、戦場を航行中のアメリカの病院船二隻が、神風特攻機の体当りで、二隻とも沈没した。この二隻の病院船には、どちらも沖縄戦の傷病者を満載して引き揚げる途上にあったので、その被害は人道問題へと発展した。

病院船の標識に手ぬかりはなかったという。そこで終戦とともに「戦争法規慣例違反」という戦犯問題がからんで来た。

ところで、当時病院船に体当りして散華《さんげ》した神風搭乗員の一人の遺体を、アメリカ側で収容したのであるが、その遺体から、搭乗員が所持していたメモを発見したのであった。そのメモというのが、当時の連合艦隊司令長官豊田大将の与えた攻撃命令を写しとったものであった。

当時、私は連合艦隊の航空主務参謀であったから、豊田長官の名で発令される攻撃命令は、すべて私が起案していた。そこで当時、日本海軍の戦務の方式として、攻撃命令には第一に敵情を与えるのである。この敵情は、わが方の偵察機による発見報告に基づいて、戦場にある敵兵力の全貌を与えるのが例であった。

だから、その神風搭乗員の所持していた攻撃命令のメモにも、敵情がしるされてあった。その敵情は、航空母艦に始まって、戦艦、巡洋艦、駆逐艦、輸送船の順序に、それぞれの隻数がしるされて、最後に、病院船二隻とあった。そこでこのメモを見つけたアメリカの検察官は、この敵情に示された兵力の全部こそ、攻撃目標として豊田大将の与えたものであって、だからこそ特攻機が病院船を撃沈したのであると主張し、豊田大将をB級戦犯〔戦時国際法に違反する通例の戦争犯罪〕として、巣鴨にぶちこんでしまった。それで私は、その弁護側の証人として、丸の内法廷に出廷したのであった。

出廷して思ったことは、豊田大将一人を裁くのに、丸の内軍事裁判などと、仰々しく窓口を開いて、多勢働いているが、内容は他愛のないものであった。訴追事項にしてからが、そのいずれもは、まったく「野蛮人の首祭り」の趣旨であった。

病院船が沈められたと聞いて、憤慨するアメリカ人の腹いせのために開かれたみたいな丸の内裁判であった。そのしわよせを一人で背負わされて、巣鴨につながれている老いた豊田大将が気の毒でならない。私は憤然として証言台に立った。

「いま問題になっているメモは、私が起案した。与えた敵情は、そのとき戦場にあった敵兵力の全貌であって、我が方の偵察機が報告したものである。病院船二隻を明記してあるのは、攻撃目標として与えているのではなく、その逆で、警告として与えているのである。即ち病院船二隻が戦場を航行中だから、間違って攻撃を加えないように気をつけよとの意味である」

すると検察官が訊問した。

「ではなぜ特攻機が病院船を沈めたのか？」

私は答えた。

「それは錯誤である。特攻機は輸送船攻撃の任務を持っていたので、病院船と認識する前に、輸送船と誤認して体当りしたのである。このような戦場での錯誤はアメリカ潜水艦も、南方諸島水域で日本の病院船を攻撃して沈めたではないか。そのときは夜であったが、日本の病院船は、病院船の標識をあかあかとイルミネーションで示していた」

するとまた検察官は、こんどは訊問を一転してからんで来た。

「しかし、日本海軍では、航空機搭乗員に国際戦争法規について教育をしていたか？」

私は答えた。

「充分になされていた。従って太平洋戦争期間を通じて、病院船と知って攻撃を加えるような搭乗員は、日本海軍には一人もいなかった」

するとまた検察官は、

「そのことを実証出来るような例証はないか？」

と、ただして来た。

そこで私は緒戦の真珠湾攻撃における実例を引用した。

「私は過ぐる開戦劈頭の真珠湾攻撃において、空中攻撃隊三百六十機を率いる総指揮官であった。私の任務は真珠湾に在泊するアメリカ太平洋艦隊を撃滅することであった。そして約三時間の戦闘のあと、ほぼその目的を達したのであるが、当日、湾内フォード島の北側に白色に塗粧し、緑十字の標識をかかげている一隻の病院船を確認していた。しかし病院船と知って攻撃するものは一機もいなかったから、この病院船は流弾ひとつ蒙むっていない筈である。戦後、アメリカ側の情報によって、この病院船の名はソーレースと知ったが、その被害状況を調べて貰えば分ることである。この実例は立証とはならないか？」

すると、検察官は笑《え》みを含みながら、

「あなたですか、あの真珠湾のだまし討ちの火蓋を切ったのは。それではあなたが、太平洋戦争を引き起した戦犯第一号ということになるわけですね」

　すると裁判長も笑いながら、右手を上げて言った。

「証人は、ただいまの検察官の訊問に答えなくてよろしい」

　するとこんどは陪席の判事が言い出した。

「私はあの日、ホイラー基地の官舎にいたのですが、空襲と知って、家を出ようとしたとき、日本攻撃機の一機が屋根すれすれに低く飛んで来ました。そのときパイロットの顔もよく見えましたが、あのときの顔、いまみるあなたにそっくりでした。そうじゃなかったですか」

　満員の傍聴席は、どっと哄笑した。この日も、真珠湾隊長が証言台に立つと聞こえて、傍聴席は白人婦人で一杯であった。こうした雰囲気から、私はどうやら豊田大将は無罪になると直感した。

　まもなく丸の内裁判は結審して、判決は無罪であった。豊田大将が無罪になったので、私はほっとしたのであったけれど、B・C級の戦犯裁判が全部、そのように運んだのではなかった。

解説――父と子の受験勉強

「とにかく子煩悩な父親でしてね。私など絶対にあのようにはなれないと、尊敬していました。まず第一にそのカリスマ性。あの隊長だったら部下なんかどこまでもついていくというタイプでしたね」

と、善彌氏は父をてらうことなくこう言い切った。

淵田一家が戦前、逗子の海岸近く、逗子町桜山（当時）に住んでいた場所を、今年（平成十九年）の初夏、訪日した善彌氏といっしょに訪ねたとき、私に語った印象である。このときはアメリカ人の妻マリーさんも連れだっての来日だった。大学時代に知り合った仲であった。逗子の海は、小学生のころ父親に海水浴で鍛えられた懐かしい思い出の海だという。

淵田美津雄は、終戦によって職を失い奈良に帰郷した。妻と二人の子どもたちは、昭和二十年、東京一帯の空襲が激しくなってひとあし早く、逗子から妻の妹、敏子の嫁ぎ先である奈良県磯城《しき》郡田原本《たわらもと》町（当時）の楠田家へ疎開していた。ここに十二月、淵田も加わって一家の間借り生活が始まった。翌年には、となりの畝傍町（現在・橿原市）に農地を買って、田原本町から毎日電車で通いながらのにわか百姓となった。このときここに家も建てはじめたのである。

淵田は太平洋戦争中、すくなくとも三度は死線をさまよった。だが、敗戦直後、軍人には世間の風当たりは厳しいものがあった。淵田の場合も、かつて真珠湾の英雄と称《たた》えられた男が、一転亡国の敗残者の烙印をおされたのである。軍人恩給もとめられた。

白眼視され、多くの友が淵田のまわりから去って行った。頼れるのは自分ひとりであった。このころ淵田には酒乱の癖があった。戦後の虚脱感から荒《すさ》んだ日々のくらしは、酒におぼれさせもしたのである。

「親父は、帰ってきたばかりのころ、一日中、ブラブラして何もやることがないものですから、ずいぶん荒れていましたね」

と、善彌ら子どもの目にも映った。海軍にあって天下国家の運命を担ってきた「公」の大事の世界から、運命とはいえ職もなく家族という「私」の小さな世界に閉じこもってすごす日々は、はかりがたい精神的葛藤と絶望感が淵田をさいなんでいたことだろう。

いささか私的な余談となりお許しいただきたいが、私の身内にも、真珠湾攻撃のときに最新鋭空母「瑞鶴」に乗り組んで、淵田の麾下で戦った飛行機乗りの海軍将校だったものがいた。このひともハワイ奇襲作戦以後、瑞鶴とともに太平洋、インド洋の各地を転戦した。昭和十九年（一九四四年）六月のマリアナ沖海戦では、瑞鶴の姉妹艦「翔鶴」に乗り組んでいて撃沈され、生死の境をさまよった体験をもっていた。

いま私は、淵田の足跡をたどるために、手元にある真珠湾出撃前からはじまるこのひとが残した日記をめくっている。戦後、彼も「サイレント・ネイビー」の海軍の慣わしのとおりほとんど戦争を語らなかった。私は一度だけ縁側に広げた海軍操縦士の航空図を前に、日中戦争に従軍して以来、渡洋爆撃にはじまるその歴戦ぶりをきいたことがある。日頃、口数も少なくぶっきらぼうであるが、本音は優しく、心づかいの細やかなひとであった。

その日はよほど機嫌がよかったのだろう、珍しく多弁であった。空母から出撃する際の操縦士の心理やテクニックなど操縦技術の細かいところにまで話が盛り上がった。

だが、このひとも淵田と同じで、酒量もおおく酒に憂さをはらすタイプだった。会社勤めの身でありながら、出勤のときもポケットにいつもウィスキーの小瓶をしのばせて、ところ構わず一口あおっていた。海軍時代からの刹那的な生き方は、終生かわることがなかった。

最後は昭和六十三年（一九八八年）、これも淵田と同じ糖尿病によって七十六歳で亡くなった。その日記をみると、昭和十六年十一月十九日、瑞鶴が、択捉島に向かって大分の別府湾を出港するに至るまでの月日、軍人としての日々の無機的な行動をつづる記録のなかにも、生まれたばかりの長女のことをはじめ、家族を思う真情あふれる記述が目につく。だが、この日を最後に、終戦まで私的な事柄は一切記してはいなかった。

さて、同じく戦後に生き残った淵田美津雄であるが、荒んだ心にとって大きな救いは、息子の善彌との間に父と子の絆が強く結ばれたことであった。

「終戦の年の十二月でした。親父が復員してきたら、息子の勉強のできがよくない。おふくろは先生によばれて、とても志望校には入れないといわれた。すると親父はそれじゃ俺が教えてやると。それからスパルタ教育でしたね」

善彌氏は淵田家の戦後の再出発をこう切りだした。

そのころ、善彌は、田原本国民学校（小学校）の六年生であった。旧制中学校への進学をひかえ、志望していた地元の名門校であり父の母校でもある畝傍中学（現・畝傍高校）への受験は、教師により断念するように勧められた。それを聞いて、それから三月までの三ヵ月近く、淵田による息子への特訓がはじまったのである。翌日から、善彌は口実をもうけて学校を休まされ、自宅での父親による受験指導がはじまった。

「コタツにいっしょに入ってね。間借りの部屋だったんですが、お前は三月までここを動くなと命じられました。今までの教科書を全部もってこいと。全教科をつきっきりで教えてくれました。コタツの部屋で受験の日まで、寝起きも共にしたんです。もっとも親父は、一息つくといつもビールを口にしていましたが……」

海軍時代に部下を鍛えた淵田の闘志と教育法は、ここでは善彌に向かって蘇ってきたのである。

「親父の教育法は、まず息子はどこでつまずいたのか、それを発見することでした。各教科書の初歩から出発して、ほら、お前はここでつまずいていたんだよと、これで大丈夫だと。それからだんだん面白いように分かるようになってきましたね。そしたら、親父はついでに中学までやってしまえと。教科書を買いに走らせて、中学一年の学習までやって、よし、お前はもう大丈夫だ、まちがいなくちゃんと受かると。コタツで寝込んで目がさめると、親父はちゃんといるわけですよ。つきっきりで受験指導でした」

淵田は、善彌の受験の日、畝傍中学へ付き添った。その日は、奈良盆地を三輪山から吹きよせてきた北風のつよい日であった。

「親父は寒いにもかかわらず一日中校舎の外でまっていてくれましてね。試験が終わるとどうだ、と問題を聞くんです。かくかくしかじかだったと話すと、よし大丈夫だ、というわけですよ。合格発表の日もいっしょについてきました。まだ発表もみないうちに校門の近くにあった帽子屋に行って制帽を買ってくれました。お前は受かったと。で、こちらは自信もないのに大声で叫ぶものですから、友達にきかれはしないかと恥ずかしくてね。それから、合格発表の掲示板の前で、成績順にならんでいる合格者の名をみていたら、親父が横から、お前はそんない成績のはずがないじゃないか、後ろだ、後ろだと。……そうしたらほんとうに、やっと下位のほうで受かっていた。ほんとうに嬉しかったですね」

淵田はひとり息子の善彌の教育に海軍の残り火をひそかに燃やしつづけていたのである。

と、ここまで書いてきて私は、ふと同じく日本海軍の最後の海軍大将井上成美《しげよし》のことが思い浮かんできた。昭和五十年（一九七五年）に八十六歳で亡くなった直後、私は井上がそれまで赤貧洗うが如き戦後を暮らしてきた、そのときは空き家になっていた住まいを訪ねたことがあった。

横須賀市のはずれ、相模湾を望む荒崎《あらざき》海岸の切り立った崖の上に建つ、洋風の二間ばかりの小さな家であった。人里離れた漁村のはずれ、日々、この家を訪れるものは、潮騒とうっそうと茂る木々の葉を鳴らす風の音のみである。

井上成美は、山本五十六とともに身命を賭して三国同盟、日米開戦に反対した。戦争末期の海軍次官のときには、部下の高木惣吉少将に命じてひそかに終戦工作の研究をさせていたことでも知られている。

井上の誰よりもその先見性を示す例として、開戦の年の一月、海軍航空本部長だったときにとった態度が挙げられる。

井上は海軍部内の首脳会議に提案された「第五次軍備拡充計画」を激しく非難して、会議を流会させてしまった。だが、すぐさま筆をとり、その固い信念にもとづく「新軍備計画論」を、ときの及川古志郎海軍大臣に提出した。職を賭しての行動だった。

「第五次軍備拡充計画」は相変わらずの大艦巨砲主義の軍備だと切って捨て、海軍の空軍化を主張し、日米もし戦わば、艦隊決戦は起こらない、航空基地の争奪戦となる、潜水艦による海上破壊戦が重大な役割を占め、日本は海上封鎖でやられる、と警告するものだった。

まさに太平洋戦争は、井上の予言が的中したのである。

戦争中の井上は、海軍兵学校の校長時代、敵国語排斥の時代に抗して敢然と英語教育をつづけさせた。また軍事教育よりも一般教養を重んじた。若者たちの戦後をみすえてのことである。戦後となれば、南溟《なんめい》に向かって戦死させた若者たちに詫び、ただひたすら閉門蟄居《ちっきょ》の生活をおくり、一切「公」との接触を絶った。東京へでかけることさえも避けていた。例外は、かつて海軍兵学校時代の教え子たちがよびかけた二、三度の集まりに姿をみせたときであった。

ただ、終戦直後の十二月、まだ海軍の残務整理にあたっていたころ、かつての海軍首脳たちによる戦争の敗因を語る「海軍戦争検討会議」に出席している。この会議は、井上の独壇場であった。井上は舌鋒《ぜっぽう》するどく三国同盟に反対したときの理由を述べた。

〈国軍の本質は、国家の存立を擁護するにあり、他国の戦いに馳せ参ずるがごときは、その本質に違反す。第一次大戦に日本が〔日英同盟にもとづいて〕参戦するも邪道なり。海軍が同盟〔三国同盟〕に反対する主たる理由は、この国軍の本質という根本観念に発する、いわゆる自動参戦の問題なり。たとえ締盟国が、他より攻撃せられたる場合に於いても、自動参戦は絶対に不賛成にして、この説は最後まで堅持して譲らざりき〉

と、いわゆるドイツとの間の今日にいう集団的自衛権を否定したことをいい、当時の海軍大臣及川古志郎を前に三国同盟を結んだことの非を厳しく責めた。相変わらずの鋭い切り込みであった（『海軍戦争検討会議記録』新名丈夫編）。

そのころの井上は、妻に先立たれており、貧窮のなかにたったひとりの愛娘の葬式さえままならなかった。肺結核を患った娘の亡骸《なきがら》を運ぶお棺さえも、近くの竹やぶから切りだした竹を工夫して自分でつくったという。

失意の日々、自宅で英語塾をひらき、近所のちいさな子どもたちに英語を教え、テキストはコンニャク版で刷って自分でつくった。ときには手作りのクッキーで子どもたちをもてなした。海軍式のテーブルマナーを教えながらさまざまな人間教育も行った。行儀作法が人をつくるという信念から、イギリスのオックスフォード流の躾を行ったのである。しかしわずかな謝礼も頑として断った。見かねた親たちは、コメや野菜をもちよってひとり暮らしの井上の日々のくらしを陰で支えていたのである。

海軍兵学校時代の教え子たちも見るに見かねていた。井上の晩年、嫌がるのを説き伏せて、生活の援助をするかわりに彼らがその土地と屋敷を買い取って、家賃はただで住まわせることで井上との妥協をはかった。

昭和五十一年（一九七六年）、主のいなくなった空き家を訪ねたとき、まだそのままにされていた遺品に私の目をひくものがあった。段ボール箱のなかにみつけた、高校生が使う数学の微分積分の教科書とアンダーラインで真っ赤になった使い古しの聖書であった。井上は最晩年まで数学を勉強し、聖書を学んでいたのである。さらに戦後発行された雑誌の一頁にも注目した。ある高級軍人が戦争を語った談話の横には、この軍人を非難して井上の朱筆による書き込みで、「万死に値す」と記してあった。

自他ともに厳しく律する日本海軍の最後の海軍大将（昭和二十年五月昇進）井上成美の生きざまが、いまでも強烈な印象となって残っている。

七年ほど前、井上の旧宅を訪れてみた。空き家は、庭の手入れも行き届き、昔のまま保存されていた。なんとこの家で教えをうけた英語塾の塾生のひとりが夫婦で二十五年間、空き家を守り続けていたのである。まさに井上成美の教育の原点をみる思いであった。

そして現在は、海軍兵学校時代の教え子の次の世代の家族が引き継いで、すっかり外観の装いも新しくなった。井上が住んでいたころの名残をとどめるのは、暖炉の煙突だけである。井上が起居した部屋からみえた荒崎海岸の切り立った断崖と、岩に砕け散る波のさまは、昔と変わらぬ風景だった。

時代に抗《あらが》って生きるひとたちの戦後には、それぞれに茨《いばら》の道がまっていた。

淵田は、第五部のなかで、一家が自分たちの住む家まで建ててしまったことを詳《つまび》らかに語っている。善彌氏の記憶では、家が完成し、家族全員が田原本町から橿原に最終的に引っ越したのは新制高校一年生、昭和二十四年のころだった。

その後、淵田は、いろいろと増築計画をたてて実行にうつし、善彌も手伝って建築の楽しさを教えられた。このとき家族一丸となって自分たちの家をつくったという得がたき体験が、とうとう善彌が建築家を志す動機にまでなったのである。

だが、その後コンクリートの基礎工事ができた時点で増築案はストップしてしまった。理由のひとつは、善彌も父についてアメリカに渡ってしまったからである。すでに本書の「はじめに」でふれたように、私が昭和五十五年に淵田家を訪れたときに、野ざらしになっていた「基礎工事」は、まさにこれであった。

それから数年の後、妻春子が亡くなり、淵田美津雄が半生を費やして建てた家もブルドーザーであっという間に取り壊された。いま、その跡地には、善彌の設計による橿原市立畝傍南小学校の体育館が建っている。

戦後の日々、無聊《ぶりよう》をかこつ淵田の人生には、この後、思わぬ転機が待ちうけていた。

第六部　回心

アイダホ州で伝道していた頃。1959年7月

マーガレット・コヴェル

私が連合国側の勝者による一方的な戦犯裁判を憎んで、なにかしっぺ返しの手はないものかと反感を燃やしていた矢先に、アメリカから日本軍捕虜が送還されて来た。最初に帰って来たのは傷病者たちで約二百名、二隻の輸送船で浦賀に着いて、臨時に設けられた収容所に入った。

私は、この人たちがアメリカでどのように扱われたかを知りたいと思った。それで浦賀に出向いた。

私は帰還した傷病捕虜たちに会って挨拶した。

「皆さん、長いこと御苦労でした」

しかし帰って来た人たちは、捕虜であったことを恥じて、合わす顔もありませんとの恰好であった。

「生きて虜囚の辱《はずかし》めを受けず」との戦陣訓がまだ利いているのである。だがこの人たちの多くは、戦場で重傷を負うて身動きの出来ないところを、敵の手中に落ちたのであった。

「ところで、あちらの収容所ではどのように扱いましたか？」

「まあね、アメリカの捕虜収容所での取扱いは割りあいに寛大でしたよ。しかし私たちは、それよりも精神的に捕虜になったという恥ずかしさで神経をすりへらしました」

「その点よく分ります。しかし神経をすりへらしているあなたがたに、彼らは意地悪をしませんでしたか？」

「そりゃね、向うにも意地の悪いのは沢山いましたからね、みんな随分とやられてますよ」

いよいよ本論に入って来たと私は思って、鉛筆を握りしめた。調査のノートをとるのである。アメリカでの捕虜取扱いは寛大であったといっても、捕虜はお客さまではないのだから、やり方は違うにしても、非道な戦犯的虐待の事実は五十歩百歩であった。

「どういうのが一番つらかったですか？」

「情報の提供を強要されたことです。私たちは捕虜にはなったが、祖国のふため〔不為〕になることは一切しゃべらないと強情に黙っていました。すると泥を吐くまでは、毎日毎日パンが次第にうすくなってゆくので、空腹で仕方がない。それでたまにいい情報を与えると、ビフテキにありつけるという按配でした。向うではめったに叩いたり蹴ったりはしませんでしたが、このような神経をギリギリさせる拷問でした」

「ほかにもっとありませんか？　皆さん」

と、私はいよいよ熱心に呼びかけると、

「こういうのはどうでしょう」

と一人が乗り出して来た。

「私たちがちょうど十人、モンタナ州のミズーラというところの人里はなれた山の中のキャンプに収容されていたとき、一人が病気で死にました。収容所では、その遺体をお前たちで埋葬してやれというから、残った私たち九人は、シャベルをかついで裏の丘に出かけて、異郷で不遇裡に亡くなった戦友のために墓穴を掘っていると、監視のために出て来た意地わる軍曹が、ついでだから墓穴を十個所掘っておけと言うのです。一つしか要らないのに、なんたることだと思ったんですけど、強制するものだから、仕方なくみんな自分の手で自分の墓穴を掘りました。そしてみんな顔を見合わせて、二番目がお前のか、三番目が俺のかといった工合でめいってしまったですよ。さもなくても神経がすりへっている私たちに、そのようなむごいことをさせるものだから、まもなく墓穴がまた三つ埋まったです。叩いたり蹴ったりだけが虐待じゃありませんよ」

フームと私はうなりながら、昔、野蛮未開の時代にやったように聞いていた話を、先進文明国と誇るアメリカで、いまもそんなことやりやがったのかと目をむいた。するとまた一人が「それですがね」と出て来た。

「アメリカでは、私たち捕虜を同じ収容所に長く居つかせないで、始終キャンプを変えさせていたのですがね。次の収容所に移されて行くと、消毒すると言って、着用してる衣服全部をはぎとって、消毒の済むまで三十分近くはだかで待たせて置くのです。はだかになると、私たちは越中ふんどしというのを締めていました。彼らには珍しかったのでしょう。これはナプキンかと言って、それもとってしまう。こちらはストリップされたので、禁断の果実を食べたあとのアダムみたいに、隠しどころを両手で押えるという恰好でした。野郎どもばかりのキャンプだし、また別に痛くも痒くもないことでしたが、それでもがらの悪い子供たちが、前にまわって覗きこんでは、「オール・セーム」（みんな同じだ）などと、はやしていました。これなどは人間性に対する冒瀆で、これが文明時代かと疑ったほどの野蛮なものでした」

これはまた実に顔をそむけたいほどの蛮行であった。私は一々ノートに書きとめながら、これらの非道な事実を綴って、しっぺ返しの材料に用いようとの魂胆であった。極東軍事裁判では、「われわれは日本側を裁いているので、連合国側を裁くのではない」と言っているから、反証としてはとり上げないであろうけれど、当事者たちの心証に影響するだろうと思ったのである。

しかし、このようなときであった。一隅に二十人ばかり義手や義足の傷痍の人たちがかたまっていたが、その中の一人が私に近づいて話しかけた。

「しかしね、淵田大佐、私たちの方の話もお聞かせいたしましょう。ここにいる一団はですね、ユタ州のキャンプにいたのですが、そこでの話です。そのことの故に、私たちはみんな、いま話に出ているような恨みつらみや憎しみを水に流して、恩讐の彼方《かなた》、光風霽月《せいげつ》といった気持で帰って来ました」

「ホホー、それはまたどういうお話ですか?」

と、私は耳を傾けた。

彼の話によると、この人たちはみんな、腕を落したり、足を切ったりの重傷者たちであったので、ロッキー山脈で温泉の湧出《ゆうしゅつ》するユタ州の或る町の捕虜病院に収容されていた。そして手当を受けながら、義手や義足さえも作って貰っていた。

終戦の半年前ほどであったという。一人のアメリカ人女性が彼らのキャンプに現われた。年の頃は二十歳前後であった。そして日本人傷痍捕虜たちに懸命の奉仕を始めたのであった。

「皆さん、何か不自由なことがあったり、何か欲しいものがあったりしたら、私におっしゃって下さい。私はなんでもかなえて上げたいと思っています」

最初、捕虜たちは、突拍子もないヤンキー娘が現われて、なにか売名的な意図でもあるのだろうと思っていた。ところが、このお嬢さんのなさることには、いささかの邪意もない。朝やって来ては、夕方帰ってゆくのであるが、手足の不自由な傷痍者たちに親身も及ばぬ看護ぶりであった。なにか捕虜たちの身辺に不足しているものを見つけたら、翌朝は買い整えて来るというサービスぶりであった。二週間、三週間とつづいてゆくうちに、捕虜たちは心うたれて来た。心うたれたら聞きたくなるのが人情である。

「お嬢さん、どういうわけで、こんなに私たちを親切にして下さるのですか？」

お嬢さんは始め言葉を濁していたが、あんまり問いつめられるので、遂におっしゃった。

「いいえ、私の両親があなたがたの日本軍隊によって殺されたからです」

これを聞いて私はびっくりした。それで、

「その仔細をもっと委《くわ》しく聞かせてくれ」

と、私は乗り出した。

マーガレット・コヴェルの両親というのは、日本に遣《つか》わされていたバプテスト系の宣教師であった。神戸にもいたし、横浜にもいた。横浜では、ミッション・スクール関東学院のチャプレン（宗教主任）であった。

キリストにある平和主義者で、戦争反対を唱えていたというから、当時の日本では、反軍思想を鼓吹する好ましからざる人物と、睨《にら》まれていたに違いない。

日米の国交が危ぶなくなって来たので、引揚勧告に従って、彼ら夫妻はマニラに移った。まもなく、日米開戦となり、日本軍のマニラ占領となったので、コヴェル夫妻は難を避けて、北ルソンの山中にかくれた。日本軍がフィリッピンを占領していた三年間は、コヴェル夫妻にも事なく過ぎた。勝ち戦さの日本軍は、正義の師として、宣撫《せんぶ》懐柔に努め、寛容であった。けれども、濠州に落ち延びたマッカーサーは、ニューギニアを経て、再びフィリッピンへの長い道を考えていた。そしてフィリッピンに帰るときの配備として、全島に亘ってゲリラを培かっていたのである。ゲリラの指導者は、バターン降伏のとき、逃がれた米軍将校たちであった。彼らは、土民に扮して、ジャングルに潜みつつ、フィリッピン土民の抵抗を煽り、ゲリラの増勢やスパイ活動に力を入れていた。濠州のマッカーサー司令部は、これらのゲリラたちを、鼓舞激励するため、「アイ・シャル・リターン」（私は必らず帰るであろう）と題する雑誌を、潜水艦で必需物資や弾薬などと一緒に陸揚げしていた。「アイ・シャル・リターン」の表紙には、マッカーサーの写真をかかげ、内容はギルバートやソロモンに於ける日本軍敗北の状況を盛沢山の写真で埋めていた。

従ってフィリッピンにおける日本軍のゲリラ狩りも活発できびしかった。逆スパイも使っている。だが北ルソンのゲリラは、最も執拗《しつよう》で、ジャングルに追い込まれながらも、屈しなかった。

このような情況の下に、一九四五年（昭和二十年）一月、米軍のルソン島への逆上陸となって、情勢は一変した。マニラ平原で、一敗地にまみれた日本軍は北ルソンの山中に追い込まれて来たが、複廓陣地を作っては、玉砕を叫んで立て籠る。こうなると、北ルソンの土民ゲリラは、日本軍の後方攪乱の挙に出る。前方正面から包囲をせばめて来るアメリカ軍に対しては、すでに組織的抵抗力を失った日本軍ではあったが、後方攪乱の土民ゲリラを討伐するぐらいの戦力は保持していた。しかし日本軍はもはや秩序の失われた敗残の軍隊であった。

こうした情勢の中で、コヴェル宣教師夫妻の隠れ家が、日本兵たちに見つかったのである。兵たちが、宣教師夫妻の所持品を調べると、小型のラヂオ受信機を発見した。兵たちは、これを小型秘密通信機と見てとった。そしてこれを忍ばせていたコヴェル宣教師夫妻をスパイとして、その場で二人の首を日本刀で刎《は》ねて処刑した。まことに残虐な行為であった。

やがてアメリカ軍が包囲をせばめて、このあたりを占領すると、この処刑を見ていたという土民が現われて、一切が明るみに出た。そして後日の戦犯裁判にもつながって、日本軍のこのような残虐行為を看過黙認したとの責任をとらされて、比島方面軍司令官であった本間雅晴中将や同じく山下奉文《ともゆき》大将は処刑された。

一方、これらの分った事実は、ユタ州で留守を守っていた娘のマーガレットに伝えられた。マーガレットは、両親の帰国を待ちわびていた。しかしいま突如として両親の死を知らされた。スパイの容疑で日本兵に殺されたというのである。両親を失った悲しみで、眼は一杯涙であった。そしてスパイではないのに、両親を処刑した日本兵に対する怒りで腹はちぎれるほどであった。

しかし現地のアメリカ軍から知らせて来た報告書には、そのとき目撃していたという土民の証言がつけられてあった。それによると両親の宣教師夫妻は両手を縛られ、眼かくしをされて、日本兵の振りかざす日本刀の下に引き据えられながらも、二人は心を合せて熱い祈りが捧げられていたという。

マーガレットは、地上におけるこの最後の祈りで、両親は、どのように祈られたかを思うてみた。するとマーガレットの胸に、私はこの両親の娘として、両親の祈りを思うとき、私の在り方は、憎いと思う日本人たちに憎しみを返すことでない。憎いと思う日本人たちに対してこそ、両親の志をついで、イエス・キリストを伝える宣教に行くことだと思った。

しかしまだ戦争は終っていなかったので、すぐ日本に行くわけにいかなかったが、自分の住んでいる町に、その日本の兵隊が捕らえられている捕虜収容所の病院のあることを知った。捕らわれの身でありながら、傷つき、病んでいる。どんなにか、わびしい毎日であろう。

おお、日本に行くまでもない。私の考えを実践に移す道が、こんな近いところに備えられていたか。

マーガレットは、町の捕虜病院に飛んで来た。そして事情を話したので、ソーシャル・ワーカーという名義で働くことを許された。それからというもの、心からのサービスで、捕虜たちが日本へ送還されるその日まで、約六ヶ月、病院に来るのを一日も欠かしたことがなかったという。

この話は私の心を激しく打った。やっぱり憎しみに終止符を打たねばならぬ。私はこの話を聞いて、いま私のやっている畳を叩いてほこりを立てているような捕虜虐待の調査を即刻止めにした。

そして帰途、いい話だなあと繰返し思い出していたのだが、私に一つ分らないのは、あの宣教師夫妻の最後の祈りであった。どのような祈りであったのだろうかと推察してみても分らなかった。

私は日本の捕虜だった

私は、そのころ、占領軍司令部に、始終呼び出されていた。なにせ、太平洋戦争緒戦において真珠湾攻撃隊長であり、終戦において海軍総隊参謀というのが、生き残っているのだからである。生きながらえて恥多しとは、まったくこのことであった。

また呼び出しが来た。召喚命令は、警察を通じて為されていた。東京警察本部から奈良県警察本部へ、そして私の住む橿原《かしはら》警察署へと。

橿原警察署では、私をはれものにさわるように、巡査が召喚命令を持参し、私と京都駅まで同行し、京都駅で私が進駐軍列車というのに便乗するのを見届けるのであった。

この日一九四九年（昭和二十四年）十二月三日で、私の四十七歳の誕生日であった。

京都駅で乗った私は、東京の渋谷駅で下車した。いつもの通り、ワシントン・ハイツの占領軍将校宿舎に泊めて貰うつもりで、占領軍バスに便乗しようと渋谷駅前の広場に出て行った。

駅前の広場は相当な混雑であったが、その混雑の中で、一人のアメリカ人が、通りがかる日本人に小冊子を配っていた。私が通りかかると、私にも手渡された。小冊子の表紙には「私は日本の捕虜だった」と記されてあって、そこにアメリカ軍の一伍長の写真が載っていた。

進駐軍バスを待つ間、私は広場のベンチに腰かけて、この小冊子を読んだ。最初に私の興味をひいたのは、表紙の写真の伍長が、東京初空襲のドゥーリトル爆撃隊の十六番機の爆撃手ジェイコブ・ディシェイザーと知ったからであった。ドゥーリトルの東京空襲については、空襲当時から私は関心を持っていたのである。

そして読んでいくうちに、更に私が興味を覚えたのは、この物語の発端が真珠湾から出ているからであった。

私が三百六十機を率いて真珠湾を空襲し、「我奇襲に成功せり」とトラトラトラの電報を打って、颯爽《さっそう》としていたとき、アメリカ本土西海岸の或る陸軍航空隊で、炊事当番で働いていた一伍長が、「ジャップ、やりやがったな、俺も仕返ししてやるぞ」と敵愾心《てきがいしん》を燃やし、やがて仕返しのためにドゥーリトル爆撃隊に参加するというくだりが発端である。そのようなわけで、私はこの発端につられて、ディシェイザーの回心手記を読み通したのであった。

ディシェイザーは、一九一二年（大正元年）十一月十五日、オレゴン州のセーラムで生れた。彼の父は牧師であったが、農場を持っていて、牧会のかたわら農夫として暮らしていた。しかし父は、彼の二歳のとき死んだ。そして彼が五歳のとき、母は再婚した。彼の継父はアンドラス氏といって、オレゴン州の北部の農村で農業を営んでいた。

近くにマドラスという町があった。人口三百に満たない小さな町であったが、すべての用はここで足りた。従って彼は、小学校も、ハイスクールも、全課程をマドラスで卒《お》えた。

彼の母も継父もクリスチャンであった。毎朝、食後には、聖書を読み、お祈りをするのが例であった。そしてイエス・キリストについて、彼に聞かせた。少年の頃の彼は、聖書物語を聞くのが好きであった。また毎日曜日には、両親に連れられて、町のフリーメソジスト教会に出かけた。彼はサンデー・スクールに出席し、熱心にイエス・キリストの話を聞いていた。

けれどもハイスクールに進んで、他人の意見を自分で批判したりする年頃になったとき、彼は、聖書は真理でないという彼の学校の先生の言葉を愚かにも信じてしまった。彼は、イエス・キリストを真理だと信ずるクリスチャンの両親よりも、真理の探究が学問の目的だという科学的な学校の先生の方が、真理についてもっとよく知っていると考えたのであった。

それからの彼は、イエス・キリストから離れてしまった。彼は、両親に公然と背くようなことはしなかったが、見つかっては困るようなことを平気でやり出した。学校はサボるし、喫煙は始めるし、かっぱらいはやるし、といった工合で、だんだん手におえなくなった。彼の母と継父は、彼のために祈った。けれども、ひとの鞄《かばん》を盗んだのがばれて、とうとう彼は警察につかまった。盗人《ぬすっと》だといわれて彼は、彼のために祈っている両親に顔を合わせるのがつらかったと言っている。しかしこの祈りがあったからこそ、彼の盗癖はいやされたのであった。

一九三一年（昭和六年）、彼はハイスクールを卒業すると、家の近くの農場で働いた。給料は一日一弗《ドル》で、食事つきであった。彼は十九歳であったが、早くも家庭を持って生計を立てたいと望み、熱心に働いた。しかし彼の収入では、とうていその望みは達せられそうもなかった。

やがてカリフォルニア州によい仕事が見つかった。これはカリフォルニアとネバダとの境にある高原の牧場で羊の番をする仕事であった。馬に乗ったり、荷物を騾馬《らば》で運んだり、彼はこの健康的な野外の仕事を楽しんで、二年を暮した。

二年たって、彼の貯金は一千弗に達した。そこで彼はオレゴンに帰って、一千弗を資本に、七面鳥を飼った。ところが成育した七面鳥を売り出す段になって、相場が下落したため、支払いを済ませてみると、資本の一千弗をすっかりすってしまっていた。あと仕事をつづけるにも、もう資本はない。

この頃、ヨーロッパで戦争が始まった。第二次世界大戦である。やがてアメリカも参戦に備えて募兵を開始した。

定職を失なっていたし、独身であるディシェイザーは、募兵に応じて陸軍に入隊した。一九四〇年（昭和十五年）のことであった。入隊した彼は、航空機技術員というのにまわされて、訓練を受けるため、ワシントン州タコマ市南方のマッコード陸軍航空隊に移された。

一九四一年（昭和十六年）十二月七日、彼は伍長になっていて、KP勤務というのについていた。炊事当番である。突如、ラジオは真珠湾奇襲の惨劇を放送した。日本海空軍によるだまし討ちだという。彼は憤激した。そして彼は、日本に対してなにか復讐してやりたいとの敵愾心に燃えた。

しばらくの時がたった。或る日、彼は隊長に呼ばれた。彼はまた叱られて、皿洗いにでもまわされるのかと、おずおずと隊長室に入ってみると、もうすでに十数人の仲間が集まっていた。そこで隊長から危険な任務に参加を志願しないかとすすめられた。どこへ行くのかとたずねたが知らせてくれない。ただ決死的冒険だという。しかし彼は、なんだか憎い日本に仕返しをする絶好のチャンスのように思われたので、志願に踏み切った。

それから彼には興奮の日がつづいた。彼は友だちに別れを告げ、フロリダ州のイグリン基地へ送られた。そこで彼は爆撃手として、超低空爆撃の訓練を受けた。操縦士たちは最短距離発進の離陸訓練であった。指揮官はジミー・ドゥーリトル中佐であり、使用機はB25ノースアメリカンであった。そして彼の機長は、操縦士のウィリアム・ファロー中尉であった。

しかし、一切は秘密のヴェールに包まれたままであった。彼らはどこへ行くのか知らされなかった。ドゥーリトル中佐は、それはまだ秘密だと言うだけであった。しかし彼らは、まもなく訓練の情況から判断して、航空母艦から飛び出すらしいことが分った。それは、飛行機に重いダミー（模擬爆弾）を搭載して、クイック・レリーズで、最短滑走距離から離陸する訓練が始まったからである。

イグリン基地で約一ヶ月訓練の後、彼らにサンフランシスコへの移動命令が下った。そして一九四二年（昭和十七年）四月一日、彼らの搭乗機B25は、サンフランシスコ在泊中の空母ホーネットに積みこまれた。全部で十六機であった。そして搭乗員と整備員と併せて約百六十名も乗組んだ。

翌四月二日午前十時、ホーネットはサンフランシスコを出港して、金門橋をくぐり抜け、やがて距岸約十浬《カイリ》に達したとき、艦内の拡声器は、「われわれの目的は東京空襲」と発表した。これが既述した通り、ドゥーリトルの東京爆撃行であった。

四月十七日の夕方、あすはいよいよ進発との発表があった。夜が明けると間もなく、日本の漁船を発見した。軽巡洋艦ナッシュビルは砲撃を開始した。見る見るうちに漁船は一端を空に向けながら沈んでいった。

しかし、日本の哨戒漁船によって発見されたために、爆撃行の計画が変更されて、発進時刻が十時間早まった。それで予定計画では、日本本土から距岸五百浬で発進するところを、距岸六百五十浬で発進することになった。やがて先頭の一番機ドゥーリトル中佐の指揮官機は無事離艦し、つづいて二番機、三番機、四番機……と、十五番機までは見事に離艦して各機単独飛行で発進していった。次はディシェイザーの十六番機であった。

けれども、このとき、アクシデントが発生した。彼の搭乗機は、発着甲板の最後尾に配置されて、機尾は甲板の外にはみ出していた。後尾のことだから、動揺は中央部よりもはるかにひどかった。出発準備をやっている最中に、ドドドンとやって来た。このピッチングの衝撃で、アッという間に前車輪は舞いあがり、機尾は下がって、ちょうど後足で立っているような恰好となった。うっかりすると、海中に滑べり落ちてしまいそうである。水兵たちは、機首にロープを繫《つな》いだが、機長のファロー中尉が、発動機を始動したので、ロープは切れてしまった。そこで手をかすことのできる人はすべて機の前部にぶら下がって、引き下げ、ようやく飛行機を甲板上の定位置に据えつけることが出来た。しかしそのとき、可愛そうに一人の水兵がプロペラに叩かれて、片腕を落とした。

この騒ぎで、爆撃機は機首の風防に、直径約一呎《フイート》の大穴をあけてしまった。この穴は、ディシェイザーの坐席である銃架の右側に出来たのであった。

このような事情で、最後の十六番機の発進が著しく遅れた。司令官のハルゼー中将は、日本の方に向って一時間以上もホーネットを全速力で走らせている。すでに日本側に発見されているのだから、ぐずぐずしていると、日本機の攻撃を受ける虞《おそれ》がある。だから早く彼の機動部隊を反転させなければならない。

艦橋のハルゼー司令官から命令が伝えられた。もし十六番機の発艦が更に遅れるようなら、発進を取り止めて、飛行機を海中に突き落せというのである。それはホーネットの発着甲板をクリアーにして、格納庫に収まっているホーネット固有の艦上機の使用に備えるためであった。

もはや風防の穴を修理するなどのひまはない。愛機を海中に突き落されてはかなわんから、ファロー中尉はそのまま発艦した。ディシェイザーは、機内電話でファロー中尉に機首風防の大穴を知らせた。

ファロー中尉は副操縦士のハイト中尉を調査のためによこした。ハイト中尉とディシェイザーとは、上衣を脱いで穴をふさごうと、いろいろと応急処置を施してみたが、みんな風に吹き飛ばされてしまって、全くの処置なしであった。この片道爆撃行は、ベストの条件でもガソリンの心配があった。それなのに、この大穴では、B25の流線型もあったものでない。さきほど飛行機に乗るとき、ファロー中尉から「お前、ボートが漕げるか」とたずねられた意味が、いまやっとディシェイザーに分った。この分では、どうやら大洋のまん中で救命ボートを漕ぐことになるらしい。しかし日本に爆弾を投下することだけは充分出来る。それさえ出来れば、あとのことは成行にまかせるよりほか仕方がないと、ディシェイザーは割り切った。

ディシェイザー機がホーネットを発進したのは午前九時三十分であった。午後一時には日本が見えて来た。ディシェイザー機の爆撃目標は名古屋であった。ファロー中尉は低空五百呎（約百五十米《メートル》）で飛んでいた。山にさしかかったときは、木の上すれすれであった。地上の人たちがあおむいて、日本機と間違えたのか手を振っていた。

「五百呎で爆弾投下用意」とファロー中尉が叫んだ。ディシェイザー爆撃手は、名古屋市の石油タンク群に向って爆弾を投下し、工場群に向って焼夷弾《しょういだん》をばら撒いた。彼の心は、真珠湾の仕返しをしたと思うて颯爽としていた。

爆撃を終って、低空のまま機は伊勢湾に出た。ディシェイザーは、射撃の用意をした。下を見ると、漁船の群であった。みんな手を振っている。やはり日本機と間違えているのだ。ディシェイザーは、日本機でないことを知らせてやるために、漁船群に向って機銃掃射を行なった。

彼らの飛行機は、日本を避退したあと、支那大陸に向い、蔣介石空軍の溧水《りすい》飛行場へ着陸する予定であった。夜になって中国の海岸線に到達したが、天候が悪くて何処だか分らない。そのうち航空士のパー中尉が、そろそろ漂水だという。ファロー中尉が無電で基地を呼ぶけれど、何の応答もない。霧が少し晴れて、下の町のあかりが見えたが飛行場は見当らない。すでに十四時間は飛んでいる。ガソリンはつきた。遂にファロー中尉が叫んだ。

「全員、落下傘で飛び下りろ」

時は夜の十一時四十分、飛行機は高度三千呎（約一千米）で飛んでいた。航空士のパー中尉がまず飛び下り、爆撃手のディシェイザー伍長がそれにつづいた。落下傘は直ちに開いたが、どちらを向いてもまっくらで、地上も見えないから、ただ空中にぶら下がっているだけの感じであった。言い知れない淋しさであったと、ディシェイザーは述懐している。

やがてディシェイザーの体が地上に打ちつけられた。無事着陸したのである。そこは中国人の墓地であった。まるい丘になっていて、いくつかの土まんじゅうの墓がある。丘の周囲は水田であった。

ディシェイザーは空に向ってピストルを一発射った。なんということなしに元気をつけたかったのである。そして歩き始めた。まもなく小さなほこらを見付けた。流れのそばにあって、内部には焼香用の鉄器が置かれてあった。ディシェイザーは、それらを片すみによせはいりこめるだけの余地をつくって夜明けまでまどろんだ。

夜が明けてから、どちらへともなしに歩いていたら、電話線を発見し、電話線に沿うて道を見出した。道に沿うて歩いて行くと、小さな部落に出た。日本軍の占領地域かどうかを確めたいので、道ばたの家へ入った。家の中には二人の若い兵隊がいた。ディシェイザーには、中国人と日本人との区別が分らない。手真似と英語の片言葉でたずねた。ディシェイザーは自分を指さして

「アメリカ」と言い、その兵隊たちを指さして「チャイニーズ？」とたずねた。答えは「チャイニーズ」であった。そして兵隊の一人が彼に煙草を呉れた。ディシェイザーはすっかり安心した。

しばらくの時がたって、ディシェイザーが家を出ようとしたとき、戸口に銃に着剣した十人あまりの兵隊が立っていた。ディシェイザーはびっくりして、腰のピストルに手をやった。そして大声で、「チャイニーズ？　ジャパニーズ？」とたずねた。ジャパニーズだったら射つつもりだった。ところが返事はやっぱり「チャイニーズ」であった。そして彼らはディシェイザーの手を握ったり、背中を叩いたりして、歓迎をよそおいながら、連れ立って外へ歩き出したのだが、道へ出たとたんに、ディシェイザーの背に銃剣が突きつけられ、四方からも銃口が彼に向けられた。そして彼らの隊長が近寄ってディシェイザーのピストルを取り上げてしまった。彼らはみんな日本の兵隊であったのである。こうしてディシェイザーは日本の捕虜となった。

まもなく兵営に連れられて、取調べが始まった。かなりよく英語を話せる日本人の一人が、何処から来たのかと訊ねはじめた。しかしディシェイザーは、一切口をつぐんで何も答えなかった。「何か食べたくないか」とたずねられて、ディシェイザーは初めて口を開いて「悪くないね」と答えた。ホットケーキに緑茶が与えられた。ディシェイザーには曾《かつ》て食べたことのない東洋味であったが、お茶とホットケーキのおかげで、随分元気を回復した。

しばらくして、ディシェイザーは他の大きな町へ連れて行かれた。そしてその町で、彼の仲間の四人もみな捕虜になっていることを知った。そこは南昌という町であって、日本軍の占領地域であった。

次の朝、彼ら五人は一緒にされて写真を撮られた。そして手錠をはめられ、腰縄を打たれて、輸送機に乗せられ、その日の夕方に、初めて東洋の牢に入れられた。彼らは十二時間以上も目隠しされていたので気付いていないが、そこは上海であった。

ディシェイザーは一室に連れこまれて、目隠しを外ずされた。数人の日本人がいた。その中の一人が「HORNET」としるした紙片を示して、これはどう発音するのかと訊ねた。ディシェイザーが「ホーネット」と答えると、

「ハーン、それだな、君たちが日本爆撃のために発進した空母というのは、そうだろう?」

と矢つぎ早やに訊問した。ディシェイザーは「答えたくない」と横を向いた。

「ドゥーリトルは君たちの指揮官だろう?」

とまた訊ねて来た。再びディシェイザーは「答えたくない」と横を向くと、訊問官は平手打ちの往復ビンタをディシェイザーの頬に喰《くら》わした。

翌朝、日の出とともに、ディシェイザーは監房から出され、再び目隠しをされ、手錠をはめられ、腰縄を打たれて、輸送機に乗せられた。仲間の声も聞こえたが、話すことは禁ぜられた。数時間飛んだ。ディシェイザーは、目隠しがゆるくずれて来たので、その下からのぞくと富士山が見えた。そして間もなく着陸した。東京だなと思った。やがて彼らは自動車で監房に送りこまれた。東京憲兵隊であった。

ここでまた彼は、発進した空母の名前や、空襲隊の指揮官の名前などを訊問されたが、彼の返事もまた「答えたくない」の一点張であった。けれども、ひどい拷問で彼は遂に吐かされた。

また日本情報官は、中国のどこの基地に、そのような大量のガソリンが貯蔵されているのかを聞き出そうとした。しかしディシェイザーは知らなかった。彼は伍長という身分の低い兵隊に過ぎなかったのだから、なんでも知っているわけでない。いくら拷問されたって、知らないものは知らないのであった。

そのころ彼は、自分たち五人のほかに、他の機の三人も捕虜になっていることを知った。他の三人は、別の監房にいたのだが、時折り看守と話している声が聞こえるのであった。こうして約六十日に亘る東京での訊問の後に、彼ら八人は汽車に乗せられて、二十四時間の汽車旅行に疲れ果てて長崎に着いた。そこの獄舎は壁はセメントで、床に畳が敷いてあった。不潔な部屋ではあったけれど、彼ら捕虜八人は一つの部屋に入れられて、捕われの身となってから初めて、看守に邪魔されることなく、互に語り合うことが出来たのである。

翌朝、彼らは船に乗せられた。そして六月十九日、上海に到着したのだが、それからの七十日というものは、彼らにとって、まさに恐怖の連続であった。

上海で彼らを待ち受けていたものは、軍律会議であった。そして軍律会議で裁判のあと、判決は捕虜八名全員死刑であった。ところがどうした風の吹きまわしか、ディシェイザーを含む捕虜五名は無期監禁に減刑され、あとの捕虜三名だけが銃殺刑を執行された。この三人とは、操縦士のファロー中尉と、同じくハルマーク中尉、そして射手のスパッツ軍曹とであったが、どのようなわけで彼ら三人が処刑されねばならなかったのか、ディシェイザーは憤慨に堪えなかった。

ディシェイザーは無期監禁に減刑されて生き残ったのであるが、彼は日本人という奴が憎くて仕方なかった。また彼らに対する捕虜収容所の待遇も、虐待以外ではなかった。何かと言えば、殴ぐられる、蹴られる。食物は不足で、半ば飢餓の状態に置かれた。彼の心は、収容所の看守に対する憎しみと怨みとで一杯で、堪え難いものであった。やがて十四ヶ月を経て、仲間の一人バップ・メーダー中尉が栄養失調で死んでしまった。そのときディシェイザーは、気狂いになるほど日本人が憎くてたまらなかった。

「日本人と名のつく奴、全部地球上から消えてなくなりやがれ」

と、彼は呪った。

しかし憎しみがこのように絶頂に達した頃から、彼は人間のかかる憎しみの原因について思いめぐらすようになった。何が日本人をアメリカ人嫌いにさせたのか、また何が自分を日本人嫌いにさせたのか、その原因について考え始めた。考えている中に、子供のころ、このような人間同士の憎しみを、まことの兄弟愛に変えるのがイエス・キリストであると聞かされたことを思い出した。そしてもう一度、その秘訣をさぐり得るかどうか、聖書を読んでみたいとの不思議な欲求が胸にこみ上げて来るのを覚えた。

ディシェイザーは看守に聖書を一冊差し入れてくれるように頼んだ。けれども当時、日本の捕虜収容所は聖書の備えつけなどはなかった。いくら頼んでも、それはなかなか実現しなかった。けれどもディシェイザーは、聖書に憑《つ》かれた気狂いみたいになって、毎日、毎日、看守の顔を見さえしたら、聖書、聖書、とねだっていた。すると一九四四年（昭和十九年）五月下旬になって、看守の一人が英語の聖書一冊を差し入れて呉れた。旧・新約のキング・ジェームス・バージョンであった。しかし三週間だけ許すとの制限付であった。

ディシェイザーは、聖書を入手したので、喜び勇んで、熱心に読みつづけた。どの頁も、どの頁も彼の心をとらえた。そしてそこに書いてあるすべてのことが、人の子の形を取って、天からつかわされた神聖な贖罪者《しよくざいしや》の上にそそがれていることに気がついたのであった。

聖書の御言葉はディシェイザーを魅了した。神が、神の子キリストを信ずるものには、永遠の生命を与えると約束されていることを知って、彼は非常に嬉しかった。彼は、自分が救われ、自分の罪が赦されることを願った。すると、人の子イエス、神の子キリストが与えた言葉は「時は満ちた、神の国は近づいた、悔い改めて福音を信ぜよ」（マルコ一・一五）というのであった。

同年の六月八日であった。ディシェイザーは、ロマ書第十章九節の御言葉を学んだ。その瞬間彼は、神が彼の罪を告白する恵みを与えて下さったと信じた。それは、

「自分の口でイエスは主であると告白し、自分の心で、神が死人の中からイエスをよみがえらせたと信じるなら、あなたは救われる」

ここにディシェーザーはそのようにして救われたのである。

聖書に、次の通り記されている。

「だれでもキリストにあるならば、その人は新しく造られた者である。古いものは過ぎ去った、見よ、すべてが新しくなったのである」（第二コリント五・一七）

いまイエス・キリストを救い主として受け入れたディシェイザーは、新しく造られた者であった。彼の身体は相変らず笞《むち》で打たれたり、食物の不足等で極度に苦しんではいたが、彼は、神が自分に変った精神的な眼を与えて下さったことを発見した。その眼で、残酷にも彼や彼の仲間を飢えさせ、殴りつける日本の看守たちを見たとき、ディシェイザーは彼らに対する憎しみがすで

に慈愛へと変っているのに気が付いた。これらの日本人は、救い主について何も知らず、イエス・キリストが彼らのうちにいらっしゃらないのだから、残酷であるのも当然である。昨日までの自分も、イエス・キリストが自分のうちにいてくださらなかったから、彼らを憎み、いがみあったのである。しかし今日からは違う。イエス・キリストにあって、彼らを兄弟として眺めることが出来る新たな眼を与えて下さっている。

ディシェイザーのこの変化に、収容所の看守たちは気がついた。なにせ、箸にも棒にもかからなかったディシェイザー伍長だったからである。そしていつから変ったのかも彼らは知っていた。聖書を与えてからである。あれはまあなんと御利益のある本だろうということで、三週間はたったけれど、誰も彼から聖書をとり上げようとはしなかった。

こうして、ディシェイザーはずうっと聖書に親しむことが出来た。聖書には、神の言葉が記されてある。だから祈りをもって「神、語りたまえ、しもべ聞く」という敬虔な読み方をするとき、一切はイエス・キリストの知慧によって啓示される。そしてこのように聖書を読むことによって、信仰は信仰へと増し加えられるのである。

ディシェイザーも、聖書を読むことによって、彼の信仰は飛躍した。彼は神に約束した。

「神さま、この戦争が終ったとき、もし私にまだ生きながらえることをお許し下さいますなら、私をもう一度日本におつかわし下さい。多くの日本の人たちは、救い主のイエス・キリストを知らないでいらっしゃいますから、この人たちにイエス・キリストを宣《の》べ伝えたいと存じます」

やがて、戦いは終った。一九四五年（昭和二十年）八月二十日、アメリカの落下傘部隊は、北京の捕虜収容所の構内に降下して、彼らを救出した。彼らはアメリカ本土へ飛行機で送られ、病院に入れられて体力を回復した。こうして除隊した彼は、シヤトル・パシフィック・カレッヂに学んだ。在学中、フローレンス・マテニー嬢と相知るようになって結婚した。やがて卒業して宣教師の資格が与えられると、彼は愛妻フローレンスと愛児パウルを伴なって、一九四八年（昭和二十三年）十二月十四日、アメリカ商船ゼネラル・メイグス号で日本に向けサンフランシスコを出発した。そのサンフランシスコは、曾て爆弾を抱いて日本に向け出発した港だが、いまは爆弾に代るに聖書を抱いて日本に向うのである。イエス・キリストを宣べ伝えるという、ただ一つの目的のためであった。

そして現在、ディシェイザーは大阪市郊外で宣教に従事しているというのが、「私は日本の捕虜だった」と題する小冊子の物語であった。

ああ聖書

ディシェイザーの物語を通して、私も一度聖書というのを読んでみたいと思った。しかし東京は、まだ復興の途上で、あまり書店というのが見当らない。たまにあっても、聖書なんてないと言う。

そこで私は一策を考えた。そして妙案だと、われながら膝をたたいた。それは、もう一度渋谷に出かけて、私にディシェイザーのパンフレットを呉れた、あの宣教師に頼んでみたら、聖書一冊ぐらい、なんとか都合して呉れるであろう。これは、まさしく間違いのない妙案であった。

私は勇んで渋谷駅頭に出かけて行った。しかし、その日は宣教師はお休みと見えて出ていなかった。私はがっかりしかけたが、がっかりすることはなかった。神さまがチャンと備えていて下さった。

見ると、先日宣教師の立っていた同じ場所に、今日は一人の若い日本人が立っていて、通りかかる日本人に呼びかけていた。

「御通行中の皆さま、人はパンのみにて生きるものではありません。魂のかて、聖書をおもとめ下さい」

この人は、日本聖書協会のコルポーター（聖書販売人）であった。みかん箱をうつ伏せた上に聖書を山と積み上げて叫んでいた。

宣教師に聖書をねだろうと来てみたら、神さまはそこにチャンと聖書販売人を備えていて下さったのである。神の摂理は、まさにドンピシャリであった。私は新約聖書の改訳というのを一冊もとめた。文語体で書いてある。百二十円であった。

ところで私は、聖書を買って帰ったのだけれど、あまり熱心に読まなかった。それは占領軍司令部の召喚で上京していたので、占領軍への答申の仕事に寧日《ねいじつ》なく忙しかったからである。

或る日の朝であった。宿舎の女中が、私の枕もとの火鉢に炭火をつぎ足しに入って来た。炭の配給も乏しいと見えて、蛍火《けいか》のような貧相な炭火を入れて、灰をどっさりかぶせて出て行った。そのついでに朝刊を置いていったので、私は寝床から手を伸して朝刊をとりよせた。朝日新聞であったが、紙の配給も悪いと見えて、頁のうすっぺらな貧相なものであった。しかし私は、いつもの通り、第一面の「天声人語」の欄から読み始めた。

読み始めて、私のびっくりしたことには、本日の朝日新聞の天声人語は、聖書についての評論を扱っているのである。天声人語子は語る。

「聖書は世界のベストセラーと言われている。人類の話すあらゆる国語に翻訳されている。現代において、もし島流しの刑があると仮定して、島に流すに当って、たった一冊だけ本を持って行くことを許すとの判決であったとしたら、世界人たちは、その一冊を聖書に求めるだろう……。日本の皆さまよ、まだ聖書を一度も読んだことのない人がいらっしゃいますなら、心を開いて三十頁だけでよいから読んで御覧なさい。必らずあなたの心を打つものがあるでしょう」

これは私にとって、まさしく天声人語であった。読みたいと思って、買って来た聖書を、忙しいにかこつけて読まないでいたものだから、天の声で小言を言われたのだと受けとった。私は粛然と起き上がって、この日から聖書と取り組んだ。

読んでゆくうちに、だんだんと興味を覚えて来た。毎日、五章ぐらいは、たっぷり読んだ。しかし分りにくい個所もある。教会に行ってるのでないから、牧師先生に問《たず》ねるすべもない。しかし分らないところは、いずれ私にも分る日が来るであろうと、つまずかずに、イエスさまの啓示を祈りつつ飛ばして、先へと読み進んだ。

一ヶ月ほどたった或る日であった。私はルカ伝の第二十三章に入っていた。イエス・キリストが十字架にかかりなさる場面である。私はクリスチャンではなかったけれど、キリストが十字架につけられなさったことぐらいは心得ていた。それでこれがその有名な場面かと、目を見開き、食い入るように読んだ。

「さて、イエスと共に刑を受けるために、ほかにふたりの犯罪人も引かれていった。されこうべと呼ばれている所に着くと、人々はそこでイエスを十字架につけ、犯罪人たちも、ひとりは右

に、ひとりは左に、十字架につけた」（ルカによる福音書二三・三二－三三）

私は、イエス・キリストが十字架にかけられなさったことは、聞き知っていたが、十字架が三本もたてられていたのだとは、初めて知った。それでそのされこうべの丘の場面を頭に描きつつ、次へと目をやると、

「かくてイエス言いたまふ、父よ、彼らを赦《ゆる》し給へ、その為す処を知らざればなり」（ルカ伝二三・三四）

とある。そのとき突然、ああ分ったと私はうなずいた。なにが分ったのか。あのマーガレット・コヴェルの両親の宣教師夫妻の最後の祈りが分ったのである。私はイエス・キリストに従う人たちによって祈られる祈りというものは、イエス・キリストと同じ立場におかれたら、イエス・キリストと同じ祈りをなさるに違いないと思ったのである。即ち、

「天の父なる神さま、いま日本の兵隊さんたちが、私や妻を殺そうとして、日本刀を振り上げていますが、この人たちを赦して上げて下さい。この人たちは何をしているのかわからずにいるのです」

そして、この祈りが応えられて、マーガレットを打ったのである。私は感激の涙が頬をつたうのを覚えた。

そして私は、これが日本であったらどうだろうと思ってみた。それは歌舞伎でやっている通りで、

「魂魄《こんぱく》この世に留まって、この恨み晴さいでやはおくべきか」

となる。だから子供たちは、親の敵は不倶戴天《ふぐたいてん》とばかり仇討《かたきうち》に出かけて、首尾よく目的を果せ

ば、孝子、節婦の美談となる。これではまるで桁が違う。

けれども、私は、このイエスの十字架上の第一言の祈りが、私にかかわりがあるとは考えていなかった。私は、これがイエスが、当面のユダヤ人やローマの兵隊たちに対するとりなしの祈りだと思っていたのである。即ち、

「天のお父さま、いまこの連中が、私を十字架につけて殺すと狂い騒いで居りますが、どうぞこの連中を赦してやって下さい。この連中はなにをしているのか分らずにいるのです」

そのときである。突如、イエスの啓示が私に閃《ひら》めいた。私はハッとした。

「彼らをお赦し下さいという彼らの中に、お前も含まれているのだぞ」

との啓示であった。すると次の祈り「彼らはなにをしているのか分らずにいるのです」という言葉が私の胸を突き刺した。

そうか、私は四十七年という長い年月を、「なにをしているのか分らず」に過して来たのか。まことに、わが身に愛想がつきる思いであった。

私は過ぐる日、軍人であったので、戦場での働きを第一と心得ていた。戦争は犯罪ではない。ふだんなら、人ひとり殺しても謀殺となれば、絞首刑はまぬがれない。けれども戦場では、沢山殺した方が勲章にありつける。それは敵の人的戦力を亡ぼして、戦勝の道を開くから、昔から人類のやって来たことである。私なんかも、真珠湾で三千人も殺して、功二級金鵄《きんし》勲章というほまれ高いのを約束された。

しかし私は、その遺族たちを思いやって、胸のうずくのを覚えていた。けれども私は軍人とし

て、戦争もまた正義の名において平和へ至る道だと心得ていたので、なおも体を張り命をかけて、戦いつづけていたのであった。軍人として祖国への忠誠だから、それはそれとしても、正義というのはイエス・キリストの尺度ではかる以外に、人間が勝手に決めるものではないのである。私は神を知らなかった。神を知らないで、神から離れている存在が不義であって、これを罪というのである。聖書的には、これを原罪と呼ぶ。英語では、「ザ・シン」と定冠詞がつく。あの罪、この罪というのではなくて、その罪だというわけである。そしてこの原罪があるので、あの罪、この罪といったような、いろいろな罪が派生して来る。これを「もろもろの罪」と呼ぶ。英語では「シンス」と複数のsがつく。

神を知らないで、四十七年間も神に背を向けていた私などは、まさしく罪人《つみびと》であった。一般に人々は、この罪人だと呼ばれるのを嫌う。特に道徳的に行いの高い人ほど嫌う。けれども罪の意識が伴わなければ、イエス・キリストにある神信仰は芽生えない。それは、イエス・キリストが十字架で血を流して、「父よ、彼らをお赦し下さい」と、とりなしの祈りをして下さったのは、この罪のあがないのためであった。これが十字架の贖罪であり、十字架の赦しである。

私は、四十七年間も「なにをしているか分らずにしていた」という自分の罪を自覚した。そしてはっきりと、イエス・キリストが私のその罪のために死んで下さったのだということを知った。これは人から聞いたのではなく、イエスじきじきの啓示によって確信した。そして私は神に向き直った。

早速、私は、ディシェイザーの回心手記の余白に、

「私はただいま、神の独り子にいますイエス・キリストを私自身の救主《すくいぬし》としてお受けいたしま

す。この契約の日付、一九五〇年（昭和二十五年）二月二十六日」と記した。

この日が、私の第二の誕生日である。第二の誕生日を迎えたとき、私は四十七歳になってい て、遅過ぎた嫌いはあるが、第二の誕生日を迎えるのは早い方がよいとしても、いつになっても遅過ぎるということはない。このように、人には二つの誕生日があるわけである。肉から生れた第一の誕生日と、霊から生れた第二の誕生日とである。

受洗

私の住居の近くには、あいにくとキリスト教会がない。あれこれと考えているうちに、だいぶ前だけれど、平和祈願大会というのに一度用いられたことのある堺大小路《おおしょうじ》教会の斉藤敏夫先生を訪ねてみようと思いついた。

一九五〇年（昭和二十五年）六月四日の日曜日に、午前九時半から堺市役所前の電気館という劇場をかりて、日本、韓国、台湾、アメリカ、ドイツ、ノルウェー、スウェーデンの七ヶ国人が参加する平和祈願堺大会というのが催された。主催者は日本基督教団堺大小路教会で、テーマは「歴史の危機に立って神による恒久平和を祈らん」とあった。私は、堺大小路教会の斉藤敏夫牧師から、この大会であかしをするように招かれたのであった。

やがて斉藤敏夫牧師による「キリストは世界の平和」と題する平和宣教がなされて、私の信仰証詞の番がまわって来た。題は、斉藤先生がつけたので「余はいかにして平和主義信仰者になり得たか」とある。そのいかめしい題に、これは内村鑑三先生ばりだわいと微苦笑しながら演壇に立って、回心の顚末《てんまつ》を話した。

そのあと各国の宣教師たちや夫人たち、また聖歌隊によって、平和メッセージや独唱、合唱と交々《こもごも》進められた。

私はこの集会で、斉藤敏夫牧師を初めて知ったのだが、その主にあって平和を闘いとろうとする闘志に敬服した。それは伝道以外にないのであるが、斉藤牧師はその伝道に命をかけ体を張っていた。

そこで私はその斉藤牧師の牧する堺市金岡の元憲兵隊跡へ引越していた堺大小路教会の交わりに入った。やがて私は信仰告白を認めて、洗礼志願書を教会に提出した。

一九五一年（昭和二十六年）三月二十五日、イースター・サンデーであった。この日の朝拝で、私は斉藤牧師司式の下に洗礼を受けた。長老系の教会だから滴礼であった。

その朝拝で、斉藤牧師は、「死にて甦《よみがえ》り執成《とりな》したもうキリスト」の題で説教を行なった。またこの日、午後七時からの伝道集会で、私は「私の信仰一年」と題して、入信以来一年間の信仰を告白した。

真珠湾は生きている

一九五一年（昭和二十六年）十二月三日、この日は私の四十九歳の誕生日であった。奈良県は橿原神宮のほとりに住んでいる私の貧しい寓居へ、ＡＰ通信のレポーターが訪ねて来た。

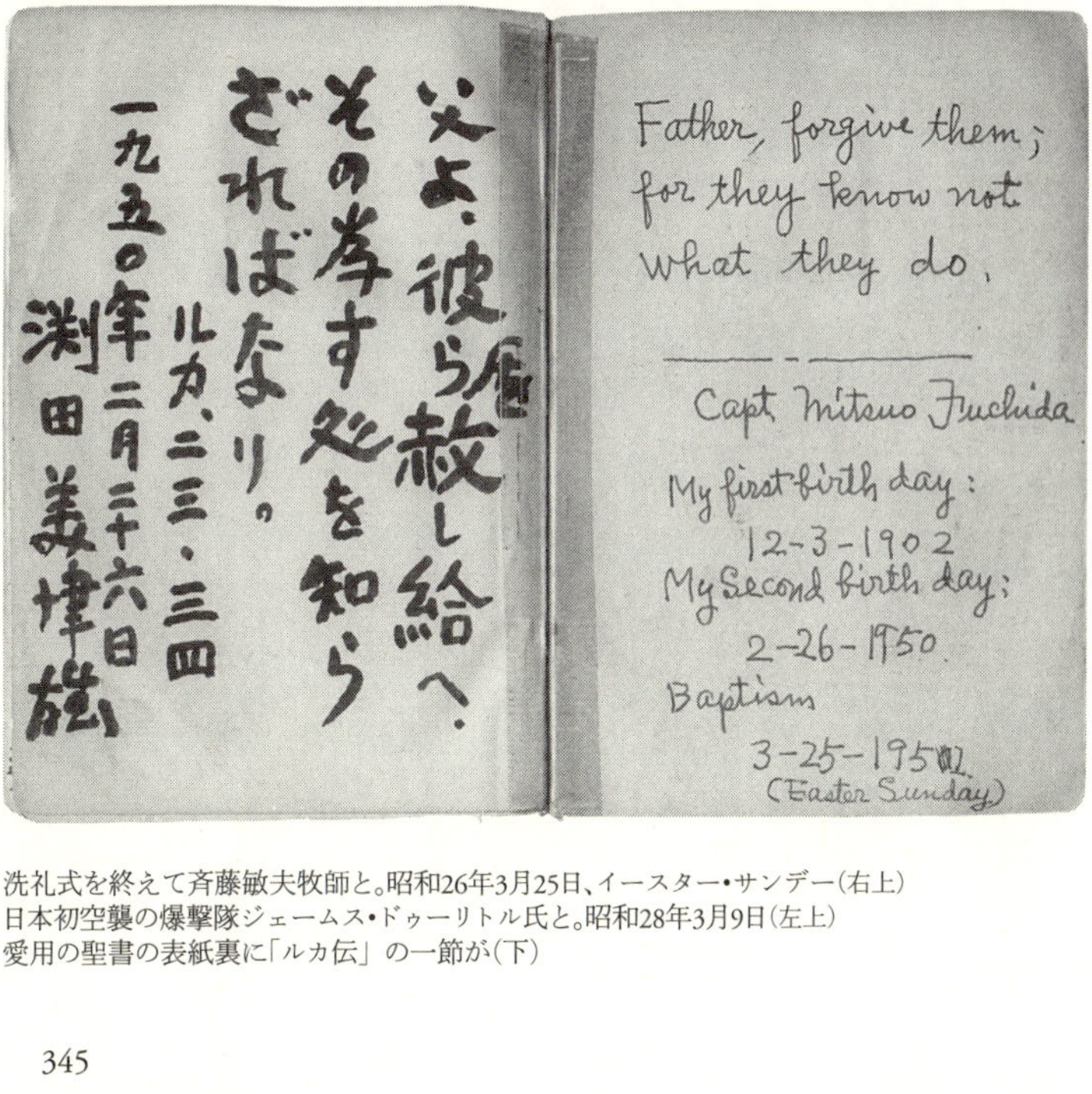

洗礼式を終えて斉藤敏夫牧師と。昭和26年3月25日、イースター・サンデー（右上）
日本初空襲の爆撃隊ジェームス・ドゥーリトル氏と。昭和28年3月9日（左上）
愛用の聖書の表紙裏に「ルカ伝」の一節が（下）

「淵田さん、あと数日すると十二月八日で、あなたが真珠湾を爆撃してからちょうど十年になるのですよ。ついてはこの十周年パールハーバー・デーに、あなたとのインタビューの記事を、アメリカの新聞に載せたいので伺いました」

そして早速、第一問と来た。素早い奴である。

「あなたがあの日の早朝、三百六十機の編隊群の先頭に立って真珠湾に忍び寄ったとき、機上におけるあなたの心境はどんなでしたか？」

私はレポーターの顔を見ていたが、彼の表情には、真珠湾騙し打ちのお先棒をかついで、抜き足、差し足、真珠湾に忍びよるあなたの心境は、さぞかしうしろめたかったでしょうとの答えを期待してるみたいであった。

そこで私の反骨精神が、なにをこの野郎とばかり、久し振りに頭をもたげた。

「あのときね、私は晴れがましくて、晴れがましくて、よくぞ日本男児に生れたと思いましたよ。そうでしょう？　二百年もの長い間、白人制覇の下にあえぎ苦しんで来た東亜の諸民族を解放する聖戦なんですからね。そのトップを切って、多年の宿敵アメリカ太平洋艦隊を撃滅しようというのですから、私は勇気凛々《りんりん》、本日の戦闘指導に精魂の限りを傾けつくそうとの心境でした」

レポーターはあっ気にとられてノートをとっていたが、やがて笑って、では第二問と来た。

「戦いが終ってから、あなたはどんな暮し方をしていましたか？　そして戦争を経験したあなたが、敗戦を契機として、なにか心境に変化を来しましたか？」

「それなんですよ。そのことは問ねられなくても、こちらから答えたいぐらいでしてね。しっかり書いて下さいね」

と前置きして、私はイエス・キリストへの回心の顚末を物語った。

レポーターはしゅんとして聞いていたが、この男はクリスチャンではないと見えて、私が力を入れて語る回心物語などには、一向に興味がないらしく、第三問へと話題を転じた。

「終戦後すでに六年、日本にまた再軍備の匂いがして来ましたが、あなたはもう一度軍服を着たいと思いますか？」

こちらとしては、誰が再軍備の匂いをさせているのかと問いたいところである。アメリカじゃないか。あなたの国アメリカは勝手な奴で、終戦のときには、日本が再びアメリカに向って吠えつかないように、日本の軍隊を解体し、軍事力を根こそぎ丸はだかにした。しかし今日になって、国際情勢が変化して来ると、またぞろ日本に再軍備をすすめて、極東におけるアメリカの防波堤にしようとする。私は猿じゃない。もう一度軍服などをつけて、アメリカのために火中の栗を拾うのはいやだと言ってやった。

レポーターは、いささか拍子抜けした恰好で、首を振り振り帰って行った。

この会見記事が、どのように扱われたのか、私は知らなかったが、十二月八日が過ぎて数日したころ、アメリカに留学中の小出牧師から航空便が寄せられて来た。

小出さんとは、私が救国伝道のエバンジェリストとして三重県をまわっていたとき、彼は尾鷲《おわせ》教会の牧師であったので知り合ったのだが、その後アメリカに留学している模様である。

小出さんのお父さんも牧師であったが、ホーリイネス系であったと見えて、戦前の治安維持法で、国体の変革を企てるものという条項にひっかかって投獄され、獄中で死亡した。その息子の小出牧師は徴兵で海軍にとられ、三等水兵のときあたりは、教班長の兵曹に意地の悪いのがい

て、小出さんを牧師と知って、

「おい小出、天地をお創りになったのはどなたか？」

などと問ね、天之御中主命《あめのみなかぬしのみこと》と答えない限り、往復ビンタが飛んだという。そのようなわけで、小出牧師は軍隊なんて大嫌いだが、坊主憎けりゃけさまで憎いというわけでもないと見えて、曾て軍人であった私とも仲よくして呉れていた。その小出牧師からの手紙であった。

「淵田さん、こちらの十二月七日の新聞に、あなたのAP通信記者との会見記事がでかでかと載りました。標題は『真珠湾を忘れたか』となっていましてね、一般には十周年パール・ハーバー・デーとあって、例によって『真珠湾を忘れるな』とやっているのとは対蹠《たいしょ》的で、その点はよかったですけれど、あなたのとてつもない放言には閉口で、わたしたちアメリカに滞在中の日本人は肩身のせまい思いです……」

　やれやれと私は思った。肩身のせまい思いをさせたとは済まないと思ったけれど、私の反骨精神は、またむくむくと頭をもたげて、ほんとうにアメリカでは、真珠湾を忘れたかどうか、この眼で確しかめてやりたいと、渡米への意欲が動き出したのであった。

　そのころまたアメリカから戦略爆撃調査団というのが来ていた。団長のオフスチイ少将は、私の肩を叩いて言った。

「ねえキャプテン・フチダ、わたしたちは、あなたの真珠湾空襲を研究していたのですがね、実によく出来ています。計画といい、実施といい、間然するところはありません。日本がずっとこのような作戦で、四年間を終始していたとしたら、今日私たちの方があなたの前に呼び出される立場になっていたでしょうね」

「妙なほめ方ですね。もう勝負がついたんですからね、変なことは言いっこなしにしましょうよ」

「いや、そうじゃないです。真珠湾はいまもなお生きています。戦略的に見て、真珠湾の戦訓は開戦劈頭《へきとう》の奇襲の好範例です。世界は原子力時代へと移りました。それで原子爆弾による奇襲が開戦劈頭に起ることは、もはや今日の常識です。あなたの真珠湾奇襲は、アメリカの意表に出て、見事に実施せられ、日本側としては、一応緒戦の作戦目的は達成出来たのだけれど、『リメンバー・パール・ハーバー』でアメリカ側は受けて立ち、結局は捲《ま》き返しました。しかし次の『セコンド・パール・ハーバー』は原子爆弾だとなると、受けて立つということは出来ないでしょう」

真珠湾は生きているという表現に、私は苦笑しながら、オフスチイ少将の熱弁に聞き入っていた。するとオフスチイ少将は更に、いま世界中がどのようにセコンド・パール・ハーバーに神経を使っているかとの例証として、次のエピソードを話して呉れた。

アメリカの首都ワシントンDCのホワイト・ハウスには、特別に登録されている二十四名の記者たちが、いつも泊り込んでいるのだという。そして彼らの部屋には緊急速報のため、大統領秘書官室から全員に同時通話の出来る設備が整っている。しかしこれは極めて重要緊急の場合のみに限られるので、一九三〇年に設備されて以来、この前の真珠湾奇襲の際に用いられただけだという。

それが昨年〔一九五一年〕、四月十一日の午前零時十分というように、けたたましく鳴りひびいて、「直ちに報道室に集まれ、ビッグ・ニュースだ」

と来た。記者たちは、勘を働かせて、

「スワ第三次世界大戦勃発《ぼっぱつ》か！　第二の真珠湾はどこ？」

とばかり、かけつけたが、これはマッカーサー元帥解職の発表で、まさしくビッグ・ニュースではあるが、第二の真珠湾でなくて、一同ホッとしたという。

この話はジョークとして、多分に作り話の嫌いはあるが、世界危機の感覚を盛っている。私は、なるほど真珠湾は生きているかと、胸ふさがる思いの中に、真珠湾を生かせておかないためにも、一度アメリカ伝道につかわされるように祈った。

つばさをキリストへ

或る日、一通の外国郵便が舞い込んだ。発信人は、アメリカ合衆国カリフォルニア州サンノーゼ市のスカイ・パイロット本部にてエルマー・サックスとある。長い手紙であった。

この手紙が舞い込んで来た経緯には、ポケット聖書連盟のケッチャム牧師が一役買っている。ケッチャム牧師は、ポケット聖書連盟における働きを終ってアメリカに帰った。そして帰国匆々《そうそう》、サンフランシスコで、日本伝道報告の集会を催した。この集会に、エルマー・サックスという牧師が聞きに来ていたのであった。

エルマー・サックスは、一九〇六年シカゴで生れた。現在六呎五吋《インチ》、二百三十ポンドの大男だと言っているが、力が強くて、ハイスクール時代は、手に負えない不良であった。

ハイスクールを卒えると、六年間、彼はイエロー・キャブの運転手として働いていたが、その間に彼はギャングの仲間入りをしていた。しかしそのうち、仲間割れして、彼は仲間からリンチ（私刑）を受けた。一晩中、意識不明で、ミシガン湖畔にころがされていたという。

幸い一命をとりとめた彼は、復讐を志して、警察官を志願した。体が、ばかでかいのが取得《とりえ》で、彼はすぐ採用されて、シカゴの近郊エバンストン警察署の探偵となり、じゃの道はへびとばかり、昔のギャング仲間を容赦なく国家権力で洗い上げた。

彼にとっては、リンチを受けた復讐であった。けれども復讐は復讐を呼ぶ。こんどはギャング仲間からの仕返しであった。彼はピストルで脚を撃たれて昏倒した。しかし、こんども生命は助かった。

彼は警察官をやめて、危ぶなかしいシカゴから安全なロスアンゼルス近郊のロングビーチに移住した。そしてバキューム・クリーナーなんかの仕事をしていたが、そのうちミセス・サックスに救われて教会に通い始めた。最初、彼はなにが教会かと関心を示さなかったが、ミセス・サックスの祈りはこたえられて、とうとう彼もキリストに捕えられた。

回心すると、彼は熱血男児だから、じっとして居られない。やがてロスアンゼルスのバイブル・インスチチュート（聖書学院）に入学して聖書を学んだ。

卒業すると、彼はロスアンゼルスの近郊プエンテというところで牧会を始めた。開拓伝道で、始めは小さい教会であったが、七年を経過して、二百人あまりの教会となった。そのころ、彼は少年伝道が、どんなに大切かということに気がついた。彼が曽て警察官であったときは、非行の不良少年たちを捕えるのが仕事であったが、罪を犯させてから捕えるのでなく、罪を犯させる前に、イエス・キリストに捕えて戴くようにしなければならない。ここに彼は一つの標語を考えつ

いた。それを英文のままで示すと、

It is better to build boys than to mend men.

直訳すると、

「大人を修繕するより、子供を建設する方がよい」

こうしたわけから、彼は大人を修繕する牧会をやめて、子供を建設するスカイ・パイロットという少年伝道団を創立した。

スカイ・パイロットの伝道の対象は八歳から十四歳までの男の子であった。小学生である。サックス牧師に言わせると、この年齢の子供たちが、一番置き去りにされているという。中学生にはボーイスカウトがあり、高校生にはユース・フォア・クライスト（青年をキリストへ）があるが、小学生は忘れられている。しかし、小学生の年齢のときが聖書に「汝《なんじ》の幼き日に、汝の救い主を憶《おぼ》えよ」という大切なときである。

かくて彼は、少年心理学というのを研究して、少年はユニフォームを着けて、レジメンテーション（団体行動）が好きだというところに目をつけた。そこで空軍まがいのユニフォームを制定し、小学校一年生でスカイ・パイロットに入団する子供は、三等航空兵に始まって、だんだんと昇級する。飛行隊というのが単位であって、飛行隊長にはスカイ・パイロットの少年部を卒えた中学生を起用して、部下の小学生パイロット約十人の面倒を見させるのである。

また少年たちは飛行機が好きであるというところに目をつけて、毎火曜日にスカイ・パイロットの少年たちを教会に集め、サンデー・スクールの教室を借りて、モデル飛行機を製作させたり、またこれを土曜日には野外で飛ばせたりして、これらのことに興味を持たせつつ、そのかたわらで聖書を読ませて、イエス・キリストを信じさせようというのである。「汝の幼き日に、汝の救い主を憶えよ」を地でゆくわけである。

サックス牧師は、この運動をロスアンゼルスで始めてから、また七年を経過して、いまや太平洋岸の各州に拡がったから、スカイ・パイロット本部をサンノーゼに移したのであった。

そのころ彼は、この運動を全米に及ぼし、やがてはインターナショナルの組織として、日本、韓国、台湾を含む極東にも及ぼしたい意欲を持った。そして誰か、これを助けて呉れるものはいないかと物色していた。

ところが図らずも、サンフランシスコのケッチャム牧師の集会で、真珠湾爆撃隊長キャプテン・フチダの回心を知って、さてこそと白羽の矢を私に向けて来たという次第であった。

以上の趣旨を書きしるした長い手紙であったけれど、要件は、このスカイ・パイロットの活動を助けるために、渡米しないかとの照会であった。

私は別にスカイ・パイロットという運動自体に興味を持ったわけでないが、その手紙の用紙に、「ウイングス・フォア・クライスト」（つばさをキリストへ）と刷ってあるのにひかれたのであった。

私は飛行機乗りであったから、飛行機には関心を持っている。終戦となって、占領軍は、日本人に飛行機の操縦を許さなかった。私たちは「つばさなき操縦士」などとすねていたのであったが、私はやはり進歩する飛行機への関心を持ちつづけていた。

まことに目ざましい進歩であって、文明の尖端をゆく。しかし、その人智の限りをつくして作られる文明の利器は、最新鋭といえば、すべて戦争の用に供する軍用機である。私は、ここいらでひとつ、飛行機を神の喜びたもうイエス・キリストの伝道に用いたら、どんなものであろうかと考えていた。即ち「つばさをキリストへ」である。

それがいま、アメリカでは既にやっているのである。このスカイ・パイロットの標語「つばさをキリストへ」に釣られて、私はひとつ、それを見に行ってやろうとの意欲が動いた。私はサックスにOKの返事を出したので、ここにスカイ・パイロットのスポンサーで渡米することになった。

ビリー・グラハムの集会場

〔一九五二年〕*十一月二十七日（木）は、サンクスギビング〔感謝祭〕であった。この晩、ニューメキシコ州のキャピタル〔州都〕であるアブカーキで催されるビリー・グラハムの集会に加わるために、私はサックスと二人で、前日の二十六日にサンノーゼ飛行場から、またラスクムを飛ばせた。

ラスクムは軽飛行機だから航続力が短かくて、ところどころで補給せねばならないが、アメリカにはどの町にも軽飛行機のための飛行場が整備されてあって、補給に当ってくれる。

こうして私とサックスとは、かわるがわる交代で操縦しながら、レノとエリコとで二回補給したあと、ソート・レーキの湖を横切って、夜に入ってからオグデンに着いて一泊した。

翌二十七日は早朝オグデンを出発したが、ロッキー山脈の背中を飛び越えるので、飛行機の高度計は六千呎を示しているが、山脈が高いので地上すれすれの飛行であった。こうしてネバダ、ユタ、ニューメキシコ三州にまたがるロッキーの背中は、海抜は高いが、なめらかに起伏した高原であって、人跡未踏、風雨の浸蝕にまかせた切りの原始風景なので、月の世界を飛んでいるのではなかろうかと思うほどであった。途中、カーボンで一度補給したあと、夕刻アブカーキに到着した。

アブカーキには、ビリー・グラハムの集会場が仮設されてあった。天幕で八千人が収容出来る大きなものである。雪はなかったが、高原の夜は寒い。八千人の折椅子を備えて、随所にストーヴが置かれ、室温十八度（華氏六十五度）に保っているから、天幕ながら会場は快適であった。正面に講壇が設けられ、その背後の雛壇は六百人のコーラス席であり、講壇の前面は二百人のバンド席である。講壇の後方には、別の天幕が組み立てられて、決心者を収容してアフター・ケアーに備えてある。

私は一巡して、至れり悉《つく》せりに出来ているこの仮設備が今夜一晩だけの用に供するためだと聞いて驚いた。私なんかはミミッチイのかも知れないが、一晩だけとは勿体ないじゃないかと言ったら、働いていたアッシャーが、

「キャプテン、勿体あるのはソウル（霊魂）の獲得ですよ」

と言った。人一人が救われるなら、こんな会場設備ぐらいお安いものだとの気はくであった。まさにその通りだ。

集会は、開会までを、救世軍バンド二百人の音楽演奏でつないでいたが、定刻の午後七時半と

＊昭和二十六年に洗礼をうけた淵田は、スカイ・パイロット本部の招きで翌年十月十五日、貨物船ニコリン・マークス号で神戸を出発した。十一年前、赤城でたどった同じ北太平洋航路をカナダ経由で同月二十九日にサンフランシスコへ到着。翌月からサンノゼを起点に軽飛行機で全米各地を伝道してまわる。

なって、六百人の聖歌隊の合唱をもって、開会した。クリッフ・バロウが指揮者である。

私はサックスと一緒に演壇に迎えられ、ビリー・グラハムの横に坐った。今晩はビリー夫人も見えていたので紹介されて挨拶した。

バス・バリトンの声楽家ジョージ・ビバーリィシェアの独唱であった。いい肉声で、そくそくとして心にせまるのを覚える。こうして会場の雰囲気は整えられ、会衆の魂は受け入れ態勢を作る。

ついで今晩のゲストとしてサックスが紹介されて演壇に立ったが、私を紹介するかたわら、スカイ・パイロットの紹介に熱を入れ過ぎて十分あまりも費したので、司会者に注意され、やがて「ナウ、キャプテン・フチダ」と私にバトンを渡した。

私は演壇に立った。ゆっくりと一語一語を明瞭に発音して、約十五分のあかしであった。場内は静まり帰ってシーンとした。お隣りとしゃべっていたのでは聞き落すからである。語る私も一生懸命だが、聴く会衆も一生懸命に耳そばだてる。そこに霊感がただよう。聖霊のめぐみであった。

私の話は終った。また、万雷の拍手、拍手、拍手であった。ビリー・グラハムが席を立って、演壇を降りる私を迎え、手を握りしめながら、私を抱きかかえるようにして、プラットホームの席に坐らせた。しかし、会衆の拍手は鳴り止まない。また一きわ高く拍手、拍手である。アンコールであった。ビリーは私に眼くばせして、もう一度演壇に上れと知らせる。仕方がないから私は演壇に上った。ひとしきりまた拍手である。私はなにも言うことはないから、右手を挙げて振りながら愛想を振り撒いていたら、一隅から讃美歌が歌われ始めた。附近の会衆がそれに唱和する。すると、燎原《りょうげん》の火の燃えるように、その合唱が全会衆に拡がって行った。と見たクリッフ・

バロウはトロンボーンをとって立ち上がり、聖歌隊に合図した。聖歌隊六百人の合唱も、それに和して、場内の大合唱をリードした。やがて、その合唱を背景に、ビリー・グラハムは演壇に立った。

あくれば二十八日、金曜日であった。午前八時、私とサックスはラスクムを引張り出して、アブカーキの飛行場を飛び立った。途中トリニダッドで補給して、オマハ市に針を向けた。山岳地帯を抜けたので、サックスは操縦を私に任せて、自分は毛布を巻きつけて、一ねむり始めた。下を見れば、アメリカの穀倉キャンサスの平原である。行けども行けども、見渡す限りの耕地であった。南北と東西とに、豆腐をやっこに切ったみたいにキチンと区切られていた。こんなところを飛ぶのなら、羅針儀は要らない。下を眺めさえしたら、北も東も一目瞭然である。午後三時、オマハ飛行場に着陸した。

この晩は、オマハ市のガスペル・タバナクルという大教会で用いられた。集会のあと、いつものように帰りにつく会衆に挨拶していると、松葉杖にすがった中年の男が、妻と子供四人を連れて、私に話しかけて来た。

「わたしは、あの日、ヒッカム飛行場で、この右脚を失ったのですがね」

と、あごで右脚の義足を示した。サア出たと、私はドキッとした。あの日、真珠湾で負傷したという痛ましい姿の人を見ると、私の心は痛むのである。しかし彼は言う。

「だがね、キャプテン、そのことで私も妻も子供たちも、あなたに恨みつらみをいうのではないのですよ。キャプテン、よくいらっしゃいました。どうです、今晩、私のうちに泊っていただけませんか?」
と言って、妻と子供たちを私に紹介した。
彼はオマハ市内の郵便局長さんであった。私はその夜、彼のホームで、温い思いやりと、優しいいたわりのもてなしを受けて、一夜を送ったのであるが、どんな楽しいことであったか。そして私は、イエス・キリストにある神信仰が、このように深く生活にしみこんでいるクリスチャン・ホームの良さを、しみじみと味わったのであった。
翌二十九日、土曜日であった。オマハからミネアポリスに飛んだ。この晩は、ミネアポリス・ユース・フォア・クライスト(青年をキリストへ)の集会に用いられた。会場はミネアポリス公会堂を使っていたが、会衆三千人、さしもに広い会堂も満堂の盛況であった。
司会者は、ミネアポリス第一バプテスト教会の牧師で、ユース・フォア・クライストの指導者ジョージ・ウイルソンであった。彼は講壇で、私にまっ赤な表紙の聖書を呉れた。ビリー・グラハム・エバンゼリスチック・アッソシエーションで印刷した所謂《いわゆる》ビリー・グラハム聖書である。ユース・フォア・クライストはユーモアーが好きであることを、私は知っていた。私は会衆に向って、いま貰った赤い聖書を示しながら、
Why this Bible is red?
と訊ねた。会衆は一瞬いぶかしげに静まった。そこで私は、
I believe, the Bible should be read.
とやったので、満場の拍手喝采であった。

アリゾナの遺児

十二月十三日、土曜日であった。今宵もまたユース・フォア・クライストから招かれているのであるが、シャトルの対岸ブレマートン軍港なので、スポーケン〔ワシントン州〕からはかなり遠い。私とサックスは、早朝スポーケンを出発してシャトルに急いだ。シャトルでは、中央郵便局で、私たちあてに寄託されてあった郵便物を受け取った。中に私あてだが、匿名の手紙が一通あった。ミネアポリスのビリー・グラハム・エバンゼリスチック・アッソシエーションから転送して来ているのだが、発信人の住所も名前もない。披《ひら》いて見ると、次のようにしたためてあった。

先日、十二月七日の日曜日は十一周年のパールハーバー・デーであった。私はビリー・グラハムのテレビジョンでおまえを見た。そしてテレビのおまえの顔に唾をひっかけてやった。古鼠め、すぐ日本に帰りなさい。ここはおまえなんかの来る国ではない。クリスチャンになったというが、なぜ真珠湾を爆撃する前になっておかなかったか。　あの日、子を失った母より

真珠湾で最愛の子を失った母親は、「ユー・オールド・ラット」（きさま古鼠め）と言って、いまも私を憎んでいる。無理はない、それが人情だ。

しかし、私は主に祈った。

「主よ、憎しみのあるところに、あなたのゆるしとなぐさめとをお与え下さい。そしてあなたに

ある愛を芽生えさして下さい。あなたは、わたしたちの平和であって、十字架によって、敵意という恨みや憎しみを取り除いて下さいました。しもべをあわれみ給うとともに、真珠湾の遺族たちの上に、あなたのめぐみを垂れさせ給え。かくて彼らをあなたの救いにあずからせ、二つのものを一つとなしたまえ、アーメン」

祈りは聴かれる。この私の祈りは、はやこの晩に聴かれたのであった。事の次第は次の通りである。

私とサックスとは、シヤトルからフェリーボートで海峡を渡り、ブレマートン軍港にやって来た。ブレマートンは軍港だから、海軍色濃厚であった。

ユース・フォア・クライストの集会は、海軍の下士官兵集会所で行われ、会衆は三百人を超えていた。

例によって例の通りに、集会は運ばれ、私が話を終って、講壇の席につくと、一人の中年婦人が、十二歳ぐらいの男の子の手をひいて、講壇の前に進んで来た。そして私に挨拶して、

「キャプテン、この児、私の息子ですけれど、この子の頭に手をおいて祈ってやって呉れませんか」

と言う。そして司会者の方を向いて、なぜキャプテンに、息子のために祈っていただきたいか、そのわけを会衆の皆さんに話していいかと伺った。司会者は、よろしいとうなずいたので、婦人は話し出した。

「このキャプテンが、十一年前に、真珠湾を爆撃なさいましたとき、私はその日は出産で、前日からホノルルの病院に入院しておりました。私の夫は海軍大尉で、アリゾナの砲台長でありました。……」

アリゾナと聞いて、これはいかんと私は首をすくめた。夫人は話をつづける。

「前日は土曜日でしたから、夫は上陸して、病院に私をみまって呉れました。しかし夜になって、明朝また来ると言って、艦《ふね》に帰りました。翌七日の日曜日、午前八時過ぎに、私の病室は、窓ガラスを振わして、大きな震動を感じました。そのとき、この子が生れたのでした。あとであの震動は、アリゾナの轟爆《ごうばく》であったと聞かされ、その瞬間に私の夫は永遠に消えて失ったのでありました」

私はジーンと来た。子供の生れたとき、その父親は消えたのであった。

「この憶い出は私にはつらいことでした。私は、アリゾナを爆撃した日本空軍を憎んで来ました。しかし私も私の夫もクリスチャンでした。そして今日、そのときの指揮官であったキャプテン・フチダのあかしを聞き、神さまのみわざの奇《くす》しさに、ふるえがとまりません。この子は父を知りません。その後、物心つくようになってから、父の死を知って、そのことの故にかたくなになって、どのように私が導いても、救主イエス・キリストを信じようといたしません。どうぞキャプテン、この子の救われんために、頭を手において祈ってやって下さいませ」

会衆一同は、粛として声を呑んだ。私は会衆一同を顧みて、この子のために一緒に祈って呉れるように促がし、子供の頭に手をおいて熱い祈りを捧げた。

「父よ、彼らを赦し給へ、その為す処を知らざればなり」（ルカ二三・三四）

この話には、後日譚がある。

それから十年ほど過ぎて、私の三度目の渡米のとき、私はニューヨーク州のあちこちの田舎の町で集会を重ねていた。或る日曜日の晩の集会であったが、ウエスト・ポイントの陸軍士官学校の生徒たちが二十人ぐらい現われた。いずれも、たくましい連中で、頭は角刈りで、服は霜降りに黒いビロードのふちどりがしてあった。

リーダーと見える一人が、私に近寄って声をかけた。

「キャプテン、私を憶えていらっしゃいますか?」

私は、びっくりして、つくづくと眺めるが、さらに見憶えはない。

「誰でしょうね、憶えていない」

と私が言うと、

「そうでしょう、十年も前のことですから。私はブレマートン軍港で祈って戴いたあのときの少年ですよ」

おお、そうかと、私は二度びっくりした。大きくなったもんだなと、彼をつくづくと見直したのであった。

真珠湾事件のあと、ルーズベルト大統領は、この子の出生の由来を知ったとき、この子の将来について、もしこの子がウエスト・ポイントの陸軍士官学校か、またはアナポリスの海軍兵学校かに入りたいようなら、大統領がスポンサーを保証すると約束した。アメリカでは、陸軍士官学校や海軍兵学校へ入学するには、上院議員の誰かがスポンサーとしての保証を必要とするのであった。この子は、生れながらにして、大統領の保証付で、ウエスト・ポイントの陸軍士官学校を選んだわけであった。

そして、この子は、あの日以来、祈りに支えられて、立派なクリスチャンとして育った。陸軍士官学校に入ってからも、同志とともにコワイヤー〔聖歌隊〕を組織し、自分がタクトを振っている。今回、ウエスト・ポイント近くの町に、キャプテン・フチダの集会があると知って、応援のために、コワイヤーを引き連れて、かけつけたという次第であった。

肉声の豊かな、すばらしい合唱であった。この噂は町々に飛んだ。新聞は挙《こぞ》って、この記事を大きく扱った。人々は、イエス・キリストの栄光を仰ぎ見た。

トルーマンの助言

サンノーゼのスカイ・パイロット本部で正月を迎えて、年は一九五三年(昭和二十八年)とあらたまる。

一月二十三日(金)、サンノーゼを出発して、東部への立証旅行に出発した。二十八日(水)、ウイチタを去って、トピカを経て、二十九日(木)キャンサス州のキャンサス市に来た。ここは河一つへだてて、ミズーリ州のキャンサス市と隣り合っている。サックスはここに、スカイ・パイロットの有力な支部を建設したいのであった。合衆国のほぼ中央に位するからである。

キャンサス市に三日ばかり滞在した。二月一日の日曜聖日には、セントラル・バイブル・チャーチで、朝の礼拝に用いられ、午後はジャパニーズ・ミッションで話した。このジャパニーズ・ミッションは名の通り、数多くのミッショナリイ(宣教師)を日本に送っている。独身の婦人が多い。

私とサックスは、キャンサス市滞在中、スカイ・パイロットの支援者である郵便配達夫さんの家に泊めて貰っていた。この配達夫さんの妹が、ジャパニーズ・ミッションから日本に送られている宣教師の一人であるが、賜暇《しか》で帰っていたのであった。ところがこの妹さんは、同じ仲間の宣教師で、特に親しくしているのにトルーマン前大統領の妹さんがいるという。いま一緒に賜暇で帰国してキャンサス市にいるから、キャプテン、このルートで一度トルーマンに会って見ないかとの勧誘であった。サックスは大乗気《おおのりき》である。

「それでトルーマン前大統領はどこに住んでいるの？」

「ここから二十哩《マイル》ほど離れた閑静な田舎に隠棲している」

「トルーマンはクリスチャンですか？」

「シュアー」(勿論)

といったようなことから話が運ばれて、私とサックスは、この宣教師さんたちに案内されて、トルーマンを訪れた。トルーマンは隠棲しているというけれど、前大統領で、民主党の大物だから、訪問客も多く忙がしいらしい。前大統領警備のシークレット・サービスの巡査たちも眼を光らせていた。

トルーマンは現われた。なかなか元気そうであった。先ずサックスが紹介されて、サックスが私を紹介した。例によってサックスが長々とスカイ・パイロットを披露する。十五分間の会見の約束だから、私は気が気でない。トルーマンはフム、フムと聞いてはいたが、トルーマンの興味は私にあるらしいのである。宣教師さんたちによって、お茶が出される。空気は和《なご》やかであった。

やがてトルーマンは私に話しかけた。

「ねえキャプテン、わたしは陸軍少佐だったんですよ。あなたは海軍大佐だったから、今日は軍人同志の話でいきましょう」

と前置きして、イエス・キリストさまの話は一時あずかりとばかり、サックスの口を封じた。

やがて真珠湾が話題に出た。いろいろと当時の模様を話し合っていたとき、トルーマン前大統領は笑いながら、

「キャプテン、真珠湾はね、ボス・ギュルチィ（両者有罪）だよ」

と言った。私は、

「そりゃ神の前にはボス・ギュルチィでしょうけれど……」

と言い及ぼうとしたら、トルーマンは遮《さえ》ぎって、

「いいや、神の前ばかりでなく、人間の前にも、いまに史実としてボス・ギュルチィが明らかになるだろう」

と言った。

そんなことから、戦犯釈放問題にも触れ、嘆願署名簿を携えて来ていることを話したら、

「キャプテン、心配せんでいい、もうまもなく戦犯問題は打ち切られるよ」

と話して呉れた。あたたかい雰囲気であった。

アイゼンハワー大統領

フロリダを去って北上した私たちは、二月二十一日（土）、アメリカ合衆国の首府ワシントンDCに入った。ワシントン・バースデーであった。

現大統領アイゼンハワーはクリスチャンである。新聞で見ると、ワシントン・バースデーに当ってヴァージニア州にあるワシントンゆかりの教会への出席を報じていた。

アイゼンハワーはちょうど一ヶ月前の去る一月二十日に、第三十四代大統領として就任式を挙行したばかりであった。私はテレビで、その就任式の模様をみつめていたのであった。就任式は正午頃から議事堂前で、広場に集まった約五十万の国民観衆に見守られて、厳粛且《かつ》華麗に行われていた。アイゼンハワー大統領は、百六十四年前、初代大統領ワシントンが宣誓に使ったという由緒あるバイブルの上に左手をおいて、右手をあげて宣誓した。私はこれをテレビで眺めて、ウームとうなった。まさに神を懼《おそ》れるしぐさである。

大統領に就任したアイゼンハワーは、まもなくプロテスタント長老教会で洗礼を受けたとの報道を新聞で見て、私は驚いた。洗礼をまだ曾《かつ》て受けていなかったから受けたのであろうけれど、では彼はクリスチャンではなかったのだろうか。

しかし彼は自分で言っている。「今日まで神を信じていた」と。アイゼンハワーは、いつも赤革表紙のバイブルを座右に備えていたという。彼の政治演説にしても、その宗教的な内容から判断して、彼はバイブルを愛読していたことは確かだという。

大統領選挙のときに、彼の選挙演説があまりにも宗教的なので、後援者たちは、伝道集会ではないのだから、もう少しバイブルの引用を減らしてはどうかとアドバイスしたら、彼は「アメリカの国民をみくびるな」と言って怒ったという。

彼がアメリカ国民に望んでいるのは、宗教的価値を精神的に必要とする信仰復興である。アメリカ建国の父祖たちは、彼らの革新的な試みを意義づけるために、イエス・キリストにある神信仰に立った。建国の公文書類には、その信仰を書き入れ、貨幣の表面に神への信頼の辞を刻み、勇敢に信仰を以て諸制度の基調とした。かくて神を懼れるところに自由があった。

こうした信仰に立つアイゼンハワーは、大統領になって、敢然として受洗し、国民の前にその信仰的態度を明瞭にしたのだと私は理解した。

サックスは、ワシントンに来る前から、アイゼンハワーに、私との会見を申し込んでいた。私としては、アイゼンハワー大統領に会いたいけれど、会わねばならない用件は、なんにもないのであった。しかし、サックスにしてみれば、私がアイゼンハワーと握手している写真を撮って、スカイ・パイロットの宣伝に利用したい意図があった。

私たちは、フェア・ファックスというホテルに投宿していたのであるが、サックス不在のときに電話がかかって来た。私が出てみると、ホワイト・ハウスの秘書官からであった。

「キャプテン・フチダは、どんな用件で、大統領に会いたいのですか？」

と来た。当然の質問だが、私は弱った。別に用件はないからである。サックスが居れば、何とかうまく応対するだろうに、仕方がないから私は、

「別に用件はないのですがね、ちょっと大統領と握手しているところを写真に撮らせて貰いたいと思いましてね」

と、サックスの本音を、率直に代弁した。

とんでもないことだと叱られるかと、首をすくめていると、秘書官は笑って、

「キャプテン、実はね、そのような用件の人たちが、毎日大勢、ホワイト・ハウスに押しかけてくるのでね。大統領は、手の空いているときを見はからって、ヴェランダに出て、それらの人々

に満足を与えていなさるのですよ。ホワイト・ハウスの門は、午前九時から午後五時まで開いていますから、あなたも、ヴェランダでお待ちになっていれば、その機会は与えられますよ」

私は「サンキュー」と電話を切ったのであるが、心の中で思った。一日中、ホワイト・ハウスのヴェランダで、大統領のお出ましになるのを待つような悠長なひまなんてあるもんか。私にとっては、写真など、どうでもよいのだから、サックスにはなんにも言わないでほうっておいた。

金曜日になった。またホワイト・ハウスの秘書官から電話である。生憎《あいにく》と、またサックスがいない。

「キャプテン、ゴルフが出来ますか?」

との問である。私は、ゴルフなんか出来ませんと、そっ気なく返事をした。

「それでは仕方がない。実は明日の土曜日に、大統領はゴルフに行かれるのでね、あなたもいらっしゃればと、お誘いしたのですよ」

その日の夕方であった。フェア・ファックス・ホテルの私あてに、ホワイト・ハウスから長い封筒が届けられた。披《ひら》いてみると、アイゼンハワーがゴルフのクラブを振り上げているところを、木炭でスケッチしてある。そしてドワイト・アイゼンハワーと署名がしてあって、右上隅にツウ・キャプテン・フチダとあった。

別になんの説明も入っていなかったけれど、私は夕刊新聞で、大統領が今日ゴルフに行って、そこで画家に、クラブを打ち振る自分の肖像を描かせている写真入りの記事を読んでいたので、これはそのときの下絵に違いない。アイゼンハワーは、その下絵の一枚にサインして、私に送らせたのであろう。やっぱり、アイゼンハワーは、私のことを耳にとめていて呉れたのだなと感激するとともに、偉いもんだと感心した。

するとまたホワイト・ハウスの秘書官からの電話である。今度は居合わせたサックスがとった。秘書官からアイゼンハワー署名入りの木炭の下絵がとどいたかと問ねているという。確かに受取ったと答えて貰う。すると明日の聖日午前十一時に、大統領はワシントン市内のナショナル長老教会の礼拝に出席なさるから、キャプテンも同じ礼拝に出席してはどうかとの誘いであった。サックスは喜んで、私にはかることもなく、即座にOKと返事した。彼としては、そこでアイゼンハワーと私とが握手する写真を撮るチャンスが出来るからであった。

翌二月二十二日(日)、私とサックスとは、余裕をとって早くからナショナル長老教会に出向いた。牧師に会って事情を話したら、牧師も喜んで、今晩の伝道集会で立証をして呉れないかとの相談であった。幸い、その晩は空いていたので、サックスは渡りに舟と引き受けた。

礼拝の定刻となった。オルガンのプレルードが始まると、会衆約五百人は席に立って、大統領を迎える。シークレット・サービスに守られて、大統領はタイミングよく会堂に入って来たが、入口に立って出迎えていた私を見ると、チョイと握手して、ウインクでうしろについて来いと合図した。ついて行くと、会堂の中ほどにある自分の席につき、今日は夫人を同伴していないので、隣りの夫人の席へ私をつかせた。つづいて会衆一同は、讃美歌の斉唱である。私の好きな「ブレッスド・アッシュアランス」であったから、私は声を張り上げて歌った。

「ジス イズ マイ ストーリィ、ジス イズ マイ ソング、……」

すると隣りの大統領も大きな声で歌う。曾て三軍を叱咤したのだからボリュームもある。こうして祈禱《きとう》、説教、献金とつづいて、あと報告の時間となった。牧師は新来賓者として私を指名して立たせ、元真珠湾隊長だが、いまは神の家族だと紹介したら万雷の拍手で、隣りの大統領も手を叩いた。更に牧師が今晩の伝道集会で、キャプテンが立証するから、大勢誘い合わして出かけて来いと、案内したら、また会衆の大拍手であった。

こうして約三十分の礼拝は、牧師のベネジクションで閉じられ、聖歌隊がコーラル・アーメンを合唱し、チャイムの鳴り響くなかに、大統領は私に握手を残して、会堂から立ち去った。会衆一同は起立のまま見送った。

結局、サックスは写真を撮り損ねたが、私は温かい気持のアイゼンハワーを徳とした。なんという神の人だろうと思ったからである。

アナポリス海軍兵学校

折角ワシントンまで来ているのだからと、一日、日本大使館を訪れて、新木〔栄吉〕大使に敬意を表した。

新木大使は、夫人がいらっしゃらないで、枯木寒巌《こぼくかんがん》といった風貌で、聖者の感じであった。私が挨拶して、アメリカ旅行の印象をお話しすると、

「それはよいことをなさっています。民間外交として、日米親善の空気を盛り上げる点では、私ども大使が十年かかっても、あなたには及びますまい」

と大変なおほめで、恐れ入ったが、

「でも今日、全米に親日感が漲《みなぎ》っているのは事実ですが、しかし、なにも日本にだけ特に親しい

というのではなく、共産圏は別としても、自由世界の諸国ならどことでも親しくしています。とに角、この国はあなたの見られている通り、神を懼《おそ》れることを知っています。曾ての日本は敬天を言いましたけれど、身についていないから、なにかと言えば、人を相手にしてかかりましたのでね、崩れたのですよ」

日本大使館を訪れた翌日、私はキャピタル・ヒルにニクソン副大統領を訪れた。ニクソンは曾てレザーブの海軍少佐であったとやらで、空母に乗っていて、南太平洋で戦った相棒であった。ニクソン副大統領は、私と握手しながら言った。

「あのときはお互に、力一杯戦ったね。だからいまこうして握手したら、力一杯、友だちになれるんだよ」

そして私にペンタゴン（国防総省）を紹介して呉れた。

ペンタゴンでは、先ずネーバル・アネックスと呼ばれていた別棟の海軍関係で一席弁じ、つづいてペンタゴンの礼拝所で立証した。

すると、海軍省の首席チャプレンから、翌日は、アナポリスの海軍兵学校に行って呉れと言って来た。私も一度、アナポリスの海軍兵学校を見たいと思っていたので、渡りに舟と喜んで、翌日は迎えの海軍省の車で出かけた。案内役はチャプレンのジョン・クレヴァン少佐であった。

ちょうど昼食前に着いたので、早速生徒食堂に案内されると、当直将校の大尉が私を生徒たちに紹介した。

「本日、ここに見えたゲストは、元日本海軍のキャプテン・フチダであって、この人だよ、あの真珠湾爆撃の総指揮官は……」

とやったものだから、約三千人の生徒たちは、ワーッと一斉に拍手して迎えた。つづいて、当直将校は、

「本日の料理は、キャプテン・フチダを歓迎する意味で、ジャパニーズ・フッドである」

また拍手の嵐であった。

かくて当直将校は、「シート」(着け)と号令をかけた。

ここまでは、曾ての江田島海軍兵学校でも同じであった。食事のラッパで、食堂にかけこむが、当直将校の「着け」の号令のかかるまでおあずけの姿勢で、食卓の前に立っているのであった。そこで当直将校の「着け」がかかると、江田島では、全生徒は一斉に食卓に着いて、ガツガツ始めたのだが、アナポリスはいささか違っていた。

当直将校の「シート」の号令で、食卓に着いたのは三学年の上級生だけで、二学年や一学年の下級生は、まだおあずけの姿勢で立っている。ハテと見ていると、こんどは各食卓毎に、食卓長の上級生が、もう一度「シート」と号令をかけると、みんな食卓に着いた。ハハア、やるわいと、私は上級生の下級生に対する訓育指導は、はるかに江田島を上まわると見た。

曾ての江田島でも、上級生の下級生に対す訓育指導は重視されていた。しかし、行き過ぎると、鉄拳制裁ということになる。ずいぶんやったものらしいが、私が江田島に入校したときは、前年の校長鈴木貫太郎中将は、鉄拳制裁の禁止を強く達示した。そして違反したものは、退校処分にするというきついものであった。従って私の在校期間、一度も上級生からなぐられたことはないし、また一度も下級生をなぐったことはない。しかし、ほかの訓練指導はやかましかった。

私は暑いさかりの八月下旬に入校した。暑かったから、夕食後練兵場の海岸で、両手を腰に上げて、涼をとっていた。すると上級生が、うしろからそっと近づいて、私の腰に上げている両手をいきなり強く叩いた。びっくりして私は両手を下げたので、彼は私を睨みつけながら、去って行った。あとで知ったことなのだが、江田島では一年生はいつも両手を下にさげていなければならないので、両手を腰に上げられるのは二年生になってからである。そして三年生になったら、腕を胸に組んでよろしい。いやはや、やかましいことであった。

戦後の論評は、そんな窮屈な訓練指導で叩き上げるものだから、正規将校というのは、好ましからざる人物として、マッカーサーが追放したんだという、きついお叱りであった。けれども、そのマッカーサーのお国の、アナポリス海軍兵学校では、自由なんてのは尻目に、曾ての江田島を上まわる訓練指導であった。またそれでなくては、軍人というものの筋金が入らない。

しかし江田島とただ一つ違うのは、アナポリスの校門をくぐると、先ず目につくのは、大きなチャペル（礼拝堂）であった。私は同行のチャプレンに問ねた。

「生徒たちは、日曜日の礼拝はここで守るのですか？」

チャプレンは答えて、

「大部分はそうですが、礼拝以前に外出してもよろしいのです。だが外出した生徒たちも、朝の礼拝は、町のどこかの教会で守っています」

やっぱりなあ、アナポリスの生徒たちは、「神を懼れる」ことから仕立て上げられている。曾ての江田島は、敵愾心などという、人を相手にすることから仕立て上げられた。

いまや灰燼《かいじん》の中から立ち上がった日本である。祖国日本の再建のために我ら何をなすべきか。汝は、先ず神を懼れよ。そして神の送りたまいしイエス・キリストを信ぜよ。

ニューヨーク

三月八日、日曜日の早朝、フィラデルフィアを出発して、聖日の御用は、バルチモアー市で用いられて、その夜遅くニューヨーク市に入り、タイムス・スケアー・ホテルに投宿した。ニューヨーク市は世界のキャピタルである。

翌九日（月）は、午後一時からジミー・ドゥーリトルに会うことに約束されていた。ドゥーリトルは、そのときシェル石油会社の宣伝部長をしていて、事務所を或る高いビルディングの二十階に持っていたので、そこへ私とサックスとが訪ねることになった。

けれどもサックスは、この会見をスカイ・パイロットの宣伝広告に使いたい意図があって、マスコミ各社に電話した。

「アメリカ初空襲の真珠湾のキャプテン・フチダと、日本初空襲の東京爆撃隊のゼネラル・ドゥーリトルとが会見するのだが、ニュース種にならないか」

と、会見時刻と場所とを教えたので、マスコミはわんさと詰めつけ、テレビの撮影道具までかつぎ上げたので、ドゥーリトルの事務所は足の踏み場もない騒ぎであった。

こうして私は初めてドゥーリトルにお目にかかった。打ちとけて、よもやまの話に打ち興じたが、彼の部下であったディシェイザーの話も出た。するとドゥーリトルは、毎年四月十八日にどこかの町で、東京爆撃隊の生き残りが記念の会合を催すのだが、機会を得たら一度出向いて話して呉れとの招待であった。彼もまた神を懼れるクリスチャンであった。

この晩、私はマッカーサーから夕食に招かれていた。彼が占領軍最高司令官として在職中の中期以後、彼が書いていた回想録の裏付となる日本側資料を、私が蒐《しゅう》集《しゅう》提供していたので、東京でも三度ばかり食事によばれたことがあった。このたびは、ニューヨークに来たら声をかけろとのことであったので、声をかけたら、夕食に招かれたのであった。サックスは招かれていないので、私ひとりで出かけた。

マッカーサーは、パーク街のアストリア・ホテル・ビルディングの中層階のフロアーを占有するアパートに住んでいた。リビィングには、日本皇室からいただいた菊の御紋入りの什器《じゅうき》が飾ってあった。私が再会して驚いたのは、彼は日本にいたときとは見違えるほど、老ぼれたとの感じであった。

しかし彼は依然として日本に対する関心は深かった。以下は食事中、彼が私に語ったところを継ぎ合わせたのである。

彼は言った。

「占領軍最高司令官としてやったことは、すべてがよかったとは思っていない。恨まれていることもあろう。が、自分は日本をよくしたい気持をいつも念頭において、ワシントンをふりかえりつつ占領政策の遂行に当ってきたつもりである。

昨年（一九五二年）のメーデー事件は、共産主義者の煽動《せんどう》が背景をなしていた以外に、青年たちの反米感情も働いていたとされている。占領政策の反動として、反米的な流れが起ったとすれば、自分は非常に不本意である。日本へ行ってなんとかしたい衝動に駆られる。

日本憲法に戦争放棄条項を付加させたことは、今にして考えれば、時期尚早であった。当時自分は、原子爆弾の出現によって、将来の戦争は勝敗がつかないだろうと考えた。敵も味方もともに滅亡する。まったく人類の破滅でしかない。そのような見地から、世界は戦争放棄の段階に近づきつつあるとの感を抱いていた。

日本を軍事的に無力化する連合国の方針もあったし、また日本をして率先、世界に戦争放棄の範を垂れさせようとの意図もあった。

ところがその後の世界の客観情勢は戦争放棄どころか、力に対するには力のバランスで、やっと平和を保っている。かくて日本も自衛力が必要だというふうに、自分は再考を余儀なくせしめられたのであった」

以上が、日本占領の最高司令官を解職せしめられて、丸腰となった往年のマッカーサー元帥の述懐であった。

こうしてニューヨーク市のあと、私は、サックスの車でアメリカ合衆国の中部を横断し、各所で集会を重ねつつ、四月下旬サンノーゼの本部に帰着した。約三ヶ月のドライヴ旅行で、走行距離四万哩、百回に近い集会であった。

昔の敵は今日の友

バークレイに戻ったあと、残っていたバークレイの日本人フリーメソジスト教会で、一日、御用したが、そのあと牧師の小見正博先生と雑談を交わしていると、小見牧師は、このバークレイの街に、太平洋艦隊司令長官であったニミッツ元帥が住んでいるのだが訪ねてみませんかという。久し振りに安否を問いたいから、都合を聞いてみて下さいと、電話をかけて貰ったら、大歓迎との返事であった。そこで翌日の午前に、小見牧師の車で訪ねて行った。

ニミッツ元帥の住宅は、バークレイの背後の山の中腹にあるので、うねうねした道を登って行くと、歩道で一人の老人が手をかざして、車道の往来を眺めている。遊学に出した子供が帰省して来るのを待ちかねる父親が、門外に出て待ちわびるといった風情であった。私たちが近づいて停車すると、カーの外からドアーをあけて、「キャプテン、ウエルカム」との言葉をかけながら、私をかかえるようにして、家に招じ入れた。

リビィング・ルームに案内されると、ニミッツはソファーを部屋のまん中に引張り出して、ここからの眺めが一番いいんだという。なるほどソファーに腰をおろして眺めると、前面のガラス窓を通して、金門橋が正面に見えるすばらしい景色であった。

お茶をいただいたあと、ニミッツは自分が自慢で育てている盆栽を見てくれという。庭に出ると、なるほど日本から持ち帰った四国高松の松の盆栽が一杯にならべてあった。するとこんどはニミッツ夫人が、自分が日本滞在中スケッチした油絵を見てくれと言って、各部屋にかけてあるのを一々案内して見せる。これも御自慢であるが、実際、日本の風景が美しく描けてあった。

こうして隔意なく雑談しているうちに、ニミッツ元帥はプロテスタントのクリスチャンだが、夫人はユニテリアンだという。普通、クリスチャンの神信仰は、神と子と聖霊との三位一体だけれど、ユニテリアンは、父と子とだけで、聖霊というのは別だという。ところでニミッツの娘さ

んはカソリックだという。私は笑みを含んで、

「あなたのお宅は、エキュメニカル〔全キリスト教会の一致を図るもの〕ですね」

と言ったら、彼は、

「エキュメニカルはかまわんが、娘がカソリックの尼に献身したいというので、弱っているんだ」

とつぶやいた。こうして信仰のことに話題が移ったとき、彼は思い出したように、次のエピソードを話して呉れた。

太平洋戦争が終って、彼は日本から帰国して、太平洋艦隊司令長官を退職したとき、アメリカ国会は彼に元帥のパーマネント称号を贈った。かくてニミッツ元帥は、請われるがままに、全米各地に講演旅行をつづけていた。

一日、彼は東部の或る大学に講演に赴いたとき、小さなチャーチ・ベルが廊下にぶら下げてあるのを見て、近づいて見ると、日本字が刻んである。問ねてみると、GIであった学生が、日本からスーベニアー（土産）として持ち帰ったものだという。元帥は怒った。

「アメリカというキリスト教国民が、日本のキリスト教会のチャーチ・ベルをスーベニアーとして持ち帰るとは何事だ」

といったわけで、このベルを、日本のもとの教会へ返還することになり、日本占領軍司令部に当ってみると、そのベルに教会の名が刻んであったので、すぐに分って、福岡市近郊の海岸にある小さな教会へ送り返えされた。

すると暫らくして、その教会の子供たちから、ニミッツ元帥にあてて感謝の手紙がとどいたという。その手紙を元帥は大事そうに保存していて、私にそれを見せて呉れた。あどけない文字と

文章との日本語で綴ってあった。

それによると、この教会の子供たちは、話に聞いている教会のベルというのがほしかった。村にかじ屋のおじさんがいて、作ってやるから、福岡市内の空襲の焼け跡へ行って、銅やしんちゅうの屑を拾い集めてこいと言った。そこで子供たちは、毎日、毎日、みんなで出かけて行って、どっさりと屑拾いをやって集めたので、やがてベルが出来上がった。

みんなで喜んでいると、或る日、進駐軍の兵隊たちが海岸に遊びに来て、教会で一休みしていたが、一人がベルをみつけて、それが福岡市内に落ちていた爆弾や焼夷弾の屑を拾い集めて作って貰ったのだと子供たちが片言の英語と日本語交りで自慢そうに語るのを聞いて、それならもとはアメリカのものだと強引に持ち帰ったのだという。それをいまニミッツ元帥のおかげで、戻って来たのでとても嬉しいとある。そして「ニミッツのおぢさま、どうも有難う」と結んであった。

私は笑いながら、その旨を通訳すると、彼も受取った当時、知り合いの日本人に通訳して貰って分っていたのだが、スーベニアーといえば、学生たちだけでない、私も持って帰っていると、愕然《がくぜん》とした面持《おももち》であった。

それは日本海軍総司令長官兼連合艦隊司令長官であった豊田副武海軍大将の軍刀を、ニミッツは贈られて持ち帰ったのであるが、これは自分の私すべきものではないから、これを豊田大将へお返ししたいと言った。そして私が日本へ帰るとき持ち帰ってくれとの頼みであったが、私はまだ二ヶ月滞米の予定だからと、日本大使館に返還の手配を頼んだ。そのようなことで、軍刀は豊田大将のもとへ戻った筈である。このようにニミッツ元帥も神を懼れる人であった。

バークレイに滞在中、私はまた一日、カリフォルニア州中部の海岸地帯モンターレイ市に、スプルアンス海軍大将を訪ねた。

レイモンド・スプルアンス大将は、人も知るアメリカ機動部隊の第五艦隊司令長官で、ミッドウェー海戦では敵方の総指揮官であった。そんな関係で、私が「ミッドウェー」と題する英訳の本を、アナポリスのネーバル・インスチチュートで出版して貰ったとき、序文をスプルアンス大将に書いて貰った。そのような関係でお礼のしるしに、家宝の能面二個を贈ったところ、大層喜ばれて鄭重なお礼の手紙をいただいていたが、まだ面接したことはなかった。

スプルアンス大将は、モンターレイ市の近傍、パシフィック・グローヴと呼ばれる太平洋岸に拳《こぶし》のようにつき出たところのカンツリー・クラブに住んでいた。気候は四季を通じて温暖で、風光明媚のところだから、アメリカ海軍の将官級のセカンド・ハウスが寄り集まっていた。

スプルアンスの家に入ると、玄関から二階に上る廊下の壁に、私の贈った能面二個がかけてあった。夫人が指さして有難うと言った。リビィングに通されると、正面の庭さきに太い幹の老松が龍のように横たわって地上を匍《はらば》っている。見事だと眺めているとスプルアンスは私に、この老松で夫人といつももめているのだという。夫人は邪魔だから伐って取り除こうというし、スプルアンスは残して置きたいのである。そこで私にどうしたものかとの質問であった。私は木を伐るのは好きでない性分だから、伐らない方がいいですよと答えたら、スプルアンスは我が意を得たと大満足であったが、夫人は多少ふくれていた。

お昼どきになったので、カンツリー・クラブの食堂へ食べに行くことになった。行ってみるとアメリカ第七艦隊の司令長官であったターナー大将夫妻も招ばれて来ていた。こうして私は、太平洋戦争時代の好敵手たちと、昔の敵は今日の友とばかり、和やかに接待にあずかったのであった。

偉業に倒る

近年、日本では終戦記念日の八月十五日に、太平洋戦争戦没者の全国慰霊祭を東京の武道館あたりで政府主催で行われ、天皇、皇后両陛下の御臨席を仰いで、総理大臣が追悼文を読み上げる。その追悼文で戦没者のことを「偉業に倒れ」などと謳うと、早速、日本基督教協議会あたりの小賢《こざかし》いのが、「戦争は偉業でない」などと題したビラを撒き散らしてアジるのであった。

けれども私が考えるのに、たしかに戦争は偉業でないが、ひとたび国家が戦争に入ったとなると、国民たるものは、命をかけ体を張って戦争に従事する。そしてそのこと自体は偉業であり、かくて戦場に倒れたとなると、「偉業に倒れ」と言わずして、なんと言うか。

ホノルル滞在中、私は第四四二部隊戦没者の慰霊追悼の行進に遭遇した。第四四二部隊というのは、日系人二世部隊で、アメリカで生れた彼らはアメリカ市民であり、祖国アメリカの危急に際して従軍を志願して編成されたのであった。日米開戦当初、ハワイや米大陸西部沿岸に居住する日本人は悉《ことごと》く米大陸奥地にインターン（抑留）されて、その数十一万と註されたが、その中にはアメリカ市民である日系人二世も含まれていた。アメリカ市民である彼らをインターンするとは怪《け》しからぬと怒ってみても、当時西部沿岸防衛司令官に任命されたデウィッド陸軍中将の「ジャップ・イズ・ジャップ」という有名な暴言に祟《たた》られたのであった。こうしてインターンされていた二世たちは兵役に召されなかったのだけれど、やがて戦争が苛烈となるにつれて、彼らは祖国アメリカのために従軍を志願して採用されたのであった。

第四四二部隊の連隊長や大隊長は白人将校であったけれど、中隊長以下は日系人二世で、ハワイ出身者が多数であった。この二世部隊の従軍については、日本人一世の間に複雑な感情が動いたことは事実らしいが、これを察した米軍当局は、第四四二部隊を太平洋戦線には用いずに、欧州戦線に用いたのであった。やがて第四四二部隊は勇戦奮闘し、特にイタリー戦線では、ナチドイツ軍に包囲されて全滅に瀕したアメリカ兵団を救うために挺身奮戦して成功したのだが、彼らは多大の犠牲を払ったのであった。

かくて日系人二世部隊が祖国アメリカのために血を流したという忠誠は、全米国民に大きな感動を与えた。第四四二部隊が戦争が終って、ニューヨークに船で戻って来たときのニュース写真を私は見たが、全く狂乱に近い歓迎振りであった。

いまホノルル市でのオンパレードの中央は、何台ものオープンカーで、そこには偉業に倒れた戦没者の遺族たちが乗せられていた。みんな年老いた日本人一世の老夫婦たちであったが、道路の両側に集まった米国民観衆は熱烈な歓呼をおくって尊敬と親愛を表わしていた。また道路両側のビルからは、紙の花つぶてが遺族たちの車の上に撒きそそがれて、偉業に倒れた子供たちを持つこの親たちに対するアメリカ国民の感謝をこめての意思表示であった。

私はこのオンパレードを眺めながら、ひとつ私も過ぐる真珠湾攻撃で偉業に倒れた旧部下たちの埋葬地を訪れようと決心した。真珠湾攻撃のあの日、二十九機が失われ、五十五名が帰らなかった。しかし空中戦の常として、各機の終焉の情況を詳《つまび》らかにすることは出来ない。だがせめて、オアフ島に墜落したものの埋葬地だけでも訪ねたいのだが、私にはそれがどこにあるのかさっぱり分っていなかった。

日本人一世の故老《ころう》たちに問ねたが知らないという。当時ハワイはまだ州に昇格していなかったので、ホノルル市にハワイ県政府が置かれていたから、私は出向いて当ってみた。しかしハワイ県政府の広報課でも埋葬地を知る記録もなく、ただ先般日本政府の希望で、戦没者たちの遺骨を故国の地に埋葬してやりたいとの通牒《つうちょう》がアメリカ国務省を通じて移牒されて来ているので、目下調査中とのことで、ここでもらちがあかなかった。

そこで考えたことは、虎穴に入らずんば虎児を得ずとの譬《たとえ》もある。これは一番、太平洋艦隊司令部に問ねてやろうと思い立った。しかしあまりはでにやると、伝道以外、真珠湾事件を憶い出させるような外的行為は慎んで貰いたいとの忠告に反することになるので、新聞社には内緒で、私独り太平洋艦隊司令部を訪れて仔細を話した。すると太平洋艦隊司令部では、案に相違して大賛成で、広報課の大尉を案内人につけてやるという。

そこで大尉の案内で、先ずやって来たのは、ヌアヌの海軍墓地〔P123の地図参照〕であった。大尉の説明では、ここに飯田房太大尉を葬ったと、その埋葬地を示して呉れた。

飯田大尉は、第二波制空隊に属する蒼龍戦闘機隊の指揮官であったが、カネオへの飛行艇基地を攻撃中、被弾して火を発した。彼は火だるまの炎の中に、不動明王のように毅然として操縦桿を握りながら、片手で列機と訣別したあと、サッと翻ってカネオへ基地の大格納庫目がけて突っ込み、体当りの自爆によって、大型飛行艇収容中の格納庫を粉砕炎上せしめたのであった。

アメリカ海軍は、敵ながら、この壮烈な行為を称讃して、遺骸の柩《ひつぎ》をアメリカ軍艦旗で包み、衛兵隊弔銃の礼を以て、鄭重にここに埋葬したとの説明で、当時のスナップ写真は飯田大尉の遺族に送ったとのことであった。私は今更に感激して、飯田大尉の墓前に額《ぬか》ずいて、その偉業を讃え、冥福を祈った。

ヌアヌ海軍墓地には、飯田大尉の外に、鈴木三守大尉機の三士も葬られていた。また特殊潜航艇の岩佐直治大尉も葬られていた。大尉の説明によると、岩佐大尉とは確認していないが、袖章が大尉であったというから、特殊潜航艇の乗員で大尉は岩佐氏だけであったから、間違いはない。そしてこの袖章は日本の遺族に送られたと語った。

このあとヌアヌ墓地からワヒアワに案内された。ワヒアワはオアフ島の中央に位し、周辺はパイナップル畠であった。ここに四体を埋葬していた。一坪あまりを竹矢来《たけやらい》で囲んで、土まんじゅうの上に十字架を立てて、横木に英語で「日本空軍の四士戦死、一九四一年十二月七日」と誌《しる》してあった。この四士は降下爆撃機二機の搭乗員だと私はうなずいた。やがて案内の大尉は電話で、ワヒアワ警察署長に来るよう連絡した。やって来たワヒアワ警察署長クラレンス・カミノス氏は、私に次のように説明して呉れた。

「撃墜された飛行機の搭乗員四名は、認識出来ぬほど無惨な死体であった。一機は午前八時頃一家屋に激突し、他の一機は四哩ばかり離れたパイナップル畠に五百ポンドの爆弾を抱いたまま墜落した。四人の遺骸は同夜ワヒアワ消防署に安置し、翌日ここに合葬した。葬儀は軍の当局者が取扱ったが、戦死者にふさわしい礼儀をもってした」

このように偉業に倒れた戦死者は、敵味方を問わず鄭重に扱われたのであった。こうして私は、太平洋艦隊司令部の好意によって、オアフ島における二ケ所の埋葬地を訪れることが出来たが、もう外にはないということであった。

ニイハフ島事件

私は七月十七日（金）、ホノルルを去ってカワイ島に来ていた。翌十八日（土）の午後であった。一通の手紙が速達で転送されて来た。日本人一世からだが、匿名で、ただホノルル必勝会員と記してあった。七月十七日附で、本文は金釘流で次の通りしたためてあった（原文のまま）。

拝啓、フシ田大佐にケー礼、日本航空隊の働キハあざヤカでした。米国太平洋カン隊は一時全メツしました、御苦労でした、大佐の部下で二三キをちました、ニハフ島に一キガスリン不足で不時着しました、兵曹一人ニハフ島に死んで居ります、ニハフ島にいってハカまいりして下サイ、他の人々は皆日本に無ゴンのがいせんしました、御まいりして、土でも日本の人々に持って行キ下サイ、どんなに日本の人もよろこぶと思へます、兵曹も何ほどカよろこぶと思へます、カならずニハフ島に行ってハカマいりして下サイ、之が部隊長の大セキニンと思へます、カナラずいって御まいり下サイ。

フシ田大佐殿　　　　　　　　　　　　　　ホノルル必勝会員

七月十七日　　合掌

この手紙でニハフ島と言っているのは、ニイハフ島のことで、カワイ島の近くにあって、ハワイ八島の中で、下から二番目に小さい島である。しかし私はこのニイハフ島に関係を持っていた。それは、真珠湾空襲を計画していた際、攻撃中被弾損傷して母艦まで帰りつけない飛行機の搭乗員を、なんとか救出したいと考えた。航空戦力の骨幹は搭乗員であるが、搭乗員の養成は一日にして成らないのである。飛行体験一千時間というと、一人前の搭乗員であるが、それにはたっぷり三年はかかるのであった。このような有能な搭乗員たちを、戦争だからといっても、被弾損傷、ガソリン不足ぐらいで、むざむざと失なってはならないのである。

当時、軍令部情報で調べてみると、ニイハフ島の西海岸は平坦で、小型飛行機の不時着を許し、その附近の海面は、沿岸近くまで深くて、潜水艦の潜伏に適している。更にまたニイハフ島は、牛の放牧場であって、管理人の日本人が三名ほどいるほか、土人労務者約二十名で、白人は一人もいないと記されていた。

これは損傷機の収容場所として好適地だと思った。そこで源田参謀と相談の上、連合艦隊司令部に申し出て貰い、空襲当日、潜水艦一隻をニイハフ島西海岸の海面に潜伏させて、不時着機を発見したら、夜間に浮上して、ボートで搭乗員を救出して潜水艦に収容する手筈をして貰ったのであった。

そこで連合艦隊司令部も同意して、その旨を先遣部隊の第六艦隊司令部に命じたので、第六艦隊司令部では、第三潜水部隊の一艦を、空襲当日にニイハフ島に派遣したのであった。この任務に当ったのがイ号第七十四潜水艦で、当日ニイハフ島西海岸の海面に潜伏して、機動部隊不時着機の収容配備についていた。

然かる処、先遣部隊指揮官は、当日の機動部隊の空襲によって、真珠湾外に脱出する艦船や、また帰港してくる艦船の多いのに眼をつけて、これらを邀撃《ようげき》するために、麾下《きか》の全潜水部隊に対し、午後一時襲撃配備の変更を命じ、真珠湾口に集中せしめた。この命令に基づいて、第三潜水部隊指揮官は、麾下潜水艦に襲撃配備の変更を命じ、全潜水艦を真珠湾口に対する緊密な邀撃配備につかしめた。かくて、この命令に基づいて、イ号第七十四潜水艦も、午後三時頃、ニイハフ島沿岸の収容配備を去ったのであった。

以上のような事情で、私は戦時中も戦後も、ニイハフ島に不時着機のあったことは知らなかったのであるが、いまホノルル必勝会員からの手紙によって、それを知って愕然とした。そしてこの真摯な手紙に感激し、ちょうどいまカワイ島に来ていることでもあるし、ニイハフ島を訪ねようと決心した。

しかし翌十九日は日曜日で、午前、午後、夜の三回の集会でつまっているので、二十日（月）に訪ねようと決心して、宿舎に当てられていたワイメアの正木家の信子夫人に相談すると、信子夫人の言うには、ニイハフ島は全島、ロビンソン家個人の所有で、牛を放牧し、七面鳥を飼っているという。従って労務者以外には誰も住んでいないし、公共の交通機関もないという。漁船を徴用すれば渡って行けるが、入島するにはロビンソン家の許可が必要だという。

そこで私は、カワイ島リフエにあるロビンソン家を訪れて事情を話すと、主人のアイルマー・ロビンソンは、早速に快諾して呉れて、二十日（月）の朝、牛を運ぶために団平船《だんぺいせん》を出すが、往きは空《から》だが、帰りは牛と一緒でかまわなかったら、乗って行けとの申出で、これは全く私にとって、渡りに船であった。こうして私は七月二十日（月）の午前、ロビンソン家の団平船でニイハフ島に渡ったのであった。

かくて私はニイハフ島事件と称せられる事の次第を知ったのであった。話の筋は次の通りである。

一九四一年十二月七日、日曜日のお昼すこし前であったという。単座の小型機が一機、ニイハフ島の西海岸に不時着した。そこはカナカ土人の労務者約二十人が住んでいるキャンプの近くであった。日曜日で仕事を休んでいた土人たちは、ぞろぞろと出て来て、不時着機を珍らしそうに眺めた。不時着機には、翼にも胴体にも、日の丸の標識がついていた。機体は弾痕だらけであった。操縦席には一人のパイロットが、半ば意識を失なって、ぐったりとしていた。土人たちは、風防を開いて彼を助け出し、キャンプに連れ込んで介抱した。そして、飲みものや、食べものを与えて、いたわっていたのだが、そのとき土人たちは誰も真珠湾空襲は知らなかった。

やがて土人の一人が、ロビンソン家の支配人で、ニイハフ島の管理人である日系人二世の原田義雄に電話をしたので、早速原田はやって来た。そのとき原田は労務者のキャンプから二哩ほど離れたところにあるロビンソン家の別荘に居住していたのであった。

原田はこのパイロットを、自分の居住している別荘に連れて行った。原田夫人はアイレンと呼び、日系人二世で、日本名をウメノと呼び、幼児三人とともに暮していたが、この日本人パイロットを精一杯に世話した。

この日本人パイロットは、西開地《にしかいち》重徳《しげのり》といって、当時二十三歳、戦闘機乗りの海軍一等飛行兵曹で、飛龍に乗組み、当日は第二波の制空隊に属して、ベロース飛行場を掃射中、被弾損傷して、ガソリンが不足したので母艦に辿《たど》りつけないから、損傷機の収容を予定されていたニイハフ島西海岸に不時着したのであった。

西開地兵曹は、事の次第を原田に話し、原田は殊《こと》の外に感激して、自分の命を捨てても、あなたを庇《かば》うと断言したという。しかし西開地兵曹は、今晩潜水艦のボートが救いに来るというので、この二人は一晩中、不時着した零戦の傍に立って、待ちわびたが暁になっても、遂に潜水艦のボートは来なかった。

翌八日の晩も、二人は海岸に立って待ちつくした。しかし空しかった。やがて九日となると、ニイハフ島にも真珠湾空襲の噂が伝わって来た。カナカ土人の労務者たちは動揺した。カワイ島リフエの米軍警備隊から、日本軍パイロットを捕えに来るとの噂も飛ぶ。

しかし西開地兵曹は原田に言った。自分は日本軍人として、生きて虜囚《りょしゅう》の辱めを受けるわけにはゆかない。従って捕われる前に、自決するつもりだが、ただ一つ気がかりなことは、飛行機に積んであった要具嚢《のう》を、土人のキャンプに持ち去られている。あの中に戦闘機用の通話暗号表が入れてあるのだが、あれを敵にとられると、日本空軍の機密がばれるから、是非あれを取り戻して、焼き棄ててから死にたいという。

原田は早速労務者キャンプに赴いて、その要具嚢を取り戻そうとしたが、時すでに労務者たちは硬化していて応じない。そこで空しく別荘に帰って来た原田は西開地兵曹にその旨を話して、実はと持ちかけたのは、たしかに要具嚢はあのキャンプにあるから、キャンプに放火して、キャンプもろとも焼き棄てようと図った。これを聞いた西開地兵曹は、不時着以来初めて満面に笑みをたたえてニッコリしたという。

かくて十二月十二日の払暁、二人はこの計画を実行に移した。板張りの粗末なキャンプは忽《たちま》ち火に包まれた。二人は死傷が出てはいけないと思うので、火事だ火事だと叫んで、土人たちを火災から避難させることに努めたのだが、驚いて飛び出して来た土人たちは、この二人が放火したと知って、怒り狂い二人にせまった。二人は逃げて、山中で相擁して、ピストルで自決した。しかし追いかけて来た土人たちは、捕えようとしたらピストルで手向って来たので、石で打ち殺したと証言して、米軍当局からほうびを貰った。

以上がニイハフ島事件の顚末であるが、私はそれから十二年目にニイハフ島西海岸のそのところにたたずんで、当時を回想し、一晩中ここに立ちつくして、潜水艦のボートを待ちわびた西開地兵曹の心情を思いやって涙した。

そのあと私は、西開地兵曹と原田とが相擁して自決したそのところが埋葬地だと聞き知って訪ねてみたが、戦争中ニイハフ島の防備のために派遣されて来た米軍が、そこらの土を掘り起して塹壕を築いたので、分らなくなっていた。

こうして私はその日の午後、ロビンソン家の団平船で牛とともに、カワイ島に帰り、その足でカパアに住んでいる原田義雄氏の未亡人アイレン夫人を訪れたのであった。

アイレン夫人は、夫の原田氏を失なったあと、米軍当局によって、日本兵をかばったという反逆罪で、ホノルルの刑務所に三年間もインターンされていた。子供たちは、その間、町の孤児院に引きとられていたという。

私がカパアにアイレン夫人を訪れたとき、夫人はアイレン洋裁学院を経営して、生計を立てていた。子供たちも成長して、一番上のキクエと呼ぶ娘は十八歳で、ハワイ大学に学んでいて家にいなかったが、次の十七歳の善一君と、十五歳の泰子さんとは、カパアのハイスクールに在学中で家にいた。父親の原田義雄が死んだときは、泰子さんは三歳であったという。そして義雄氏は、そのとき三十九歳であって、私と同《おな》い年であった。

戦争という奴は、とんだ災難を、この一家に及ぼしたものだが、私はアイレン夫人に心から同情して詫びた。しかしアイレン夫人は言った。

「そんなに詫びて貰っては、わたし困ります。わたしたちは米国生れの米国市民ですから、米軍当局がわたしたちを反逆罪ときめつけるのは、少しも間違いでありません。しかしわたしたちの皮膚の下には、日本人としての血も流れています。従って私は夫のしたことも間違いだとは思っていません」

私は、この夫人の言葉に全く頭の下がる思いであった。そして夫人は、戦争はいやですねと述懐したあと、私がいまキリスト伝道のために、カワイ島に来ていることを知って、大いに喜こんで、今晩のカパア・キリスト教会の集会には、是非出席させて戴くと言った。

かくて私は七月二十日（月）で、カワイ島伝道を終り、あと七月二十一日（火）、二十二日（水）の両日ハワイ島で、二十三日（木）マワイ島で、二十四日（金）モロカイ島で集会を持った。そして少し疲れが出ていたので、余日をハワイ島のコナで休養して、八月十七日（月）ホノルル港出帆のウイルソン号で帰国の途につき、八月二十一日（金）横浜港に到着して、十ヶ月に亘る訪米の旅を終ったのであった。

一九六八年（昭和四十三年）の六月初旬、私は和歌山伝道に用いられた。そのとき、私は六十五歳であった。その伝道の模様を、和歌山教会の中島忠夫氏が、「救国伝道の先鋒淵田美津雄氏を迎えて」と題して、キリスト大衆新聞七月号に寄稿された。そしてその末尾には、次のように記されてあった。

「淵田師は、世界各地に福音の伝道に用いられ、世界伝道史を飾る活躍をつづけて今日に至られたのであるが、肉体的には年齢以上に強行をつづけて、体力を消耗しておられるように感じた。和歌浦の展望台を昇る階段を途中二回腰をおろして休まれた。長い闘病でとても人並みには戻り得ない弱体の自分よりも、師の足腰と心臓とは弱っておられるように感じた。しかし、その意気たるや依然天を衝くものがあり、六月十五日から沖縄へ、そしてつづいて台湾へと約二ヶ月のスケジュールがつまっているとのことである。このように伝道旅行の中で師は、いつかどこかで倒れる日を迎えるのではなかろうか。使徒パウロの回心とそれにつづく爆発的情熱による伝道が、幻の如く、淵田講師の上に重なって偲《しの》ばれるのである。何とかここで、少しでも肉体的にいこいの時が与えられるようにと祈るのであった」

私の妻は、この記事を読んで、ほんとうのことを言って下さるのは中島さんだけだと感激して、早速この記事の切抜きを、私の伝道先に送って来て、気をつけなさいと書き添えてあった。しかし、気をつけるにもつけないにも、私はそのときすでに台湾にいた。六月下旬から八月上旬に亘る酷暑の候、炎熱の地に於ける四十日連続の集会はこたえた。けれども連日、盛り上がる満堂の盛況で、各集会は祝されていた。百卒長《ひゃくそっちょう》の信仰は、イエスさまが行けと言えば行くのである。

　台湾から帰ってくると、九月は再臨待望東京大会で、ついでに埼玉県下にも足を伸ばした。十月に入って十日間の徳島伝道であった。徳島から帰ってくると、翌十一日から三日間、堺教会の秋季特別伝道の御用であった。

　十四日に帰宅して、いささか疲れを覚えたので、終日床の中にあった。翌十五日も朝寝坊をして、やっと十時頃に起き出して裏庭に出ると、白赤黄の小菊が今を盛りと咲きほこっている。しばらく手入れをしないままに雑草に埋もれて、折角の花盛りも台なしである。そこで庭にしゃがみこんで除草を始めたのだが、しばらくして、なんだかみぞおちのあたりに鈍痛を覚え始めた。やがて息がつまり、胃がむかついて、吐気がして来た。なにか食べ物が悪かったかなと思ったが、いまさき食べた朝食は、オートミール、めだま、トーストにコーヒーでいつもの通りだ。それで背を伸ばして深呼吸などしてみたが、だんだんと痛みが重くなって行くばかりで、なんともいやな気分である。

　暫《しば》らく作業を休んで、庭に腰をおろしていたが、おさまりそうもないので、家に入って、ベッドに寝た。私の自覚症状で、これは普通でないと感じて来たので、近くに住む町医者に往診を求めた。このお医者さんは、十年来の妻の主治医だから、早速とお越し下さって、心電図をとると、心筋梗塞だと分った。お医者さんの方があわてて、入院だと近くの医科大学付属病院に電話をかけて下さったが、病室は満員で、一週間ばかりは見込みがないという。そこでお医者さんは採血をしたり、注射をしたり、薬を呉れたりして、夜中にでも痛み出したら、すぐ電話で呼びなさいと言い残して、帰って行った。

その夜中に痛みは激しくなって来たようだが、モルヒネの鎮静剤と催眠薬が効いていると見えて、私は汗びっしょりながらよく眠っていた。しかし夢を見ている。胸の痛むところに、誰かの手が伸びて来た。そしてそこに生えている雑草を抜くのである。左から右の方へと一本また一本と抜いて、どうやら十数本を抜いたように覚えた。その草が一本ずつ抜かれて行くたびに、痛みはだんだん和らいて、とうとう全部抜きとられたときに、胸の痛みはすっかりとおさまってしまった。

翌朝眼が覚めても、その夢はまざまざと覚えていた。早速妻に話すと、昨日菊の花園の除草を残したのが気になっているから、そんな夢を見たのですよと片付けてしまった。けれども、私には、あの手はイエスさまだと信じる。イエスさまが心臓のまわりの梗塞した血管を抜きとって下さったに違いない。妻の妹が見舞にやって来たので、そのことを話してやると、兄さんそんなことを人にいうと、クルクルパーだと笑われますよとたしなめて来た。信仰のない連中には仕方のないことだが、私の信仰では、これはまさしくイエスさまがいやして下さったに間違いない。

お昼過ぎにお医者さまがやって来て、自覚症状はどうですかとたずねる。夢の話はしなかったが、胸の痛みはすっかりとれたと言った。しかし、肩と腕がひどくこっていると訴えたら、それが心筋梗塞の一つの症状だと言って、また心電図をとった。そして心電図にはっきりとそのあとがあらわれているから、診断に誤まりはないが、範囲がごく狭くてよかったですという。

しかし金魚すくいの網みたいなもので、ちょっとしたきずだけれど、負荷をかけると全体が破れる危険があるから、絶対安静を守れという。統計では、心筋梗塞の発病者の三割が一ヶ月以内に死亡しているし、また死亡者の半分以上は、発作が起きてから数時間以内に急死しているという。「あんなに元気だったのに……」というのがそれである。だから再発作が起きたら命取りになるから、療養が専一だという。そして療法は三・三・三だと言った。なんのことかと言えば、始めの三週間は絶対安静で寝て居れ、次の三週間は室内での静かな立居振舞は許される、あとの三週間は軽く庭の散歩ぐらいはよろしいというのである。これで向う九週間すなわち約二ヶ月は先ず動きがとれない。妻はイエスさまが休めとおっしゃってるのですよと喜んでいる。

ところで、食事療法というのがついている。「動物性脂肪、コーヒー、砂糖の摂取量を控え目にすること、煙草を吸いすぎないこと」とある。私は、昔はヘビー・スモーカーだったが、ここ十年来、キリストに来る人たちをつまずかせないために煙草を止めたから、煙草は問題ない。また砂糖も、糖尿病だから摂取していない。しかし動物性脂肪とコーヒーを控えろというのは困る。この二つがやたらと好きな私だからである。しかしお医者さんが言うには、動物性脂肪をとり過ぎると、血管にコレステロールの沈着が多くなり、動脈硬化を進めるし、コーヒーは、血液中の脂肪量を増加させる働きがあるという。近代文明の医療の発達も神のめぐみであってみれば、お医者さんの言う通りに従うのは、主のみこころである。私は涙を呑んで牛豚鶏やコーヒーにお別れすると共に、残念ながら十月中旬以降、来年三月一杯までの一切の伝道行脚の予約を取り消した。

悪事千里を走る。数日ならずして、宝塚の草鹿龍之介中将から電話が来た。妻が応対に出た。

「やあ、淵田君も心筋梗塞ですか。これも私が先輩ですよ。私は四十日入院してたんですよ。今はもう軽快になっていますが、それでもいつもニトログリセリンをポケットに入れてあるんですよ。まあ一年ぐらいゆっくりやって、一分でも一秒でも長生きすることを心がけるんですよ」

草鹿龍之介中将と言えば、彼はいつも私の直属上官として、頭をおさえていた大先輩である。私が海軍中尉で霞ヶ浦の飛行学生のときは、彼は海軍少佐で兵学教官であった。私が海軍少佐で航空母艦赤城の飛行隊長のときは、彼は海軍大佐で赤城艦長であった。私が海軍中佐で真珠湾空中攻撃隊総指揮官のときは、彼は海軍少将で真珠湾奇襲機動艦隊の参謀長であった。私が海軍大佐で総合艦隊の航空参謀のときは、彼は海軍中将で連合艦隊の参謀長であった。どうもかなわない。こんどは病気も先輩だという。

それにしても、ニトログリセリンとは一体どういうことだろう。ニトログリセリンといえば火薬だと心得ている私である。ダイナマイトをいつもポケットにしのばせているなんて物騒な話だ。お医者さんが来たので問ねると、それはニトログリセリン舌下錠で、発作の起ったときにおさえる痛み止めなのだけれど、ニトログリセリンを使うところを見ると、草鹿中将のは狭心症というので、あなたのは心筋梗塞だからニトログリセリンはききめがないという。

そこで狭心症と心筋梗塞とはどう違うのかと問ねると、心臓病のうちで、最も数が多くて危険なのが冠状動脈硬化症だという。冠状動脈というのは、心臓自身へ新鮮な血液を送り込むための二本の血管だが、これがさらに細かく枝分れして心臓各部の筋肉に通じている。この冠状動脈の内側に脂肪がたまると、内腔が狭くなり、冠状動脈の硬化が起る。すると必要な血液の補給が十分できなくなり、心臓筋肉は酸素不足になる。これが狭心症である。また硬化した冠状動脈に血栓ができてすっかりつまってしまうのが、心筋梗塞であるとの説明であった。私は成程とうなずいていたが、決して分っているわけではない。

もう一つ問ねてみた、急死の死亡率はどちらが上かと。するとお医者さんは言った。そりゃ心筋梗塞が横綱なら、狭心症は大関といったところでしょうねと。私はニッコリした。とうとう今度は私が草鹿中将の上に出たとね。

心筋梗塞は一発勝負が普通だという。アメリカにいたとき、一世たちがハート・アタックと呼んでいたのはこれらしい。日本でも昔は心臓まひという名で片付けていた。発作が起ると、時には殺して呉れところげまわるほどの激痛が胸に来て、数時間で参ってしまうという。どうせ人生六十五歳を過ぎれば、隠退の齢で、老化現象はついてくる。私の命取りが心筋梗塞とは、却ってすがすがしい思いである。中風などで、いつまでもよだれを垂らしながら長生きするのはまっぴらだ。

私たちのこの世の命は、主与え主取りたもうのである。朽ちるもので朽ちないものを継ぐわけにはいかないから、朽ちる肉の生命は、いずれは主は取りたもうわけであるが、主にある私たちには、主にあって朽ちない永遠の生命が保証されているのである。

パウロが言ったではないか。自分にとっては、生きることはキリストであり、死ぬことは益である。自分の願いを言えばこの世を去ってキリストと共にいることであり、実は、その方がはるかに望ましい。しかし肉体において生きていることが、自分にとっては実り多い働きになるのだとすれば、生きながらえて肉体にとどまっていることは、さらに必要である。

私は昔軍人であった頃、死生というものを超越する必要にせまられて、死生一如といった心境に達したいものだと、いろいろ修養研鑽《けんさん》に励んだ体験を持っているが、顧みて戦時中弾幕の中をくぐり抜けたりしていた頃は、多少そのような心境にも達したかに見えたが、戦争が終ってみると、やっぱりもとのもくあみであった。しかしいま主イエス・キリストにあって、たしかに生死不二の心境に達している。死ぬことなんか、それほどにも思わないけれど、いま私には生きていることが更に必要であると、主はそれを私に命じなさっている。そしてお医者さんのいう心筋梗塞とやらは、主はもはやそれをいやして下さった。

斉藤敏夫牧師は、胃がんを患って、約七ヶ月の病床生活であった。しかし篤信な彼は、病床にあっても、病床教会だなどと言って、礼拝と祈禱《きとう》を怠らなかった。また読書や通信にも精を出していたが、一九六九年（昭和四十四年）五月十五日午後六時、「栄光神にあれ」と讃えつつ昇天した。

越えて五月二十三日（金）の午後、葬儀が堺市民会館で行われた。私にとって、これは敬愛した故斉藤先生への追悼であるとともに、一般参列者に対するキリスト伝道の機会でもあると信じた。それは聖書に、

「なんじ御言《みことば》を宣べ伝へよ、機《おり》を得るも機を得ざるも常に励め」（テモテ後書四・二）

とある。まさにこれはその絶好の機である。葬儀の終りしなに、私は会衆に向って挨拶した。

こうして斉藤敏夫牧師が召されたので、企画を推進する指導者を失なって、救国伝道の旗印は下ろされた。

解説――誓いの日々

第六部では、淵田美津雄が、キリスト教に回心した心の軌跡が語られた。

淵田は、一冊の聖書を遺《のこ》している。手垢《てあか》にまみれ、彼の心をとらえた祈りの言葉には、頁が汚れるほど赤い線がひかれ、苦悩の深さと心の軌跡がはっきりと浮かびあがっている。

とりわけ、淵田がアメリカ伝道に持ち歩いた聖書の、その扉の部分に太字で書き込んでいた「父よ、彼らを赦し給へ、その為す処を知らざればなり」は、キリストが自分を十字架にかけた男たちのために祈った「ルカ伝」の一節であった。

戦後間もなく、マーガレット・コヴェルやジェイコブ・ディシェイザーとの偶然の出会いをとおして、憎悪と復讐の連鎖を断ち切ることの啓示をうけた淵田が、生涯、最も大切にした聖書の言葉である。

さらに、戦後の淵田には、精神的支柱を失うに至ったもう一つの苦悩があった。生前、淵田は、旧海軍の戦友、多田篤次にこう語っている。自叙伝にはふれられていないが、その心奥をのぞく手がかりだとおもうので、多田の文章を引用させていただく。

〈俺は思った。折角両親に生んでもらい、もの心ついてからは、俺なりに務め励んでかち得た俺自身の値打が、こんなに勝手に浮き沈みさせられてよいものやろうか。

そのときの権威が、あるときは天皇陛下であり、あるときはマッカーサーであったとしても、所詮は俺と同じ人間がつくった権威ではないか。折角築き上げたおれ自身の価値を評価されるのなら絶対的な権威によって評価されたいよ〉（「追憶の淵田さん」）

天皇統帥のもと、天皇に忠節をつくすべく命を賭して戦った軍人のひとりとして、「軍人勅諭」や「戦陣訓」に最高の規範と道徳をもとめてきた。だが、その天皇もさっさと人間宣言（昭和二十一年一月）を発して「現人神《あらひとがみ》」ではなくなった。

軍人にとってのいわば最高の「バイブル」であった「軍人勅諭」の価値観も、それによって支えられた軍隊という組織も、根こそぎ否定されてしまった。茫然自失のなかで、しかも多くの戦友や部下が死んでいったのに自分だけ生き残ったことへの慚愧《ざんき》の念。無常の風ふく戦後の荒波のなかで、何を精神的な支えとして生きていけばよいのか。

〈こういった心の悩みを掘り下げ、思索し続けている時、偶然啓示を得たのが、聖書の例の一節――主よ、彼らを憐れみ給え、為すことを知らざるなり――やった。それからというもの、俺は全く憑かれたもののように、聖書を読み続けたもんや。聖書の教えは、深みがあり、味わいがあり、飽きることのないものであることを知り得た。

キリスト教によって、はじめて俺は、俺自身を正しく評価してくれる絶対的な権威を感得することができたよ〉（同前）

自分は、神を知らないまま四十八歳の今日まで、何をして生きてきたのだろうか、と自問する淵田。「何をしているかわからずにもの事をなしていた」という自分の原罪を自覚し、イエス・キリストがその罪のために死んでくれたのだ、という啓示をうけたのである。昭和二十五年（一九五〇年）二月二十六日であった。この日、淵田はイエス・キリストを救い主とすることを誓った。

同じ年の三月、淵田は、入信のきっかけとなったジェイコブ・ディシェイザーとはじめて会っている。ディシェイザーは、その二年前、昭和二十三年十二月二十九日に、フリーメソジスト教会派遣の伝道師として来日し、大阪近郊に住んでいた。このとき三十七歳であった。

ディシェイザーは、橿原の淵田の家を訪ねた。当時の、おそらく教会が撮影したと思われるカラーのムービー映像が残されている。農作業姿の淵田が、妻の春子さんと庭先にディシェイザーを迎え、談笑する風景である。

このときディシェイザーは、淵田の話に感動している。淵田が、イエスが許しを乞う場面を聖書で読み、その意味がわかったとき思わずひざまずき涙があふれでた、というマーガレットの両親のエピソードである。

かつての真珠湾の英雄と日本への復讐を誓ったドゥーリトル隊の捕虜兵士。憎しみを超越し聖書で結ばれたふたりの男の強い絆は、その後、淵田の死のときまでつづいている。

淵田は、昭和二十五年六月、日本基督教団堺大小路教会の斉藤敏夫牧師が主催した平和集会に出席し、平和を闘いとろうとする斉藤牧師の闘志に共鳴した。

〈わが日本は、敗戦とともに、臥薪嘗胆、捲土重来などという道をとらず、世界にさきがけて戦争を放棄し、永久の平和を標榜して、祖国の再建にたったのでありました。これは賢明であったと思います。かつてクリスチャンの先人新渡戸稲造氏の歌を想起いたします。

　憎むともにくみ返すな憎まれて
　　にくみ憎まれ果てしなければ

と。まことに地上から憎悪をとりさるのでなければ、地上に戦争は絶えないだろうと思われます〉（「ノーモア真珠湾」淵田美津雄）

淵田は「軍人勅諭」と「戦陣訓」の呪縛から解き放たれて「平和の伝道者」への道を模索した。

昭和二十六年（一九五一年）三月二十五日、この日、斉藤牧師の司式のもとで洗礼を受けた。間もなく、春子や善彌ら子どもたちも淵田のあとにつづいた。

「親父がキリスト教にはいったと聞いて、はじめ信仰はホントかなと疑っていました。だが、やがてこれはホンモノだと思うようになりましたね」と、善彌氏はいう。

この淵田の突然のキリスト教への回心に対し、間もなく昔の海軍仲間から批判の声が少なからず聞こえてきた。淵田の海軍兵学校の後輩（七十八期）で、亡くなるまで親しく兄事した大岡次郎氏（大阪市在住）は、こう語る。

「淵田さんは、洗礼を受けるまで非常に苦しんだだろうと思います。長い間、生死をともにしたクラスメートからののしられたことも私は聞いています。戦争をしてきた人間は、おおかたがアメリカを快く思っていない時代ですから。それも神道とか仏教ならまだしも、向こうのキリスト教の懐のなかに入って、それでいて飯の糧を得たのですから。――ハッキリいってね、武士にあるまじきやつだという考えを持ったひとも多かったと思います」

伝道のためにアメリカへ渡った淵田への批判は、海軍仲間だけではなかった。キリスト教の伝道サーカス団の広告塔となったのか、との厳しい批判が見知らぬひとからも寄せられた。短刀をチラつかせながら自宅に押しかけた元特攻隊の生き残りもいた。

当初、この淵田への批判は、アメリカでも同様であった。

「リメンバー・パールハーバー」とアメリカ国民が復讐を誓った日から、まだ十一年しかたっていない。六十六年後の今日でも9・11テロが起きれば、アメリカではまだこの合言葉が引き合いにだされるほどである。当時のアメリカには、まだ「リメンバー・パールハーバー」の余韻が強く残っていた。

さっそく、昭和二十七年（一九五二年）十月二十三日付のサンフランシスコの邦字紙「日米時事」は、「古傷をつつくな」という見出しを掲げ、淵田の渡米を非難する記事を載せた。このとき淵田は、アメリカへ向かうニコリン・マークス号の船上にいた。

〈戦火に傷つけられた領土を平和にと、一念発起して宗教界に身を投じた、その動機たるや崇高にして尊い。渡米して霊火の叫びを挙げてもらうことは歓迎する。だが、宣伝価値を高揚するために、「真珠湾に第一弾を投じた昔の英雄」を利用することだけは慎んでもらいたいものだ。終戦七年になるが、アメリカ人一般は、まだ真珠湾奇襲を忘れてはいない。十二月七日（アメリカ時間）が周《まわ》ってくると毎年、「リメンバー・パールハーバー」という標語が持ち出される。特に当時日本空軍の爆撃あることを予想して灯火管制の中に恐れおののいた太平洋岸の人々にとっては、忘れようにも忘れられない真珠湾なのである〉

記事は日本の新聞にも転載され、さっそく滞米中の淵田に多くの友人、親戚から心配する手紙が届いた。そのなかに妻の春子からの一通がある。

〈内地の新聞にあなたの記事が悪評に満ちて載っています。子供たちも心配しています。あなたはクリスチャンになって、信仰の深さは別として、あなたの言動はまだ洗練されていません。そのような荒っぽいことでは、爪《つま》はじきをうけるでしょう。この上は言動に注意して、名実ともに立派なクリスチャンとして、アメリカの人々から後ろ指のさされることのありませんように行動なさいませね。私は子供たちと一緒に、毎日お祈りしています〉

「真珠湾の英雄」をキリスト教伝道へ利用することへの批判は、終始ついてまわった。

しかし、淵田はこれを意に介さなかった。自分がアメリカに渡るのは、決して謝罪のためではない。戦争は互いに相手への無知から起き、アメリカにも非のあることだ。相手に日本人の何たるかを理解してもらい、自分もアメリカ人を知ろう。淵田はそう覚悟を固めていた。集まってくる多くの聴衆に向かって戦争の愚かしさと憎しみの連鎖を断つことを訴えた。

批判の損得を秤《はかり》にかけたうえでも、彼は動じることなく「真珠湾の英雄」を堂々と伝道の武器にした。

真珠湾十一周年の十二月七日の記念日には、当時アメリカの最も有名なテレビ伝道師といわれたビリー・グラハムの番組に招かれて、ＡＢＣテレビの全米放送「決断の時間」にも出演した。

第六部の圧巻は、淵田が、ニミッツ元帥やスプルアンス大将など、かつて太平洋で死闘をくりひろげた敵将たちを訪ねる場面であろう。そこには時空を超えた感動がある。

終戦からわずか八年、かつての好敵手たちとにこやかに対面する場面を読むと、憎悪にかられ日米両国民に何百万という死傷者を数えたあの戦争とは、いったい何だったのだろうかと考えさせられる。

軍事は政治の究極の道具である。政治が道具をもてあそぶことの愚かしさがなければ、戦争も起こりえなかった。いわば無機的な道具の一部から解放されて人間にもどった淵田とニミッツとの間に、恩讐を超えてはじめて心に通い合うものがあったのだろう。

太平洋戦争で、アメリカ大勝利の立役者となったニミッツは、戦後の日本人には、政治的軍人であったマッカーサーほどの馴染みはない。

ニミッツは太平洋艦隊司令長官から海軍作戦部長の要職を最後に、一九四七年（昭和二十二年）に退役した。そのときニミッツは、大学の学長や名誉総長、さらには産業界などからも高い地位と給料で引く手あまたであったという。だが、そのすべてを断った。淵田が訪れたとき、彼はカリフォルニア大学の一評議員にすぎなかった。

戦争で多くの部下を死なせ、元帥という象徴的な地位をあたえられた自分が、海軍を離れたあともさらなる名誉を得たとしたら、戦死者たちの身内に申し訳がたたない、との理由からであった。

一九七五年（昭和五十年）に出版されたニミッツの伝記『NIMITZ《ニミッツ》』の著者であるアメリカ海軍兵学校歴史学部のE・B・ポッター教授は、

〈彼自身存命中に自伝をしたためることはおろか、他の人にも書かせようともせず、個人的な書簡の中においてさえ、非難めいた事柄、ないしは非難ととられそうないっさいの事実を記載しないよう慎重を期した〉（邦題『提督ニミッツ』）

と、歴史に対するニミッツの考え方を述べている。歴史を知りぬいた軍人であった。

ニミッツは、一九六六年（昭和四十一年）に八十一歳で亡くなっている。

ニミッツは、太平洋艦隊司令長官として海戦の陣頭にたち、日本海軍を壊滅にみちびいた。戦艦「ミズーリ」上で、アメリカ合衆国の代表として日本の降伏調印式で署名した人物でもある。

そして、チェスター・ニミッツは、親日家としても知られていた。

今日、横須賀市の三笠公園に戦艦「三笠」が保存されている。日露戦争でロシア・バルチック艦隊を破った連合艦隊の旗艦、東郷平八郎元帥が座乗した戦艦である。

ニミッツは、東郷元帥を尊敬していた。

そのきっかけとなったのは、明治三十八年（一九〇五年）、戦争の勝利を祝して宮中でひらかれた明治天皇主催の平和回復記念式典のパーティーに招かれて、席上、ニミッツが東郷元帥と会話をかわしたことによる。そのとき米国アジア艦隊の旗艦「オハイオ」に少尉候補生として乗艦していたニミッツは、たまたま東京湾に寄航していた。オハイオへも招待状がよせられ、艦を代表してニミッツら六名の若き少尉候補生が出席することとなった。

パーティーの終わり近く、祝酒の酔いの勢いも手伝ってニミッツらは、東郷を自分たちのテーブルに招きいれた。気さくに応じた日本海海戦の英雄、東郷元帥とのそれこそ一期一会のふれあいであった。アメリカの若きネイビーを前にした東郷の流暢な英語のスピーチと慎み深い態度に、ニミッツは深い感銘を覚えた。

以来、ニミッツは、自ら東郷元帥の弟子を任じて、その戦略や戦術の研究に勤《いそ》しんだ。

また昭和九年（一九三四年）には、アジア艦隊旗艦「オーガスタ」の艦長として東郷の葬儀へ参列するなどその縁はつづいたが、戦後、ニミッツが東郷元帥への敬慕の念を態度で示したのが、日本帝国海軍の記念艦三笠の修復保存運動への尽力である。

昭和二十年九月二日、ミズーリでの降伏調印式に出席する一、二日前、ニミッツは三笠を訪れた。

東郷元帥ゆかりの三笠は、そのときコンクリートに固定され、無残な姿をさらしていた。戦前は、日本海軍の栄光のシンボルとして、手厚く保存されていた三笠であったが、戦時中に真鍮《しんちゅう》や銅の付属品などが軍需資材として取り除かれたことを管理人から聞いた。さらに、海軍が消滅した今、進駐軍兵士による艦の備品の剝奪《はくだつ》もはじまっていた。ニミッツは、ただちに船の破損や歴史的記念品が持ち去られることを防ぐために、海兵隊員の歩哨《ほしよう》による監視を命じてアメリカに去っていた。（「三笠と私」C・W・ミニッツ、『文藝春秋』昭和三十三年二月号）

だが、ニミッツの配慮もつかの間、こんどは連合国のなかから異論がでた。ソビエトが、GHQ（連合国最高司令官総司令部）の上にたつ極東委員会で、日露戦争勝利の象徴である三笠の廃棄を要求したのである。これは米英両国の反対で軍艦の船体の一部を撤去することでかろうじて折り合いがつけられた。

そのため、三笠は、砲塔や艦橋、マスト、煙突、艦内の装飾品など戦艦としての装いは、つぎつぎと剝《は》ぎとられ、スクラップとなって売りとばされていった。旧日本軍への風当たりが厳しかった時代である。

昭和二十年代、砲塔が取り払われた甲板には、ダンスホールや水族館がつくられ、艦型の一部をとどめるだけで、三笠は哀れな姿を横須賀の海岸によこたえていた。

やがて、賛否両論の激しい議論を巻き起こしながらも、三笠は、結成された三笠保存会の手によって二億円の修復費用をかけて昭和三十六年（一九六一年）に復元され、現在の姿にいたっている。

このとき荒廃した三笠の姿に心を痛めて修復復元に陰ながら応援をしたのがニミッツ元帥であった。さらに翌年の昭和三十七年には、著書『ニミッツの太平洋海戦史』（実松譲・富永謙吾共訳）の印税の一部を、戦災で破壊された東郷神社の再建に寄付するなどささやかであってもニミッツの名声と行動が、一連の保存修復運動に寄与し、世論に訴える大きな力となったのは事実である。


淵田は、「ニミッツ元帥も神を懼《おそ》れる人であった」と、その人間性に感銘をうけ、カリフォルニア州バークレー市サンタバーバラ通りの高台にあったニミッツの、「長眺亭《ロング・ビュー》」と名づけられたその自宅での再会の記録を終えている。

あとがきにかえて

淵田美津雄の生涯は、「その一日のために」人生を二度生きたといえるだろう。真珠湾奇襲攻撃の軍人として、そしてキリスト教の平和の伝道者としてである。

死の数日前、病床にふす淵田は、真珠湾でともに戦った部下たちの夢を見た。雷撃隊の、ブッサンこと村田重治少佐、淵田の乗機の操縦員松崎三男大尉、降下爆撃隊をひきいたアカ一こと高橋赫一少佐、制空隊の零戦乗りの板谷茂少佐……。

真珠湾の空を飛んだ第一次攻撃隊の戦友たちである。

さらに僚機の操縦員や偵察員、電信員ら下士官たちの顔が、まどろむ意識のなかで次から次へとあらわれては消えていった。彼らが淵田の足をしきりとひっぱるのである。その後みな戦死してしまった。夢は戦野をかけ廻った。

翌朝、目が覚めると淵田は、前夜の夢にあらわれた部下たちの顔や名前をあらためて遠い記憶からよびもどそうとした。

と、これは、淵田が亡くなる前に、たびたび病床を見舞っていた海軍兵学校の後輩（七十八期）、大岡次郎氏から聞いた話である。

淵田は大岡に夢の話を語りつつ、ほほには一筋の涙が伝わり落ちたという。

《旅に病で夢は枯野をかけ廻る》と、漂泊の境涯に身をおいた芭蕉さながらに、淵田の後半生も、一所不住の旅にあけくれていた。

昭和二十七年（一九五二年）以来、淵田がでかけたアメリカ伝道の旅は、八度に及ぶ。真珠湾には三度も訪れた。その間、昭和四十二年（一九六七年）まで、十五年近くの歳月を、全米各地を飛び回ってすごしたのであった。さらに国内や台湾、カナダ、欧州へも。

橿原には春子ひとりが、その間の留守をあずかった。

昭和三十二年（一九五七年）には長男の善彌が、昭和三十六年（一九六一年）からは長女の美彌子も渡米した。善彌は、病気休学していた早稲田大学を中退し、建築家をめざしてアメリカの大学への進学を決意した。夏休みの間、善彌は、父の伝道旅行の運転手をかってでた。

淵田が、昭和三十四年（一九五九年）、第三回の渡米で使った道路マップとスケジュール表が残されている。

そのときの車の運転は、父にかわって善彌が引き受けた。走った道路を赤い線でなぞった道路マップは、全米四十七州、八万キロ以上、六ヵ月間。それこそ足跡がしるされていないのはモンタナ州の一州だけであった。途中で車も一台更新した。

町や村々の教会での講演も、一日数回にのぼった。日程にはほとんど休日らしい休日もなかった。書き込まれたスケジュール表にみえるのは、淵田の並々ならぬ行動力である。かつて三百六十機の日本海軍機をひきいて真珠湾をめざした男が、戦後はその憎しみの連鎖を断つためにアメリカ本土にまで攻め入ったかのような執念がくみとれた。

淵田美津雄が、アメリカ伝道の旅を終えて、ふたたび橿原で、静かに土に親しむもとの生活に戻ったのは、昭和四十二年（一九六七年）、六十五歳のときであった。

その後の淵田は、晩年までもとめられるまま、旧海軍士官の親睦団体である大阪水交会の会長をつとめたりもした。海軍の釜の飯を食った自分は、終生海軍から逃れることはできない。そのために尽くすのだ、と海軍時代の仲間からの要望もひきうけた。その間、参議院議員となったかつての戦友、源田実の選挙応援にもでかけざるをえなかった。淵田は、口にこそださなかったものの、政界に身を転じた源田の戦後の生き方には批判的であったという証言もある。

「淵田さんは、自分がかかわった戦争でやり残したことは何か、自分が貢献できることは何か、人類の平和と破滅をふせぐためには、何ができるかということを、それこそ真剣に考えておられましたね。戦争は絶対にいかんと」

関西のミッションスクールの経営に携わる大岡次郎氏は、淵田の心をこう忖度《そんたく》する。

「夏は近い」という淵田がつけた自叙伝のタイトルには、戦争の惨禍を知りぬいた淵田美津雄の哲学と生涯が凝縮されている。

淵田の妻、春子は美津雄の死後、昭和五十二年（一九七七年）、大阪の枚方《ひらかた》キリスト教会の会報「御名の福音」の第五十二号にあてた「真珠湾攻撃隊長　主人の想い出」という一文を残している。

真珠湾攻撃隊長　主人の想い出

橿原市　淵田春子

主人が召されましてもう一年がたちます。昨年五月三〇日午后三時三〇分に、安らかに天に召されました。明治三五年寅年の一二月三日生れで、七三才六ヶ月でした。主人は牛肉が好きで晩年は糖尿病で、私も同じ糖尿で養生しておりました。召されます二ヶ月前に、豆炭のこたつで右足の甲を裏まで火傷をしました。その火傷が弱る一つの原因にもなったようです。三月三〇日に元海軍軍人の団体であります、水交会の人が、新千里病院にむりにつれて行って下さいました。主人は大の医者ぎらいでしたが、元海軍軍医の吉岡院長先生なら診てもらう、と行ってくれたのです。全身が浮いて腫れているので早く入院せよ、ということです。どこの病院も部屋が空いていないため、四月九日にやっとお願いして、近くの巽外科病院に一応入院できました。こちらの院長先生も海軍軍医でしたので、うまくお願いできたわけです。それから亡くなる日まで五十二日間の入院生活でございました。

病院で主人の看病をしながら、一日に二回家に帰って犬と猫の世話をせねばなりません。ところが私も血圧と血糖値が高いので、先生に診てもらいながらの看病でした。もう一ヶ月看病の生活がつづいていたら、私も入院していたかも知れません。

主人が入院する時は、私の兄の北岡又市郎（明日香村）と、同じく妹の楠田敏子（田原本）と私の三人がかりで、入院はいやだと反対する主人とけんかごしで、自動車にのせて、やっと入院したものでした。亡くなる四、五日前から食わず、飲まずの状態になりました。以前から悪かった白内障のため、目のほうも見えなくなっていました。床ずれ寸前の状態で、看護婦にはいわず、私にあちらへ、こちらへと言って、体を向けさせていました。海軍記念日の五月二七日に、巽先生が脱水状態を恐れなさって、「今日は海軍記念日だから、ビールで乾杯しましょう」と、何も飲まない主人を元気づけました。それでビールを小さなコップに一杯飲みました。

二九日の宵から神経が麻痺してきたのか、「ああ、楽になったなー」と一言だけ言ったかと思うと、脱水状態になりました。薬を飲ますのに難儀いたしました。しかし、もうその時は召される時が近づいていたのです。そして「トラ、トラ、トラ」「われ奇襲に成功せり」の暗号電報で武名をとどろかせました淵田美津雄も、翌三〇日午后三時三〇分、ついに天国に安らかに召されていきました。

数日前、奈良県立医大の石川先生が見舞いにこられました。新千里病院の吉岡観八先生も三一日か、六月一日に来て下さるところでしたが、ダメでした。また巽先生も「少しでも良くなってもらわないと申訳ありません」とおっしゃって下さったのですが――。

主人は大阪水交会の会長でしたが、仕事は副会長の方にまかせっきりで、亡くなる二年程前から講演も断っていました。その中で、亡くなる一年前の五〇年五月一八日（日）、枚方教会のペンテコステ特別集会には出かけることができて感謝でした。翌日、枚方教会の上田さんの車で送ってきていただいたことです。水交会の皆さまも大変よくして下さいまして、心から感謝しております。また、籍のあります堺教会の皆さまも、本当に愛をおよせ下さり、よくして下さいました。大井先生も入院中よく訪問して下さいました。米国に住んでおります長男善彌と長女美彌子が、召される一ヶ月前に来日して父親を見舞いました。その頃は食も少しはたべておりました。帰る時に娘が「何か言い残すことは?」と尋ねますと、「何もない。満足している。母さんだけに苦労のかけっぱなしだ。だから何でも母さんの言う様にしなさいよ」と申し、思わず私もホロリと涙しました。主人は自序伝を書いていましたが、白内障で新聞雑誌の関係記事が読めず、私が読みました。若い時から読書と園芸が趣味でしたが、眼疾のためそれもダメになり、可哀想でした。「この分では、自序伝も九月頃までかかるなー」と申していましたが、ついに三分の一で終りました。しかし主人の一生はやりたい事をやり、最後は皆様に惜しまれて、結構な、満足な召され方で、本当に幸せな人だと思います。よく信州から味噌を送って下さった大工原さんを始め、主人の亡くなったことを新聞記事で知って、自宅での告別式に参加して下さった方が、多くおられました。こんなに多くの人から愛されて主人は幸せでした。主人亡きあと、私も自分の小さい信仰でも守っていきたいと思っています。

さる四月一〇日の聖日、イースター礼拝に、堺教会で合同慰霊祭をしていたゞきました。午后は、富田林《とんだばやし》の教会墓地に眠っている主人の霊前にお参りしました。国粋主義の武人であったのに、キリスト様に救われて、世界中に伝道もさせていたゞき、主人もキリスト様の兵士として働かせていたゞき感謝です。人間的にいろいろ欠点もありましたが、曲りなりにも信仰を持たせていたゞいて、天に召されたのも、皆様のお力ぞえと思ってお礼申しあげます。主人はラジオもテレビもきらいでしたが、今は私一人で見ております。広い庭の手入れも行き届きませんが、庭で草抜きや、畑仕事をしていた主人を偲びながら、ボツボツ野菜などの世話をしております。神様に感謝しつつ。

自叙伝については、春子の手記では、三分の一で筆を擱《お》いたとしているが、淵田が書き残したのは、最後に載録した昭和四十三年までである。それ以前の戦前、戦後の記録はほとんど書き終えていた。さらに執筆意欲はまだあったのだろう、未完の第七部には「待晨《たいしん》」という題をつけていた。このタイトルも暗示的であるが、「真珠湾の謎」や映画「トラ　トラ　トラ！」などについて書きかけて、自叙伝は終わっている。第七部以降、どれくらい書き残す予定であったのか今となっては不明である。それにしても膨大な作業には圧倒されそうである。

本書は、淵田が直接に歴史の現場にたち、体験した部分を中心に載録させていただいた。全体のおよそ七割を収録してある。

執筆にあたっては、春子さんが、新聞や雑誌の関係記事を読みながら目の不自由な淵田を手伝ったことが紹介されているが、歴史的記述や事実関係についての綿密な調査と正確さには舌をまくほどであった。

この本ができるまでには、淵田善彌氏がマリー夫人とともに二度も来日され、資料提供への協力があったこと、またかねてから私に執筆をうながして出版の糸口をつくってくださった講談社の矢吹俊吉氏、そして何よりも執筆にあたっては終始、的確な助言と協力をいただいた編集者の中村勝行氏、それに推薦の辞をいただいた作家の保阪正康氏に心より感謝を申し上げる。

中田整一

二〇〇七年十月末日　太平洋戦争開戦から六十六年目に

主要参考文献

『トラ トラ トラ 太平洋戦争はこうして始まった』ゴードン・W・プランゲ（千早正隆訳 並木書房、一九九一）
『提督ニミッツ』E・B・ポッター（南郷洋一郎訳 フジ出版社、一九七九）
『大海軍を想う』伊藤正徳（文藝春秋、一九五六）
『戦史叢書 ハワイ作戦』防衛庁防衛研修所戦史室（朝雲新聞社、一九六七）
『戦史叢書 ミッドウェー海戦』防衛庁防衛研修所戦史部（朝雲新聞社、一九七一）
『戦史叢書 海軍捷号作戦〈2〉』防衛庁防衛研修所戦史部（朝雲新聞社、一九七二）
『海軍戦争検討会議記録 太平洋戦争開戦の経緯』新名丈夫編（毎日新聞社、一九七六）
『完本・太平洋戦争（上）（下）』文藝春秋編（文藝春秋、一九九一）
『新版 山本五十六』阿川弘之（新潮社、一九六九）
『日本軍航空機総覧』新人物往来社戦史室編（新人物往来社、一九九四）
『日本海軍航空史』日本海軍航空史編纂委員会編（時事通信社、一九六九）
『マッカーサー回想記』ダグラス・マッカーサー（津島一夫訳 朝日新聞社、一九六四）
『太平洋戦争アメリカ海軍作戦史』1～3巻 サミュエル・E・モリソン（中野五郎訳 改造社、一九五〇）
『大本営機密日誌 新版』種村佐孝（芙蓉書房、一九八五）
『ドゥーリトル日本初空襲』吉田一彦（三省堂、一九八九）
『エア・パワーの将来と日本―歴史的視点から』防衛庁防衛研究所編（防衛庁防衛研究所、二〇〇六）
『大本営参謀の情報戦記―情報なき国家の悲劇』堀栄三（文藝春秋、一九八九）
『太平洋戦争史 証言記録I』米国戦略爆撃調査団編（大井篤・富永謙吾訳編 日本出版協同、一九五四）
『日本海軍の歴史』野村實（吉川弘文館、二〇〇二）
『朝日新聞に見る日本の歩み』昭和15―16年、昭和17―19年（朝日新聞社編、一九七四）
『日本海軍総覧 戦記シリーズ26』別冊歴史読本（新人物往来社、一九九四）
『海鵬特別号 追憶の淵田さん』（大阪水交会、一九七六）
『徳田忠男日記』昭和十六年―二十年、手稿
『真珠湾のサムライ 淵田美津雄』甲斐克彦（光人社、一九九六）
『真珠湾攻撃隊総隊長 淵田美津雄の戦争と平和』生出寿（徳間文庫、一九九六）
『淵田美津雄 真珠湾攻撃を成功させた名指揮官』星亮一（PHP文庫、二〇〇〇）

淵田美津雄関連年表

年号	年齢	淵田美津雄	世相
明治35	0歳	12・3 奈良県北葛城郡磐城村長尾にて出生。父・彌蔵、母・シカ	日英同盟調印。八甲田山で陸軍遭難死
37			日露戦争勃発
大正3			第一次世界大戦勃発
4	13歳	3・15 北葛城郡上牧尋常小学校卒	中国へ二十一箇条の要求
9	18歳	3・15 奈良県立畝傍中学校卒業	国際連盟に正式加盟
10	19歳	8・26 海軍兵学校入校（52期）、同期に高松宮殿下、源田実	ワシントン軍縮会議。原敬、暗殺さる
12			関東大震災
13	22歳	7・24 同校卒業。少尉候補生として練習艦「八雲」乗組	米国で排日移民法成立
14	23歳	1月 遠洋航海で米国へ。12・1 少尉任官・巡洋艦「矢矧」乗組	治安維持法、普通選挙法公布
15	24歳	12・1 海軍砲術学校普通科入校	蔣介石の北伐開始
昭和2	25歳	4・15 水雷学校普通科入校。7・29 駆逐艦「秋風」乗組・天皇巡幸の護衛で南西諸島へ。8・10 母、死去。享年五十八歳。 12・1 中尉に任官し霞ヶ浦海軍航空隊赴任	金融恐慌、第一次山東出兵
4	27歳	11・1 空母「加賀」偵察分隊士に転補	世界恐慌はじまる
5	28歳	11・1 佐世保海軍航空隊附。12・1 大尉に任官	ロンドン軍縮会議。浜口首相狙撃さる

6	29歳	1・7 北岡春子と結婚。11・2 潜水母艦「迅鯨」飛行長に	満州事変
7	30歳	横須賀海軍練習航空隊高等科学生	上海事変。満州国建国。五・一五事件
8	31歳	5・25 軽巡洋艦「名取」飛行長。9・27 長男・善彌誕生	国際連盟脱退
9	32歳	11・1 館山海軍航空隊分隊長に転補	東郷平八郎海軍元帥死去、初の国葬
11	34歳	父、死去。享年六十九歳。12・1 少佐任官 海軍大学校甲種学生（36期）	二・二六事件。日独防共協定成立
12	35歳	3・9 長女・美彌子誕生	日中戦争はじまる
13	36歳	1・20 臨時第二連合航空隊参謀として中支方面作戦に従事。海軍大学校卒業。9・15 空母「龍驤」飛行隊長に着任	国家総動員法公布
14	37歳	11・1 第一航空戦隊「赤城」飛行隊長に転補	ノモンハン事件。平沼内閣総辞職
15	38歳	11・5 第三航空戦隊参謀	日独伊三国同盟締結
16	39歳	8・25 再び「赤城」飛行隊長として鹿児島基地へ。10・15 中佐任官。11・18 旗艦「赤城」単冠湾に向け出撃。12・8 真珠湾攻撃。12・23 帰還。12・26 天皇拝謁	日ソ中立条約調印
17	40歳	南雲機動部隊の南方作戦に従いラバウル、ポートダーウィン、コロンボ作戦に従事。4・22 広島入泊。6・5 ミッドウェー海戦、重傷を負う。10・10 横須賀航空隊教官、海軍大学校教官兼務	ドゥーリトル爆撃隊の空襲 米軍がガダルカナル島に上陸、戦闘が以後半年つづく。村田重治少佐戦死
18	41歳	5・20 陸軍大学校兵学教官兼務。7・1 第一航空艦隊首席参謀に補職。南洋方面作戦に従事。9月 フィリピン視察	山本五十六大将戦死
19	42歳	4・30 連合艦隊航空首席参謀。捷一号作戦を着想。9・5 南方総軍参謀兼務。10・15 大佐任官	マリアナ沖海戦。レイテ沖海戦

20	43歳	4・25 編制変更に伴い海軍総隊航空参謀を兼務。8・5 この日まで第二総軍司令部会議で広島滞在。8・15 終戦の詔勅を日吉の海軍総隊司令部で聞く。9月 横須賀鎮守府に置かれた米海軍総司令部でニミッツ元帥と面談。10・10 海軍省出仕。11・30 予備役に、同時に充員召集を命じられる。12・1 第二復員大臣官房史実調査部員に任じられる	東京大空襲。ミズーリ号船上で降伏調印式
21	44歳	3・30 充員召集を解除される。6・15 海軍将校分限令廃止	軍国主義者等の公職追放。東京裁判
22			吉田内閣総辞職
24	47歳	12・3 ディシェイザーの手記と出あう	下山、三鷹事件。中華人民共和国成立
25	48歳	2・26 同手記の余白に誓いの言葉を記す。第二の誕生日。6・4 堺市の平和祈願大会で斉藤敏夫牧師と出会う	朝鮮戦争はじまる
26	49歳	3・25 斉藤牧師司式のもと洗礼を受ける	対日平和条約調印、日米安保条約調印
27	50歳	10・15 米国伝道の旅へ神戸を出港。10・25 バンクーバー入港。12・7 パールハーバー11周年日にテレビ出演	メーデー事件。保安隊発足
28	51歳	2・21 ワシントンDCへ。7・1 ハワイの地を踏む。8月帰国（滞米10ヵ月）	保安大学校開校。朝鮮休戦協定調印
31	54歳	12・27 羽田から第二次渡米（滞米15ヵ月）	日ソ共同宣言調印。国際連合に加盟
32	55歳	1〜12月 全米47州を回る	岸信介内閣成立
33	56歳	1・25〜2・25 ハワイ伝道行。3・6 帰国。5・18 神戸で大伝道集会。8月 国内の米軍基地伝道。8〜9月 北海道伝道。11・21 広島伝道。11月 神奈川県伝道。12月 鹿児島県伝道	皇太子のご婚約発表

34	57歳	1・12 第三次渡米へ	キューバ革命
35	58歳	9・3 アメリカから西ドイツ(西ベルリン)へ、12・6まで滞在、再びアメリカへ	安保闘争。所得倍増計画を決定
36	59歳	4・17 第四次渡米終了。ひきつづきカナダ(トロント)へ。5・2~6・26 西ドイツ(ハンブルク)へ。現地から第五次渡米	農業基本法公布
37	60歳	6・25 第五次渡米終了。7・4~8・16 フィンランド(ヘルシンキ)へ。8・19~11・29 西ドイツ(エッセン)へ。11・29 第六次渡米	堀江謙一、ヨットで太平洋単独横断
39	62歳	9・4 第六次渡米から帰国	東京オリンピック
40	63歳	3・16 第七次渡米	日韓基本条約調印
41	64歳	3・10 ひきつづきカナダ(バンクーバー)へ。5・18 帰国。11月 フィリピン、米国伝道	
42	65歳	10月 帰国	
43	66歳	6~8月 台湾伝道	エンタープライズ佐世保入港
45	68歳	9・13~10・20 映画『トラ トラ トラ』のワールドプレミアーに妻・春子とともに招待され、アメリカ、ヨーロッパを巡る世界一周の旅	万国博覧会
51	73歳	5・30 午後3時30分永眠	ロッキード事件

淵田美津雄自筆の履歴書より作成

装幀　間村俊一

淵田美津雄（ふちだ・みつお）
1902年（明治35年）奈良県生まれ。24年（大正13年）海軍兵学校卒（52期）。38年（昭和13年）海軍大学校卒（36期）。51年洗礼を受ける。76年死去

中田整一（なかた・せいいち）
1941年（昭和16年）熊本県生まれ。66年九州大学法学部卒業後、NHK入局。スペシャル番組部長。その後、大正大学教授を経て現在、執筆に専念。『満州国皇帝の秘録――ラストエンペラーと「厳秘会見録」の謎』（幻戯書房、2005年）で、毎日出版文化賞、吉田茂賞受賞。著書多数

真珠湾《しんじゆわん》攻撃《こうげき》総《そう》隊長《たいちよう》の回想《かいそう》　淵田美津雄《ふちだみつお》自叙伝《じじよでん》

2007年12月8日　第1刷発行
2008年11月26日　第9刷発行

著者――淵田美津雄《ふちだみつお》　中田整一《なかたせいいち》

発行者――野間佐和子
発行所――株式会社講談社
東京都文京区音羽2-12-21　郵便番号112-8001
☎ 東京 03-5395-3522（出版部）
03-5395-3622（販売部）
03-5395-3615（業務部）
印刷所――慶昌堂印刷株式会社
製本所――島田製本株式会社
定価はカバーに表示してあります。

ISBN978-4-06-214402-5　N. D. C. 289　422p　20cm